취업준비생을 위한 백전백승 직무분석

구글도 모르는
직무
분석집

SD에듀
(주)시대고시기획

『나-직무-기업』 트리플매칭의 중요성

직무 중심 취업 준비의 중요성을 많은 취업준비생분들께 제대로 인식시켜 드리고자

필자는 1996년부터 2010년까지 약 15년간 대기업의 인사팀, 전략마케팅팀, 해외영업팀, 글로벌SCM운영팀 등에서 채용 및 담당 업무들을 수행하면서 부서별로, 그리고 직무별로 어떤 업무를 어떻게 수행하는 것이 기업에 도움이 되는지 직접 경험하고 느껴왔다.

또한 회사를 그만둔 이후에도 헤드헌팅 회사를 세워 다양한 업종별, 직군별로 각 고객사에서 원하는 인재란 누구인지, 회사에서 원하는 우수한 후보자들은 직무별로 무슨 일을 어떻게 해왔는지, 그들의 이력서와 경력기술서 등을 보면서 처음부터 하나하나 익혀나갔다.

이렇게 경력직 추천 채용 헤드헌팅 업무를 진행하면서 취업포탈 사이트들을 보던 어느 날 문득 궁금한 점이 생겼다.

'신입으로 취업하고자 하는 많은 취업준비생들은
과연 직무를 제대로 알고 지원을 하고 있는 것일까?
그렇다면 그들은 입사지원서와 자기소개서, 그리고 면접에서 무엇을 어필하고 있을까?'

이후 수많은 기업들의 채용 공고 사이트를 다시 보게 되었다. 일부 대기업들은 그나마 직무별로 어떤 일들을 하는지 구체적으로 소개하고 있었지만, 대다수의 기업들은 직무별 업무를 지나치게 요약해서 설명하고 있었다. 타 직무와의 연관성 및 실제 업무를 수행하면서 필요한 자질과 역량, 그리고 그러한 자질과 역량들을 준비하기 위해서는 무엇을 어떻게 준비해야 하는지에 대한 언급이 전혀 없었던 것이다.

그렇다면 학교에서 선생님, 교수님들로부터 전공 관련 수업만 받아온 수많은 취업준비생들은 도대체 본인에게 적합한 직무가 무엇인지 어떻게 찾고, 본인에게 맞는 직무에 맞춰서 무엇을 미리 준비해야 할까?

필자는 서점으로 향했다. 2012년 당시에는 직무 관련 서적들이 몇 권 없었으며, 있다 하더라도 취업준비생들 눈높이에 맞춰 직무를 소개하고 설명하며 어떻게 준비하라는 식의 조언이 턱없이 부족했다.

그래서 결심했다. 2012년 7월 'Catch your Dream Company!'라는 의미의 CDC를 회사명으로 내걸고 신입 취업준비생들을 대상으로 하는 취업컨설팅 사업을 함께 시작했다. 많은 대학생들이 모이는 홍대입구역 근처에 작은 강의실 몇 개를 만들어 개인 또는 소그룹 컨설팅을 진행함과 동시에 취업컨설팅을 전문으로 하는 취업컨설팅 기관을 통해 서울과 수도권은 물론 지방 여러 대학에 출강을 나가게 되었다.

하지만 그 당시에는 누구도 직무의 중요성을 깊게 인식하고 있지 않았다. 대학의 많은 취업부서들과 취업강사분들, 그리고 학생들조차도…

필자는 **'직무 중심의 올바르고 현실적인 취업컨설팅'**을 널리 알리고 실제 사례에 적용시키고자 지난 8년간 많은 노력을 해왔고 그 모토를 기반으로 수많은 대학들을 출강 다니며, 그리고 직접 일대일 취업컨설팅과 소그룹 스터디 컨설팅 프로그램을 기획하고 진행하면서 느꼈던 점들을 토대로 이 책을 쓰게 되었다.

필자 또한 이 책에서 다루는 많은 직무들에 대해 다른 책들에서처럼 강의 형식이나 사전 형식으로 쓸 수도 있었다. 오히려 그것이 필자의 입장에서 더 수월하고 빨리 책을 마무리 지을 수 있는 방법이기도 했다. 하지만 쉬운 길을 택하는 대신 이 책을 읽는 취업준비생들의 눈높이로 그들의 고민이 무엇일지, 어떻게 하면 어려울 수 있는 직무의 세계를 쉽게 받아들이게 할 수 있을지, 그리고 그 직무 이해를 바탕으로 나만의 자기소개서 작성과 나만의 면접을 볼 수 있도록 만들 수 있을지 생각했다.

그래서 인문상경계 취업준비생들의 스터디와 이공계 취업준비생들의 스터디 상황을 예시로 그들이 개인적으로 무슨 고민을 하고 있는지, 그리고 실패의 원인이 무엇인지를 분석하여 올바르고 정확한 직무 중심의 취업 성공 케이스를 보여드리고자 했다.

책에 등장하는 이들은 모두 가상의 인물이다. 하지만 그동안 수많은 소그룹 스터디 컨설팅을 진행하면서 겪은 실제 사례를 주인공들에게 적용시켜 독자분들이 좀 더 쉽게 이해하고 공감할 수 있도록 집필했음을 밝힌다.

등장하는 가상의 인물들은 각각 본인의 전공 또는 경험, 관심분야, 개인적 성향, 잘할 수 있는 나만의 강점 등을 기반으로 직무를 선택하고 그 직무를 올바로 이해하고자 노력한 후, 지원한 업종 및 기업에 맞춘 직무기업분석표를 만들게 된다. 이후 직무기업 분석표에서 도출한 키워드를 기반으로 자기소개서 각 항목을 작성하고, 예상 직무 면접의 질문 요소들을 미리 분석하여 면접위원들이 선호할 만한 답변을 도출해 최종 합격의 길을 걷게 된다.

결론부터 말하자면 직무 중심 취업 성공의 길은 오직 하나다.

"취업 준비의 첫 단추 '트리플매칭'을 통해 찾아낸 2W1H 키워드의 매직!"

『나-직무-기업』의 트리플매칭! 이것만 제대로 완성하면 모든 취업 성공의 절반은 이미 준비된 것이나 다름없다.

모든 지원자는 먼저 '나'에 대해서 제대로 알아야 한다. 그래서 모든 취업준비생들에게 가장 먼저 일생스토리를 작성해보라고 권한다(일생스토리 작성법은 이 책의 부록에 자세히 설명되어 있다).

취업준비생들은 일생스토리를 통해 지금까지 살아오면서 본인이 중요하다고 생각했던 생활 신조나 가치관, 그리고 어떤 계기로 그것을 중요하게 생각하게 되었는지 그 계기부터 찾아야 한다. 그리고 본인이 갖고 있는 지식과 경험들을 기반으로 스스로의 역량과 자질을 찾아야 한다. 또한 본인이 갖고 있는 성향상 장점과 단점, 잘하는 것과 못하는 것, 좋아하는 것과 싫어하는 것들을 엄격하고 객관적인 시각에서 찾아봐야 한다.

두 번째로 '직무'에 대한 제대로 된 이해가 필요하다. 단순히 직무를 공부하는 것을 넘어 직무를 이해하고, 앞서 찾은 나를 매칭시켜야 한다. 우선 몇몇 기업의 채용 페이지에서라도 직무에 대한 정보를 찾아보거나 지원 희망 기업 또는 동종 업종 내 타 기업의 블로그를 들어가보자. 대략적인 이해에는 어느 정도 도움이 될 것이다(물론 이 책에 담아낸 직무관련 내용과 핵심 키워드 자기소개서 및 면접에서의 활용법보다는 못하겠지만).

물론 선택한 직무의 프로세스를 이해하며 나아가 타 직무와의 연관성도 알아봐야 한다. 회사는 나 홀로 일하는 곳이 아니다. 말로만 소통을 강조하는 것보다는 실제 입사후에 타 부서와 어떠한 방식으로 협업을 하겠다는 내용을 입사 후 포부에 제시할 수 있어야 한다. 거기에 추가로 그 직무에 필요한 역량과 자질들에 대한 키워드를 꼭 알아야 한다(앞서 말한 것처럼 "도전, 열정, 소통"은 지원자 모두가 강조하는 식상한 키워드일 뿐이다).

마지막으로 지원한 **'기업'**을 올바로 파악해야 한다. 지원한 기업이 속한 업종의 특성을 이해하는 것은 물론 동종 업종 내 경쟁 기업에 대해서도 알아둬야 한다. 그리고 지원한 기업의 경영진들이 최근에 무엇을 강조하고 있는지, 업종과 기업에 대해 어떤 기삿거리들이 있는지 등도 살펴봐야 한다.

대기업이라면 대부분 운영하고 있는 기업 블로그에는 이 글을 읽는 여러분들과 비슷한 또래의 서포터즈들이 각 부서를 탐방하며 작성한, 취업준비생 입장에서는 값진 내용들이 넘쳐나므로 역시 꼼꼼히 살펴야 한다. 거기에 금융감독원 전자공시시스템 'DART'를 통한 기업분석 또한 효과적이다(물론 이 책을 통해 DART를 포함한 다각적인 접근을 통해 기업과 업종을 분석하는 방법을 제시할 것이다).

『나-직무-기업』을 분석하고 이를 기반으로 직무기업분석표를 만들고 나면 드디어 여러분 개개인만의 키워드들을 뽑아낼 수 있게 된다.

절대 어려워하지 마라! 이 책에 나오는 직무별 취업준비생들을 따라 본인의 직무기업분석표를 그대로 만들어라. 자연스레 본인만의 2W1H 매직 키워드가 나올 것이다. 여러분은 자신의 키워드를 자기소개서와 면접에 대응하기만 하면 된다.

취업 준비의 시작은 자존감부터이다. 그동안 많은 광탈과 멘붕을 겪어봤거나, 아예 처음부터 백지에 취업의 청사진을 그려가고 있는 분들께 꼭 전하고 싶은 말이 있다.

PART 2 이공계 관련 직무

구글도 모르는 직무분석집

PART

01

인문상경계
관련 직무

💬 인문상경계 취업준비생들에게 꼭 전하고 싶은 말

대학 4학년 또는 졸업 후에도 진로를 정하지 못해 방황하는 대다수의 취업준비생들이 가장 먼저 떠올리는 직무가 무엇일까? 인문상경계 취업준비생들을 대상으로 살펴보자면 **전략기획, 인사직무** 그리고 **마케팅**이다.

물론 이들도 개인 입장에서나 기업 입장에서나 매우 훌륭하고 중요한 직무임에는 틀림없다. 누구나 해보고 싶은 직무인 것 또한 맞다.

하지만! 그럼에도 나는 그들에게 다시 질문한다. "왜 그 직무를 하고 싶어요?"

필자는 이 질문에 단호하게 "이러이러해서 저는 이 직무를 꼭 지원하고자 합니다."라고 답하는 사람을 거의 본 적이 없다. 그럼에도 그들은 왜 위에 언급된 직무를 가장 먼저 떠올리고 지원하고 싶어했을까? 필자의 생각은 이렇다.

- ☑ 지원할 수 있는 직무들이 어떤 것들이 있는지 잘 몰라서
- ☑ 영업, 영업관리 직무는 상대적으로 보수가 낮고 힘들어 보여서
- ☑ 나머지 직무들은 생소해서
- ☑ 드라마나 영화에서 자주 본 주인공들의 직무라서
- ☑ 왠지 멋있고 있어 보이는 직무라서

여기에서 크게 벗어나 자신만의 확고한 목표를 정한 취업준비생이 과연 몇이나 있을까? 하지만 세상에는 인문상경계 출신들이 선택할 수 있는 직무가 무수히 존재한다.

크게 직군만 살펴보더라도 영업관리, 영업, 해외영업, 마케팅, 경영지원, 구매, 물류, 금융 등 다양하다. 여기서 업종별로도 직무가 나눠지기 때문에 인문상경계 여러분들이 지원할 수 있는 직무는 더욱 늘어난다.

예를 들어 영업관리만 하더라도 SC(Store Consultant), FM(Floor Manager), SM(Store Manager) 등 업종에 따라 유사하지만 조금씩 다른 직무들이 있다. 마케팅 직군의 경우에도 시장조사분석, 상품기획, 브랜드전략, 마케팅 커뮤니케이션 등 세부 업무들이 있는데, 그러한 분류에 맞춰서 본인에게 어떤 강점들이 있는지를 제대로 어

필해야만 기업에 채용될 수 있다.

　여러분들은 세상에 존재하는 여러 직무에 대해 제대로 알고 있는가? 그 직무마다 무엇을 어떻게 준비해야 하는지 심각하게 고민하고 찾아본 경험이 있는가? 그런 관심이나 노력이 없는 상황에서 단순히 기업 간판만 보고 자기소개서부터 쓰려고 하기 때문에, 그리고 각 항목마다 무엇을 어떻게 녹여내야 하는지 모르기 때문에 뻔한 자기자랑과 함께 고리타분한 도전, 열정, 소통과 같은 단어를 쓰게 되는 것이다.

　이 사람의 무엇을 보고 그 직무에 맞추어 뽑고 싶어 할지를 채용을 진행하는 기업 인사 담당자나 면접위원 입장에서 생각해 보라.

　'지원자가 그동안 삶을 얼마나 열정적으로 살아왔는지', '가치관이 뚜렷하고 실행력이 좋은지', '조직 내에서 팀워크를 제대로 보여주는 사람인지'와 같은 요소도 물론 중요하다. 하지만 자기소개나 면접에서 이러한 가치를 어필하지 않는 지원자는 존재하지 않는다. 짧은 시간의 면접전형에서 지원자들의 고리타분한 자기 주장에 진정성이 있는지 객관적으로 검증할 수 있는 방법은 어디에도 없는 셈이다.

　모두가 다 열정적이고 소통을 잘한다면 과연 누굴 뽑아야 할까? 당신이 인사 담당자라면, 그리고 면접위원이라면 본인이 지원한 직무에 대해서 많은 관심을 갖고 있고, 그와 관련된 노력을 해왔으며, 그래서 어떻게 일을 할 것인지 구체적인 직무상 포부를 지니고 있는 사람을 뽑지 않을까?

　이번 **인문상경계 편**에서는 여러분들이 공감대를 느끼면서 자연스럽게 취업의 흐름을 이해할 수 있도록 돕고자 몇 명의 가상인물들이 취업스터디를 진행하며 취업에 성공하는 모습들을 보여주려 한다. 여러분도 이 스터디에 동참하고 있다고 생각하면서 스스로 무엇을 준비해야 할지, 그리고 서류전형과 면접전형에서 어떻게 행동하는 것이 최선인지를 함께 고민해 보기를 바란다.

인·상스터디 소개

　어느 해 겨울, 인문상경계 취업스터디반 모집 공고를 통해 상반기 공채를 미리 준비하려는 취업준비생들이 하나둘 모이기 시작했다. 인문상경계 취업스터디는 10여 명의 인원이 모여 자발적으로 취업스터디를 하되 중간중간 필자의 개인 코칭과 컨설팅 지원이 병행되는 방식의 모임이었다.

스포츠과학을 전공한 형주. 태권도 국가대표를 꿈꾸던 유망주였으나 큰 부상으로 인해 꿈을 접고, 취업의 길로 돌아선 지 얼마 되지 않은 상황이었다. 비록 취업에 대한 준비가 많이 부족했지만 취업스터디를 통해서 답을 찾고자 하는 열정을 가지고 있었다.

▶ 최종 합격 - 편의점 영업관리

일어일문학을 전공한 학군장교 출신의 승열이. 졸업을 하자마자 장교로 군복무를 마치고 본격적으로 취업을 준비하고 있었다. 복수전공도 없는 데다 주 전공인 일어일문학을 살려 취업하기에는 여러모로 어려움을 느끼고 대기업 장교전형을 노렸으나, 서류전형과 면접전형에서 번번이 탈락하고 있었다.

▶ 최종 합격 - 백화점 영업관리

서울 중상위권 대학을 졸업했지만 상반기, 하반기 모두 취업 재수를 거치며 자존감이 바닥까지 떨어진 정규. 승열이와 같은 학군장교 출신으로 철학과 외에 다른 복수전공 없이 학창생활을 보내왔다. 리더십은 강하지만 대기업 외에는 절대 안 된다는 고집 때문에 남들과 다른 방식의 취업 전략이 필요했다.

▶ 최종 합격 - 대기업 식자재유통영업, 자동차 국내영업

수도권 중위권 대학 출신으로 산업정보학을 전공한 선주. 취업에 매우 유리한 전공이었지만 관련 프로젝트 수행 경험 및 자격증(IT, 통계, 데이터 분석, 물류 등)이 전무했다. 토익 점수는 900점대로 매우 높은 편이었지만 영어 하나만으로 원하는 기업에 들어갈 수 있는 스펙은 아니었고, 본인 스스로도 몇 차례 취업 실패를 거듭하며 이런 점을 자각하고 있었다. 제약 영업에 관심을 갖고 몇몇 회사를 지원하였으나 번번이 서류나 면접에서 탈락의 고배를 마신 상황이었다.

▶ 최종 합격 - Big 3 제약기업 MR

초등학교부터 고등학교 1학년까지 스페인과 멕시코에서 살다가 서울 상위권 대학 법학과를 전공한 태웅이. 소위 말하는 '스펙 깡패'로 대학 입학 후 국제 회의 통역 담당으로 자원봉사 활동 역시 활발히 하고 있었다. 그러나 지난 시즌 대부분의 대기업 서류전형에서 탈락했고, 그나마 서류 및 인적성전형에서 통과한 몇몇 회사도 1차면접에서 탈락을 면치 못했다.

본인도, 그리고 주변 사람들도 이해가 가지 않는 결과에 필자를 찾아오게 되었다는 태웅이는 뛰어난 스펙 뒤에 본인도 몰랐던 치명적인 단점 및 보완점을 품고 있었다.

▶ 최종 합격 – Top 3 종합상사 트레이딩

경제학을 전공한 담희. 경제학 전공자는 금융권 취업에 적합하다는 학교 취업 부서의 조언에 따라 은행 및 금융공기업 중심으로 지원했으나 서류 및 면접에서 모두 탈락했다. 그 다음 시즌에는 특별히 어떤 직무를 정하지 않은 채 마구잡이로 10여 곳의 기업에 지원했으나 모두 서류전형에서 탈락하고 취업스터디를 찾게 되었다.

▶ 최종 합격 – 전자반도체 업종 해외영업

사회학을 전공하고 대학원 진학을 목표로 했으나 집안 사정상 취업을 택하게 된 수영이. 취업 준비가 처음인 데다 본인이 어떤 직무에 지원하는 것이 유리할지 감조차 잡지 못하고 있었다. 언론사에 합격한 선배들의 조언으로 소위 말하는 언론고시도 생각해봤지만 막연하게만 느껴질 뿐이었다.

▶ 최종 합격 – 코스메틱 업종 마케팅

국제통상학을 전공한 희연이. 전공 특성상 처음에는 막연히 무역업체 해외영업을 생각하고 있었으나 정작 영어 성적은 그리 높은 편이 아니었다. 게다가 직무에 대한 개념 정립 역시 안 되어 있었기 때문에 상담신청서에 적힌 객관적인 스펙들과 일생스토리를 통한 경험을 중심으로 직무를 선정하기로 결정했다.

▶ 최종 합격 – E커머스 MD

영어영문학과 경영학을 복수전공한 은경이. 로스쿨에 도전했으나 실패한 경험이 있다 보니 다른 지원자들보다 나이가 1~2살 더 많았다. 그동안 준비했던 로스쿨 경험을 살려 법무 분야를 지원하려 했으나 비전공자에게는 그 벽이 너무 높았다.

이후 은경이는 토익 950점대, 토익스피킹 AL 등 뛰어난 어학 실력을 바탕으로 해외영업을 생각했고, 광고 동아리 활동 및 홍보마케팅 경험을 기반으로 마케팅도 염두에 두고 있었다. 하지만 해외영업이나 마케팅 직무 모두 서류 또는 면접전형에서 번번이 탈락해 필자를 찾아오게 되었다.

▶ 최종 합격 – 국내 최대 자동차기업 인사

수학과를 전공한 윤빈이. 학창 시절 계리사를 준비하기 위해 약 2년간 휴학을 했지만 아쉽게도 1차만 합격하고 그 이상의 진전이 없는 상황이었다. 재수로 대학에 입학한 데다 졸업유예 6개월까지 포함하면 다른 지원자들에 비해 나이도 3~4살 더 많았다. 윤빈이는 총 두 번의 공채 시즌 동안 거의 30여 개 기업에 지원하였으나 모두 서류전형 단계에서 고배를 마셔야만 했다.

▶ 최종 합격 – 에너지 대기업 재경

행정학을 전공한 경훈이. 스스로 무엇을 잘할 수 있을지 몰라 자신감이 부족한 상황에서 지난 시즌 영업 직무로만 20여 개 기업에 지원했지만, 서류와 면접전형에서 탈락해 그나마 남아있던 자존감도 무너진 상황이었다.

▶ 최종 합격 – 물류 업종 물류운영

국어국문학을 전공한 현주는 두 번째 취업 시즌을 맞이하던 차였다. 첫 번째 시즌에 수많은 기업의 서류전형에서 소위 말하는 '광탈'을 겪은 뒤 멘탈이 무너져 취업 대신 대학원이나 갈까 고민하던 도중 친구의 권유로 스터디에 참가하게 되었다.

▶ 최종 합격 – 식음료 업종 기업홍보

01

영업관리

구글도 모르는 직무분석집

영업관리 직군 소개

영업관리란?

고객과의 소통만 강조해서는 절대 탈락!
영업이 아니라 영업 『관리』 라는 점을 명심할 것!

영업관리 직무의 종류

직무	주요 업무	업종
프랜차이즈 점포관리	• 프랜차이즈 점포 10여 개 담당 • 점주와의 상생 • 상권의 철저한 분석	편의점, 외식업, 의류, 화장품, H&B스토어, 통신사 등
브랜드/코너 매장관리	• 브랜드별 매장/협력사 직원 관리 • 식품, 생활용품, 잡화 등 섹션 담당 • 발주 및 진열 관리(2D2P)	백화점, 면세점, 쇼핑몰, 아웃렛, 대형마트, 가구점 등
직영점 운영	• 담당 매장의 전반 운영 관리 (인사/매출/점포마케팅/서비스) • 스태프 → 부점장 → (본사) → 점장	의류/잡화, 외식업, SSM, 편의 점, 통신사 등 유통 주요 거점 지 역 플래그 샵

영업관리 유사 직무

*영업관리로 입사 후 1~2년 후 재배치 가능성이 높은 직무

직무	주요 업무
영업지원	영업 활동에 있어 발생되는 부가적인 제반 서류 업무 수행 • 계약서 작성, 결제 관련 서류 업무 수행 • 생산공장 또는 협력업체로부터 납품 시, 차질 없도록 영업 담당자 지원
영업교육	영업 사원 대상 역량 강화 교육 진행 • 영업 담당 직무별, 직급별, 직책별 교육 • 역할, 책임, 업무 범위 세분화하여 각 계층별 성과 목표 설정 후 그에 맞는 교육
영업기획	전사 마케팅 전략 중 영업 실적 향상을 위한 다양한 세부 기획 • 영업 활동을 제대로 수행할 수 있는 다양한 아이디어 수립 • 개인별, 조직별 실적 분석을 통한 매출 독려 • 중장기 영업 시장 분석 및 매출 예상

01 편의점 영업관리

> **"당근과 채찍을 자유자재로 구사할 수 있는 능구렁이"**

스포츠과학을 전공한 형주. 한때 태권도 유망주였지만 아킬레스건 파열이라는 큰 부상으로 꿈을 접게 됐다고 한다. 이후 갖은 노력 끝에 대학에 입학했지만 1~3학년 때는 전공에 집중도 못한 채 방황만 했고, 그러다 4학년이 되면서 취업과 미래에 대한 불안감이 들어 취업스터디 모집공고를 보고 찾아왔다고 했다.

첫 대면부터 형주는 불안한 기색이 역력했다. 취업 준비를 제대로 해보지 못한 채 지푸라기라도 잡는 심정으로 찾아온 상황이었기 때문이다. 게다가 가정형편이 넉넉치 못한 상황에서 벗어나기 위해 오로지 빨리 안정적인 직장을 구해야 한다는 생각만 할 뿐, 무엇을 어떻게 준비해야 할지 계획도 세우지 못하고 있었다.

우선 형주를 안심시키고 가능성을 열어줘야겠다는 생각이 들었다. 필자는 가장 먼저 형주에게 일생스토리를 작성해 오도록 지시했다(일생스토리 작성법 및 양식은 책 마지막 부록을 참고하기 바란다). 작성이 끝난 후 교육 항목을 살펴보니, 스포츠과학 전공 특성상 일반적인 기업에 어필할 수 있는 전공 과목이 없었다. 단순히 전공만 보면 스포츠마케팅 직무 또는 업종, 그리고 골프, 수영, 헬스 등과 연계된 기업이나 사업장으로 취업을 하는 것이 적합해 보였다. 하지만 스포츠마케팅은 극히 드물게 채용을 진행하는 업종으로, 관련 업계 기업들의 채용 시점이 간헐적이며 규모 또한 너무 적었다.

뒤이어 주요 경험에서 사례 중심의 키워드를 찾아보던 중 필자는 흥미로운 점을 발견할 수 있었다.

PX관리병 경험을 통한 매출 및 재고, 상품 관리 경험

형주의 사례 중심 키워드 중 가장 먼저 눈에 띈 것은 군복무 당시 PX관리병 경험이었다. 상당수의 취업컨설팅 종사자분들은 자기소개서나 면접에서 군대 얘기를 빼는 것을 권한다. 하지만 필자는 절대 그렇게 생각하지 않는다. 물론 "저는 군복무 시절 분대장으로서 분대원들을 이끌며 솔선수범했다."와 같은 당연하고 상투적인 사례를 언급하는 것은 옳지 않다. 하지만 그 속에서 특별한 경험을 끄집어낼 수 있다면 얼마든지 어필해도 좋다.

예를 들어 형주처럼 PX관리병을 했거나 취사병 혹은 탄약재고조사 관련 보직, 행정병으로서 문서 작성 및 관리를 담당했거나 하는 경험 등은 자기소개서와 면접에서 좋은 반응을 얻을 수 있다. 군부대 내 편의점 또는 마트와 같은 역할을 하는 PX에서 겪은 매출 및 재고 관리 경험, 상품 진열 및 상품 주문 경험 등은 특히 유통업에서 매우 선호한다고 볼 수 있다.

교내 바자회를 통한 다각적인 수익창출 모델 도입

다음으로 눈에 띈 것은 학창 시절 교내 바자회 경험이었다. 헌 옷을 판매하면서 수익 목표 200만 원을 달성했다고만 적혀 있었기에 필자는 추가적인 부분을 더 끌어내고자 집요하게 질문을 했고, **'재고율 최소화와 진열 방식 개선'**, 그리고 **'단순 할인이 아닌 시차를 둔 할인 방식 도입'**이라는 중요한 키포인트를 찾아낼 수 있었다.

이후에는 성향 측면을 검토했다. 필자는 형주가 작성해 온 일생스토리를 토대로 1시간가량 상담을 진행하면서 키워드를 찾아보고자 했고, 그 결과로 몇 가지 핵심 키워드를 찾아낼 수 있었다.

근성과 집요함

형주는 오랜 기간 태권도를 해오면서 승부 근성과 집요함을 길러왔고, 실제 경기에서 그런 부분을 발휘한 경험도 있었다. 형주는 선발전에 출전하기 위해 다른 이들이 연습을 마친 후에도 혼자 남아 꾸준히 수련을 했고, 스스로의 미흡한 점을 찾아내 그것을 개선시키려는 노력을 해왔다.

준비성과 성실성

한편 형주에게는 수영장과 공사장에서 아르바이트를 하면서 늘 남들보다 20~30분 먼저 자리에 도착하여 준비해 온 경험도 있었다. 이 또한 매우 중요한 경험으로, 할 일을 미리 준비하면서 현장에서 실수를 줄이고 예상치 못한 상황에 적절하게 대처할 수 있는 연습이 되었다는 증거가 될 수 있다.

다양한 관심사

전공과는 별개로, 형주는 여러 분야에 관심이 많았다. 골프나 수영 같은 스포츠 외에도 낚시, 등산, 캠핑, 여행, 패션, 한방의학 등 다방면에 관심이 있었다. 이는 다양한 고객들을 대할 때 매우 큰 강점이 될 수 있다.

대략적인 분석이 끝난 뒤 필자는 형주에게 가장 빠르게 취업을 할 수 있는 직무와 업종을 제시해 주었다.

이 글을 읽고 계신 여러분들도 어렴풋이 눈치챘겠지만 형주에게는 **영업관리** 직무가 가장 적합하다는 결론이 나왔다. 채용 규모가 가장 크다는 점을 차치하더라도, 앞선 사례나 성향을 감안했을 때 형주는 여러 모로 영업관리 직무에 적합한 인재라고 할 수 있었다.

하지만 적절한 사례나 성격만으로는 기업의 서류전형 및 면접전형에서 통과할 수 없는 것이 현실이다. 그래서 필자는 형주에게 필수적인 몇 가지 무기를 마련해 주기로 했다.

1. 업종 선정하기

앞서 언급한 바와 같이 영업관리 직무는 업종에 따라서 유사하지만 다른 직무들이 존재한다.

크게는 편의점부터, H&B스토어 업종에서의 **'프랜차이즈 점포관리'**, 백화점이나 마트에서의 **'브랜드/코너 매장관리'**, 그리고 통신사나 외식업, 의류업 등에서의 **'스토어 매니저'** 등을 꼽을 수 있다. 형주의 의사를 물어보니 자신보다 직무를 잘 파악하고 있는 필자가 직접 추천을 해달라는 답변과 함께 가능하면 관련된 기업 전부에 지원을 해보고 싶다는 뜻을 밝혔다.

따라서 필자는 지원 1순위로 **'편의점 영업관리'**를 선택했다. 가장 많은 채용 규모를 갖고 있으며 특별히 고정된 스펙을 요구하지 않는 업종이라는 이유에서였다.

2020년 기준 전국 편의점 점포수는 약 4만 7천여 개소, 2021년 기준 편의점 점포수는 약 5만 1천여 개소에 달한다(산업통상자원부의 유통업체 월별 동향 및 편의점 업계 자료 기준). 영업관리 1명당 통상 10개의 점포를 관리한다고 봤을 때 그만큼 채용 니즈(Needs)가 높은 직종이라는 점을 알 수 있다.

2. 프랜차이즈 점포관리 직무에 대한 이해

'나의 고객은 누구일까?'

많은 취업준비생들이 영업과 영업관리 직무를 헷갈리다 보니 대상 고객이 둘 다 소비자인 줄 아는 경우가 비일비재하다. 하지만 편의점이나 H&B스토어, 통신사 대리점 등을 대상으로 하는 영업관리 직무의 1차적인 고객은 바로 **'점주님들'**이다. 따라서 영업 관리자는 점주님들을 만족시키되, 그들이 회사의 정책대로 움직일 수 있도록 노력해야 한다.

이 같은 영업관리 직무에서 가장 핵심이 되는 업무는 네 가지이다.

"매출 관리, 재고 관리, 상권 내 차별화 마케팅, 소비자 클레임 대응"

앞서 말한 바와 같이 영업 관리자 1명이 담당하는 점포는 통상 10개 내외로, 이 10개 점포의 점주님들이 본사 정책대로 움직여가며 매출을 끌어올려 상생할 수 있게 컨설팅을 해주는 역할을 수행한다. 그래서 일부 기업에서는 프랜차이즈 점포관리 직무를 스토어 컨설턴트(Store Consultant)라 부르기도 한다.

그럼 영업관리 중에서도 점포관리 업무에 대해 좀 더 구체적으로 알아보자.

① 주요 업무 세부 내용

- ◆ 매출 및 손익 목표에 대한 점포별 목표 설정 및 달성 전략 수립
- ◆ 실적분석표 작성(매출 실적분석표 작성 및 보고)
- ◆ 재고 관리(품목별 결품 및 과다 재고 확인)
- ◆ 각종 문제사항 발생 시 적절한 방법으로 해결방안을 찾아 실행
- ◆ 프로모션 및 다양한 이벤트 기획
- ◆ 고객의 클레임 분석 및 대응 전략 수립(유관부서 협업)
- ◆ 해당 상권 내 경쟁업체 대비 차별화 전략 수립

② 하루 일과 예시

- ◆ 입사 후 직영 매장에서 일정 기간 현장 트레이닝을 통해 점장 수행 정도의 역량 습득
- ◆ 사무실 내근보다 매장 순회를 위한 외근 중심 업무
- ◆ 전일 실적자료 확인 및 특이사항 대응 방안 수립
- ◆ 품목별 재고 및 결품 현황 파악
- ◆ 각 매장 방문을 통해 현재 진행 중인 전사 프로모션 운영사항 점검
- ◆ 부진 사항 보완 피드백, 우수 사례 공유
- ◆ VOC(고객의 소리) 내용 확인 후 유관부서와의 협업으로 적절한 대응
- ◆ 발견된 개선점이나 우수 사항에 대해 지역 점주들과 공유

3. 프랜차이즈 점포관리 지원자의 필요 역량과 자질 및 핵심 키워드

이제 대강의 업무내용을 파악했으니 어떤 역량과 자질을 갖춰야만 나의 고객이자 상생의 관계인 점주님들을 대상으로 제대로 활동할 수 있을지 알아보자.

① 필요 역량과 자질

- ◆ 남녀노소 누구나 이끌어 갈 수 있는 리더십과 인력 관리 경험

◆ 논리적 전달력 및 설득력

◆ 상권분석력(상권 소비 특성, 유동인구, 주변 매장 등)

◆ 엑셀의 피벗테이블, 함수 등을 통한 신속, 정확한 데이터 분석 및 가공 능력

◆ 스페셜리스트(Specialist)가 아닌 제너럴리스트(Generalist)로서의 역량

필자는 프랜차이즈 점포관리 담당자라면 **'능수능란하게 당근과 채찍을 구사하는 능구렁이'**가 되어야 한다고 생각한다. 그래야만 비협조적인 점주님이라도 본사의 정책과 지침을 제대로 수행하도록 만드는 것은 물론, 그들과 올바른 상생을 할 수 있는 진정한 컨설턴트 역할을 수행할 수 있기 때문이다.

그렇다면 이러한 프랜차이즈 점포관리 포지션으로 자기소개서를 작성하거나 면접에서 어필할 때 어떤 키워드를 어필해야 할까? 아마도 상당수의 취업준비생들은 **소통, 도전, 열정**과 같은 키워드를 떠올릴 것이다. 하지만, 이런 키워드는 비록 틀리지는 않았다고 해도, 너무나도 많은 지원자들이 앵무새처럼 똑같이 반복해 온 식상한 키워드라고 할 수 있다.

그러니 좀 더 이 직무에 어울리는 키워드들을 자기소개나 면접에서 제시해 보는 건 어떨까?

② 인사 담당자나 면접위원들이 선호하는 프랜차이즈 점포관리 지원자의 키워드

설득과 협상	**솔선수범**	**부지런함**	**빠른 판단력**
상황대처능력	**SCM(수요예측, 재고, 물류)**	**상생**	**No 스트레스**
PB 판매 확대(편의점 등 유통 매장)		**상권의 차별성 이해**	**SKU**
시장 트렌드 이해	**집객 · 객단가 향상**	**ARPU(통신서비스)**	**QSC(외식업)**

그렇다면 왜 이런 키워드들이 자기소개서나 면접에서 어필될 필요가 있는지 하나씩 살펴보도록 하자.

설득과 협상

점포관리 담당자는 점주님들을 상대하면서 본사 정책을 올바로 이해하고 실행할 수 있도록 점주님들을 설득하고 그들의 요구사항을 본사 각 부서에 잘 전달해야 한다.

솔선수범과 부지런함

점포관리 담당자는 비록 신입이라 하더라도 그 회사를 대표하는 사람이다. 따라서 점주님들과 아르바이트생들에게 본사를 대표하여 솔선수범하고 부지런한 모습을 보여야 한다. 특히 매일 담당 점포들을 순회할 때 점주님들과의 시간 약속은 반드시 지켜야 한다.

빠른 판단력과 상황대처능력

불특정 다수의 소비자들을 대하는 매장에서는 예상치 못한 일들이나 클레임들이 발생하기 마련이다. 이런 상황에서는 당황하지 않고 빠르고 현명하게 판단하여 적절한 대처를 할 수 있는 능력이 절실히 요구된다. 따라서 이와 관련된 본인의 학창 시절 특정 경험 및 사례를 반드시 준비해 놓아야 한다.

SCM(수요예측, 재고, 물류)

점포관리 담당자는 단순히 매출과 점포만 관리하지 않는다. 매출과 손익을 모두 개선시키려면 재고 관리도 매우 중요하다. 품목별로 어떤 상품이 잘 팔리고 있는지, 또 어떤 품목이 앞으로 더 잘 팔릴 것인지 예측을 해야 하는데, 그러한 예측의 정확도를 올리기 위해서는 판매량에 대한 데이터 분석이 매우 중요하다. 이를 기반으로 품목별로 발주량을 조정할 수 있도록 점주님과 함께 상의하고 그에 따라 재고 관리를 할 수 있어야 한다.

생각해 보자. 예를 들어 삼각김밥과 같은 유통기한이 짧은 식품들의 수요예측이 잘못되어 재고 관리가 제대로 안되면 어떻게 될까? 유통기한 이후에도 재고가 쌓여 있다면 분명 재고를 처리하는 비용이 들어갈 것이다.

반대로 급격히 잘 팔리는 상품에 재고가 부족하다면? 팔고 싶어도 못 파는 경우가 생길 것이다. 게다가 아무리 점주님이 발주를 제때 넣었다 하더라도 물류 차질로 인해서 적시, 정량으로 점포에 도착하지 않는다면 이 역시 판매에 큰 차질을 빚게 된다. 그래서 점포관리 담당자는 이런 전반적인 SCM(Supply Chain Management)에 대해 반드시 숙지하고 항상 신경을 써야 한다.

상생

프랜차이즈 점포관리 담당자의 1순위 마인드로, 항상 점주님들과 상생하겠다는 생각을 가져야 한다. 자신이 담당하는 매장의 매출이 결국 본사의 매출이고, 나에게 부여된 본사의 매출 목표는 점주님들을 통해 달성하게 되는 것임을 늘 숙지하고 있어야 한다.

No 스트레스

점포관리 담당자는 매월 부여되는 매출 목표 수치, 그리고 늘 상대해야 하는 점주님과의 잦은 마찰로 인해 상당한 스트레스를 받게 된다. 하지만 설령 업무로 인한 스트레스라 할지라도 자신만의 방법으로 그것을 빠르게 해소할 수 있다는 자신감과 구체적인 방법을 보여줄 수 있어야 한다. 특히 성격의 장단점 부분을 통해 해결 사례를 어필해야 한다.

PB 상품 판매 확대

편의점 또는 H&B스토어에는 자체 **PB(Private Brand) 상품**들이 있는데, 동일한 제품군에서 PB 상품을 많이 팔아야 회사의 수익에 더 기여를 할 수 있다. 같은 컵라면 제품군이라도 그 편의점만의 자체 PB 상품이 팔리면 100% 회사의 수익이 되지만, 편의점 외의 브랜드 컵라면을 팔면 수익을 나누게 되기 때문이다. 따라서 점포관리 담당자들은 어떻게 하면 우리 회사의 PB 상품을 더 많이 판매할 수 있을지 늘 고민하고 시도해야 한다.

상권의 차별성 이해

점포관리 담당자는 통상 10개 정도의 매장을 관리하게 된다. 따라서 서울 영등포구 일대의 10개 매장을 관리한다고 가정했을 때, 같은 영등포구라 해도 위치마다 매장의 특성이 모두 다르다는 점을 숙지할 필요가 있다. 오피스가 밀집되어 있는 지역에 위치한 매장이 있는가 하면, 아파트 단지에 위치한 매장도 있다. 학원가에 있는 매장이 있고, 유흥가에 있는 매장도 있다.

이처럼 동일한 영등포구라도 상권이 모두 다르기 때문에 이에 맞춰 상품구색 및 진열, 소비자들의 동선을 감안한 계산대 배치 등을 고려하여 점주님들과 상의 후, 각 상권의 특성을 최대한 반영한 매장 운영이 될 수 있도록 해야 한다.

SKU

매장에는 수많은 **SKU(Stock Keeping Unit)**가 있다. SKU란 매장에서 판매하고 있는 품목 하나를 말하는 것으로, 예를 들어 소시지가 3종류, 햄이 2종류 있다면 SKU는 5개가 된다. 이러한 SKU 용어들을 자기소개서나 면접에서 활용하면 큰 장점이 될 수 있다.

시장 트렌드 이해

점포관리 담당자는 각 품목별로 주차별, 월별, 시즌별 판매량을 파악하고, 이에 맞춰 발주 및 재고, 매출 트렌드를 분석하여 점주님들과 함께 품목별 수요예측은 물론 정확한 발주가 가능하도록 해야 한다. 또한 본사의 MD부서 담당자와 수시로 협업하여 신상품 도입 등에 대해 함께 논의할 수 있어야 한다.

집객 · 객단가 향상, ARPU(통신서비스)

점포관리 담당자로 지원할 때 활용하면 매우 좋은 키워드들이다.

집객이란 고객을 끌어모으는 것을 말하는데, 요즘은 거리의 한 블록만 해도 편의점이 수도 없이 많기 때문에 그 많은 경쟁 편의점 중에서 내가 담당하는 점포에 더 많은 손님들을 끌어모을 수 있는 방법들을 더 다각적으로 고민해야 한다.

객단가라는 것은 소비자 1명이 매장에 한 번 방문했을 때 더 많은 금액의 소비를 하게끔 만드는 것을 말한다. 즉, 라면 한 봉지를 사러 왔지만, 바로 옆에 계란과 썰어놓은 대파를 보이도록 진열해서 함께 구매하게 만드는 것이다. 비슷한 예로 **ARPU**(Average Revenue Per User : **가입자당평균매출**)가 있는데, 이는 통신사 영업관리에서 필수적으로 알아야 하는 키워드이다. 통신사에서 3만 원짜리 요금제보다 6만 원짜리 요금제에 더 많이 가입하도록 다양한 방법으로 마케팅을 하는 것처럼, 점포관리 담당자는 각 대리점 점주님들과 함께 어떻게 하면 ARPU를 끌어올릴 수 있을지 고민하고 실행해야 한다.

QSC(Quality, Service, Cleanliness)

QSC는 특히 외식업 점포관리 지원자들이 필수적으로 알아야 하는 키워드이며, 입사 후 포부 또는 본인의 아르바이트 경험을 이야기할 때 이 부분을 어필해야 한다.

한 가지 예를 들어보자. 품질(Quality) 측면에서 체크해야 하는 리스트는 무엇이 있을까?

☑ 식자재는 정상 제품을 사용하고 있는가?

☑ 재료는 정량을 사용하고 있는가?

☑ 식자재의 유효기간 준수, 선입·선출 관리가 잘 되고 있는가?

☑ 맛은 일정하게 유지가 되고 있는가?

☑ 조리 순서가 정확한가?

☑ 조리 스킬과 숙련도는 일정 수준을 유지하는가?

☑ 음식의 온도는 적절한가?

☑ 데코레이션 및 테이블 세팅 상태가 양호한가?

그렇다면 서비스(Service) 측면에서는 무엇을 체크해야 할까?

☑ 응대 직원 및 점주의 복장이 각 파트별 서비스 속성을 반영하는가?

☑ 자연스러운 표정 이미지가 연출되는가?

☑ 고객을 안내하는 시선, 손짓, 몸의 방향이 고객 의전에 적합한가?

☑ 고객에게 호의적인 서비스 화법을 활용하여 메뉴 추천 및 문의에 대한 안내를 하고 있는가?

☑ 고객의 호출에 즉각적인 응대를 하고 있는가?

마지막으로 청결(Cleanliness) 부분에서는 무엇을 체크해야 할까?

☑ 매장 내부(입구, 유리, 의자, 탁자, 천장 등) 기물의 청결 상태가 유지되고 있는가?

☑ 매장 외부(출구, 유리, 간판, 점포 주변 등)의 청결 상태가 유지되고 있는가?

☑ 주방 및 각종 조리도구 및 식기류의 청결 상태가 유지되고 있는가?

☑ 화장실 관리 상태(세면대, 거울, 휴지 보충, 쓰레기통 관리)가 양호한가?

☑ 안전사고 발생의 위험은 없는가?

☑ 적합한 조도와 온도가 유지되고 있는가?

위 사항들 중에서 혹시라도 본인의 아르바이트 경험과 관련된 것이 있다면 이를 신경 쓰고자 관심을 갖고 노력했던 내용, 또는 입사 후 포부에 이런 내용들을 반드시 추가해줘야 한다.

이상으로 영업관리 직무 중 프랜차이즈 점포관리 직무의 내용 및 필요 역량, 자질 등을 알아봤다. 그렇다면 영업관리 직무로 취업을 희망하는 취업준비생들은 무엇을 어떻게 준비해야 할까?

4. 영업관리 직무에 지원하기 위한 사전 준비 항목

◆ 상대방을 논리적으로 설득해 본 사례 어필

◆ 지원 기업 PB 상품에 대한 SWOT 분석

◆ 편의점 등 프랜차이즈 근무 경험(아르바이트 등) 보유 시 유리

◆ 해당 실무 경험이 없을 경우 동일 상권 내 동종 업종의 각 경쟁사별 매장 비교 분석 자료 & 직접 작성

◆ 식품, 외식업의 경우 HACCP에 대한 기본 개념 이해 시 유리

필자는 형주에게 일주일에 한 번씩 편의점 동향에 대한 보고서를 직접 작성할 것을 권했다. 형주 본인이 다니고 있는 대학교 근처 편의점들과 집 근처의 편의점들을 직접 둘러보면서 아래 항목들에 대해서 주차별로 조사 및 분석할 수 있도록 했다.

◆ 개선하고 싶은 사항

◆ 진열 상태

◆ 아르바이트생의 고객 응대 평가

◆ 동일 지역 내 각 편의점의 비교 분석

◆ 동일 브랜드 편의점의 지역별 차이

◆ 점주님의 고민

◆ 아르바이트생들의 고민

일련의 과정 속에서 형주는 마치 본인이 이미 영업관리 담당자가 된 듯 편의점을 보는 시각 자체가 달라지게 되었다. 이후 필자는 DART(금융감독원 전자공시시스템)에 들어가서 편의점 계열사를 갖고 있는 기업들의 정기보고서를 읽게 하였다.

기업분석 시 DART를 통해 반드시 확인해야 할 항목
☑ 산업의 특성, 산업의 성장성, 경기변동의 특성, 국내외 시장 여건, 경쟁우위요소
☑ 지역별 시장 여건 및 영업의 개황
☑ 재무정보 및 제품별 매출 비중
☑ 판매 경로 및 판매 전략

정기보고서를 읽게 한 다음에는 사단법인 한국편의점산업협회(cvs.or.kr) 사이트에서 수시로 각종 현황 자료나 보도 자료 등을 찾아보도록 하였다. 그리고 CEO스코어데일리(www.ceoscoredaily.com)를 통해 유통산업 분야 중 편의점을 키워드로 검색하여 수시로 언론 기사들을 스크랩하도록 하였다.

위 과정을 통해 직무와 기업을 분석했으니, 다음은 이를 종합하여 직무기업분석표를 통한 나만의 2W1H 키워드를 발굴할 순서였다.

5. 형주의 편의점 영업관리 직무기업분석표

① 직무분석

❶ 희망 직무

직무명	영업관리
선택 사유	1) 점주님들을 독려하고 상생하면서 목표 매출을 달성하는 것에 대한 만족 2) 많은 편의점들을 소비자 입장에서 다니며 비교하고 고민한 개선점들을 직접 적용시켜 보고자
적합 사유 및 포부	적합 사유 1) 군대 PX병 활동 시 매출 및 재고 관리 경험 2) 품목별 발주 및 진열 관리를 통해 점포 운영의 경험을 쌓음 포부 1) 점주님과의 상생을 통한 매출 목표 달성 2) 담당 상권에 대한 명확한 분석 및 경쟁사 대비 차별화 방안에 대한 다각적인 고민을 매출 확대로 실현

❷ 직무 내용

직무 목적	1) 담당 가맹점포들의 목표 매출 달성 2) 재고 관리를 통한 불필요한 비용 절감 3) 점주님과의 상생으로 회사와 점주님 모두 Win-Win
세부 업무 내용	1) 매출 및 수익 목표에 대해 점포별 목표 설정 및 달성 전략 수립 2) 실적분석표 작성(매출 실적분석표 작성 및 보고) 3) 재고 관리(품목별 결품 및 과다 재고) 4) 각종 문제 사항 발생 시 적절한 방법으로 해결방안을 찾아 실행 5) 프로모션 및 다양한 이벤트 기획 6) 고객의 클레임 분석 및 대응 전략 수립(유관부서 협업) 7) 해당 상권 내 경쟁업체 대비 차별화 전략 수립

주요 협업 부서	1) MD(품목별 제품 런칭 및 매출 관리) 2) CS(고객 클레임 대응) 3) 물류(발주 및 재고 관리)

❸ 역량 및 자질

구분	역량(자격증, 어학, OA 등 기술적)	자질(성향/마인드)
필요 조건	1) 매장 근무 경험 2) 상권분석력(상권 소비 특성, 유동인구, 주변 매장 등) 3) 엑셀의 피벗테이블, 함수 등을 통한 신 속, 정확한 데이터 분석 및 가공 능력 4) ERP 등 매출, 물동 관리 시스템 경험	1) 남녀노소 누구나 이끌어 갈 수 있는 리 더십과 인력 관리 경험 2) 논리적 전달력 및 설득력 3) 스페셜리스트가 아닌 제너럴리스트로 서의 역량과 마인드
현재 본인이 갖춘 역량/자질	1) 군대 PX매장 관리 경험 2) 상권분석 보고서 작성 경험 3) 컴퓨터활용능력 2급	다양한 관심과 이해를 기반으로 한 제너럴 리스트 마인드
본인의 부족한 부분 및 준비할 사항	ERP 등 매출, 물동 관리 시스템 이해	1) 논리적 설득 및 전달력 2) 리더십을 바탕으로 한 인력 관리 경험

② 기업분석

❶ 기본 정보

기업명	○○ 리테일		
대표자	○○○	임직원 수	8,648명 *편의점(2,683명)

❷ 기업 프로필

주요 사업군	1) 편의점 2) 슈퍼마켓 3) 호텔 4) 헬스&뷰티
주요 상품	*편의점 기준 1) 유제품, 냉장, 냉동 2) 가공식품 3) 유아, 미용, 세제 4) 생활용품, 담배 등

주요 연혁	* 최근 순으로 중요한 것 5개 이내 1) **미래형 편의점 오픈(2022.06)** : 비대면 무인 매장을 비롯해 새로운 사용자 경험(UX)을 제공하는 차세대 점포 확대, 전사 업무 방식도 디지털 전환에 집중 2) '나만의 ○○○ 앱' 누적 다운로드 수 1,000만 건 돌파(2019.09) 3) 편의점 택배 전용 앱 출시(2019.09)
CEO, 경영진 신년사/ 인터뷰 내용	* 중요 키워드 위주로 작성할 것 1) **혁신** : 디지털 역량 강화로 기존 사업 진화와 미래사업 발굴에 집중 2) 수익 중심 내실 경영, 미래 성장 플랫폼 기반 구축, 미래 변화 주도를 경영방침으로 내걸고 실적 개선
인재상	* 인재상 중에서 적합한 본인 키워드 도출 1) **창의적 인재** : 교내 바자회 시 다각적인 수익창출 모델 도입 2) **서비스 정신이 확고한 인재** : 군대 PX병 복무 당시, 훈련을 마치고 복귀하는 병사들을 위해 매장 영업 시간 연장 건의 및 실행 3) **분야 최고의 전문가** : 상품 발주 및 매출, 재고 관리 경험
국내외 네트워크 현황	전국 15,453개 점포 (2021년 말 기준)
전년/반기 매출실적 (사업군별)	* 단순한 숫자 나열 대신 증감 사유를 최대한 찾아볼 것 **2021년 말 기준** • 매출 93,349억 원, 영업이익 2,083억 원 • 점포당 매출 : 6억 7200만 원 　1) 즉석식품, 음료, 유제품 등의 차별화로 전년 동기 대비 매출액 4.7% 증가 　2) 수익 중심의 출점 확대 및 점포 운영 혁신 등으로 전년 동기 대비 영업이익 224억 증가
경쟁사 정보	1) **○○○ 리테일 한국철도공사와 전략적 업무 제휴** : 레일플러스(R+) 교통카드의 판매, 충전 및 환불 서비스 이용 가능 및 상품 결제도 가능 2) ○○○24의 약진, ○○○○○의 부진
업계 주요 정보	20년 편의점 5개사 점유율 ○○스톱 5.4% ○○○24 8.2% ○○일레븐 20.4% ○○25 35.0% OU 31.0% 21년 편의점 5개사 점유율 ○○스톱 5.1% ○○○24 11.64% ○○일레븐 21.9% OU 31.1% ○○25 30.3%

❸ 자가진단

취업 희망도	20% − 40% − 60% − 80% − 100% ( ) − ( ) − ( ) − (○) − ( )
취업 가능성	20% − 40% − 60% − 80% − 100% ( ) − ( ) − (○) − ( ) − ( )
어학 능력	토익스피킹 Lv.6
OA 활용 능력	컴퓨터활용능력 2급(엑셀의 피벗테이블, 함수 활용 가능)
기업 지원 사유 및 지원 분야 관련 경험	1) 점주와의 상생을 디지털 혁신을 통해 가장 선구적이며 차별화 있게 구현하고 　있는 편의점. 채용 시 스펙보다도 하고자 하는 열정과 의지를 우선적으로 고 　려하는 기업 2) 군대 PX병 근무 당시 매출 및 재고 관리, 상품 발주 및 진열 관리 경험
준비해야 할 사항	1) 상권 내 경쟁점포와의 비교 분석 지속 2) 상권별 소비특성 및 점주님들의 애로사항 청취 지속 3) 일본의 편의점 트렌드 관심

❹ 형주의 편의점 영업관리 2W1H

What (직무상 강점)	1) 군대 PX병 복무 당시, 점포의 매출, 재고 및 상품 발주와 진열 관리 경험 2) 지속적인 상권 분석 경험 및 경쟁점포와의 차별화 고민 3) 집요함과 부지런함
Why (지원동기)	1) 지속적으로 변화하고 성장하고 있는 편의점 업에 대한 관심 2) 혁신을 가장 구체적이고 현실적으로 실천하고 있는 편의점 기업 3) 점주님과의 상생 의지가 강한 기업
How to (입사 후 구체적 포부)	1) 10여 개의 담당 가맹점에 대해 상권별 특성을 감안한 매출 확대 추진 2) 매출뿐만 아니라 재고 관리에도 신경을 써서 불필요한 비용 발생 최소화 3) 점주님과 아르바이트생들의 애로사항을 수시로 파악하고 관련 부서와의 협업 　으로 해결

　최종적으로는 직무기업분석표를 통해 형주만의 2W1H 키워드들을 뽑아낼 수 있었고 이를 자기소개서와 면접에서 두괄식으로 어필할 수 있도록 준비를 마쳤다. 그 다음은 인적성전형 준비와 특정 기업에서 반드시 진행하는 한국사 면접 준비였다. 하지만 이 부분은 본인 스스로 공부해야 하는 것이기에 가이드만 제시해 준 뒤 매일 공부할 수 있도록 독려했다.

　결국 형주는 국내 최대 편의점 영업관리 담당자로 최종 합격에 성공했고, 지금도 편의점 업계에 발을 들이고자 필자를 찾아오는 취업준비생들에게 수시로 여러 조언을 해주는 필자의 든든하고 멋진 제자로 활약하고 있다.

02 백화점 영업관리

"고객과의 소통보다 중요한 계획성과 꼼꼼함"

학군장교 출신으로 대학 졸업 후 최전방에서 소대장 임무를 마치고 전역을 하면서 취업을 준비하게 된 승열이. 예전처럼 장교 특별전형을 하는 대기업들도 많지 않고, 그나마도 채용 규모가 상당히 축소되어 장교 특별전형을 진행하는 기업이라면 업종이나 직무를 떠나 무조건 지원을 하고 있었다.

대다수 기업들은 장교 특별전형에서 영업이나 영업관리 직무를 채용하려 하는데, 이는 20대 중반 나이에 간부 위치에서 인력과 조직을 관리해 본 경험을 높이 사는 것은 물론, 조직에 대한 충성심을 높게 평가하기 때문이다.

장교 특별전형은 상당수가 보험사의 영업관리 직무에서 채용 공고가 났기에 승열이는 몇몇 대형 보험사를 지원하였지만 번번이 서류나 면접전형에서 탈락해 지칠 대로 지친 상황이었다. 자기소개서나 면접에서 리더십과 책임감 등 다른 장교 전형 후보자들과 똑같은 강점만 앵무새처럼 어필하다 보니 승열이 자신만의 강점이 돋보이지 않았던 탓이었다.

따라서 필자는 취업스터디를 통해 승열이에게 자신만의 강점을 찾아주기로 마음먹었다.

승열이의 컨설팅신청서와 일생스토리를 꼼꼼히 검토한 필자는 우선 일어일문학 전공을 크게 살리기는 어렵겠다는 결론을 내렸다. 일본계 외국기업의 경우, 채용도 많지 않을 뿐더러 승열이 또한 일본으로의 해외취업보다는 국내 기업의 취업을 희망하고 있었기 때문이었다. 그나마 백화점의 경우 타 업종 대비 일본어를 우대하고 있었는데, 이는 백화점 내 일본인 관광객의 비중이 타 업종 영업관리보다 상대적으로 높은 이유에서다.

승열이의 경우 일어일문학 외에 복수전공이나 부전공도 따로 없었기 때문에 필자는 전공 역량보다는 다른 관점에서 강점을 찾거나 새로운 강점을 만들어보기로 했다.

컴퓨터활용능력 2급 자격증 보유

영업관리 직무에 있어 **데이터 관리**는 매우 중요한 역량 중 하나이다. 영업관리 직무는 매출 관리, 재고 관리, 고객 데이터 관리 등 매일 숫자들과 씨름을 하여 수치를 데이터화한 뒤, 이를 철저히 관리하고 분석하여 매출 목표를 달성해야 하기 때문이다.

따라서 필자는 승열이에게 자신의 강점으로 엑셀 프로그램의 피벗테이블과 함수 활용 능력을 어필하도록 권했다. 물론 당장은 취업 준비 등으로 많이 활용해 볼 기회가 없어 능숙하게 다룰 수는 없겠지만, 컴퓨터활용능력 2급 자격증을 통해 자기소개서나 면접에서 **'숫자를 데이터화하여 트렌드를 읽을 수 있는 능력'**을 내세울 수 있겠다는 판단에서였다.

협상 경험

승열이는 장교 복무 시절, 각각 민관군 합동 작전과 부대 공사에서 지역 주민들을 설득하여 **협상을 성공시킨 사례**가 있었다. 군 복무를 통한 리더십, 솔선수범, 책임감 등은 많은 이들이 쉽게 어필하는 진부한 강점 사례이지만, 거기에 협상, 설득 경험이 포함되어 있다면 매우 활용하기 좋은 사례로 탈바꿈한다.

영업관리 직무에 있어서 점주 또는 백화점 샵 매니저(Shop Manager), 협력사 MD, 협력사 영업 담당과의 밀고 당기는 협상은 일상적으로 반복되는 업무이다. 함께 Win-Win해야 하는 입장에서 그들의 요구사항을 들어줌과 동시에 우리 회사와 나의 요구사항도 그들이 받아들이게 해야 하기 때문이다.

백화점 시장조사 및 백화점의 최근 트렌드 분석 과제 수행

필자는 승열이에게 서울과 수도권 내 모든 백화점을 직접 다녀보도록 지시했다. 그리고 아래 내용들을 직접 조사하고 그 결과물을 보고서 형식으로 작성하는 과제를 주었다.

◆ 주변 상권 분석(신도시, 부유층 지역, 시내 등 대형건물 밀집지역, 관광지역 등으로 구분)
◆ 상권별 품목별 브랜드 입점 차이
◆ 남성 패션 코너의 고급화 및 멀티화 현황
◆ 편집샵 현황
◆ 백화점별 식품 및 식당가의 차이점 및 개선 사항
◆ 매장 외 편의시설 및 안전시설, 방화시설 등
◆ 엔터테인먼트 및 몰링 문화 연계

약 한 달 동안 승열이는 서울과 수도권 일대 주요 백화점들을 돌아다닌 뒤 위에 제시한 내용들을 직접 조사하며 경험하였고, 이를 통해 소비자의 관점에서 벗어나 영업관리자 관점으로 시야의 폭을 넓힐 수 있었다. 또한 조사를 통해 개선할 점과 의문점들을 찾는 것은 물론 이를 지원동기나 입사 후 포부 등에 어필할 수 있게 되었다.

1. 백화점 영업관리 직무의 핵심

7대 Check Point

고객관리 결품관리 표시광고 직매입상품

청결 쇼핑환경 VM

백화점 영업관리에 지원하기 위해서는 고객과의 소통이나 책임감 등을 어필하기에 앞서 위의 7가지 체크 포인트를 먼저 이해하는 것이 더 중요하다. 또한 영업관리 직무는 고객과의 소통보다는 입점하고 있는 각 협력사의 샵 매니저 및 직원들과의 소통이 우선시된다는 점을 알아둬야 한다.

그럼 7가지 체크 포인트의 각 항목을 통해 백화점 영업관리는 어떤 업무들을 수행해야 하는지 알아보자.

고객 관리

- 고객 불편 사항, 도움 요청 시 신속 정확한 업무 처리
- 매장 위치 문의 시 단순 응대 지양 → 고객 최종 목적지까지 동행 서비스

결품 관리

- 인기 아이템 물량 확보(상품, 색상, 사이즈)
- 광고 상품 입고 확인(전단지, DM, SMS, 홈페이지, SNS)
- 행사 진행 상품의 고객 반응 체크 및 물량 체크

표시광고물 관리

- 효과적인 고객 유인책 활용(POP, 쇼카드, 우드락 등 각종 ISP)
- 오인성 문구, 과대광고, 공정거래 저촉 행위에 대한 주의(필수 기재사항, 오류 표기 등)

직매입상품 관리

- 직매입 상품 디스플레이 점검
- 판매 현황, 고객 반응 및 가격
- 재고조사

VM(Visual Merchandising) 관리

- 매장을 더욱 차별화하는 키포인트
- 디스플레이, 조명, 제품 배열 관리
- 고객이 몰리는 매장, 많이 찾는 아이템 체크

VM이란?

VM(Visual Merchandising)이란 기업(브랜드)에서 지향하는 이미지(콘셉트)를 구체화하여 점포독자에서 고객에게 일관성 있게 표현하는 수단을 의미한다. 일반적으로 매장의 VM을 구성하는 1차 책임자는 해당 브랜드의 VMD(Visual Merchandiser)이지만, 백화점 내에 입점해 있는 이상 담당 품목의 백화점 영업관리 담당자(Floor Manager)도 아래와 같은 부분을 신경 써야 한다.

VM은 크게 아래 3종류로 나뉜다.

- ☑ VP(Visual Presentation) : 고객 시선을 처음 끌어당기는 곳(콘셉트, 트렌드 제시)
- ☑ PP(Point of sales Presentation) : 매장 내 자연스럽게 고객의 시선이 닿는 곳(코디, 조명)
- ☑ IP(Item Presentation) : 배열(스타일, 사이즈, 소재, 컬러 등)

  이중에서 특히 백화점 영업관리는 'PP'와 'IP'가 제대로 구성되어 있는지 매일 점검해야 한다.

청결 관리

- 고객 접점에서의 기업 및 브랜드 이미지 조성
- 보이지 않는 곳까지 관리(데스크, 집기류, 피팅 룸 등)

쇼핑환경 관리

- 고객 휴게 공간, 엘리베이터 홀, 안내데스크, 유아 휴게실 등 매장 외 공용 공간 관리
- 매장 내 편의시설, 집기류, 행사장, 조명 등 전반 관리
- 방화셔터, 소화기, 화장실 등 고객 안전 및 위생을 위한 환경 관리

백화점 영업관리 담당자는 위의 일곱 가지 항목들을 매일 꼼꼼히 점검해야 한다. 이를 위해 백화점 영업관리 담당자는 사무실 외에도 매장과 매장 후방 지역을 수시로 돌아다녀야 한다.

승열이는 이러한 백화점 영업관리 담당자의 업무를 미리 경험하는 것에서 한걸음 더 나아가 매장의 샵 매니저들과 직접 인터뷰를 진행하기도 했다. 백화점 영업관리 담당자들과 어떤 상황에서 의견 마찰이 발생하는지 물어보고 본인 나름대로의 의견까지 정리해서 나에게 점검받기도 했다.

2. 백화점 영업관리 직무의 일과

다양한 일을 해야 하는 백화점 영업관리 담당자의 일과를 예시로 살펴보자.

구분	세부 구분	업무 내용
오픈 준비	일정 체크	당일 체크사항 확인 및 팀 회의를 통한 정보 공유
	오픈 점검	매장 청결, 전단함 체크
	아침 조회	이슈 및 서비스, 마케팅 관련 공유 사항 전달
	개점	밝고 활기찬 인사 시간
오전 업무	매장 관리	매장 및 행사장 관리(청결, 진열, 가격표, POP 등)
	테마 업무	일별 중점 추진 사항 점검
	재고 점검	전단지, DM상 기획 상품의 입고 및 재고 현황 파악
오후 업무	프로모션	브랜드 협력사 또는 부서원과 함께 프로모션 기획
	협업 업무	본사 또는 점 내 유관부서와 업무 협조 사항 진행
	매출 분석	주차별, 월별 매출 목표 대비 실적 분석(차질 원인 등)
현장 근무	후방 점검	창고, 방화셔터, 소화기/소화전 근처 상품 적재 여부 등
	홍보물 점검	각종 홍보물 정위치 부착 여부, 내용 오류 여부
	청결/정수	피팅 룸, 각종 집기류, 정수 상태
	현장 재고	인기 아이템/기획상품 재고, 결품, 시즌별 상품 교체 현황
폐점 전후	티 타임	간식 및 리프레시 시간(아이디어 공유, 자유 시간)
	매출 점검	당일 매출실적 및 부진 원인 점검
	행사 준비	익일 또는 차주 행사 준비(VM, 물량, 홍보물 등)
	폐점 정리	폐점 행사, 시설물, 정보 보호 및 보안 점검

이렇듯 백화점 영업관리의 하루 일과는 매우 빠듯하게 돌아간다. 그렇기 때문에 '꼼꼼함과 계획성'은 매우 중요한 직무 능력이라 할 수 있다. 거기에 많은 사람들과의 '원만한 대인관계와 원칙 준수' 능력 또한 요구된다.

그렇다면 기업들은 이들에게 어떤 역량과 자질들을 요구하고 있을까?

3. 백화점 영업관리 지원자의 필요 역량과 자질

백화점 영업관리 직무의 경우 앞서 언급한 편의점 영업관리와 대부분 비슷하지만 몇 가지 추가로 요구되는 역량이 있다.

◆ 남녀노소 누구나 이끌어 갈 수 있는 리더십과 인력 관리 경험
◆ 논리적 전달력 및 설득력
◆ 디테일을 놓치지 않고 체크할 수 있는 꼼꼼함
◆ 멀티플레이어
◆ 옴니채널에 대한 이해
◆ 엑셀의 피벗테이블, 함수 등을 통한 신속, 정확한 데이터 분석 및 가공 능력
◆ 스페셜리스트가 아닌 제너럴리스트로서의 역량

4. 백화점 영업관리에 지원하기 위한 사전 준비 항목

백화점 영업관리 직무는 그 특성상 백화점 내에 입점한 업체들에 대한 이해도와 문제 발생 시 대처 능력, 그리고 데이터 활용 능력을 요구하므로 이에 맞는 사전준비가 필요하다.

◆ 주요 상권별 점포 방문을 통한 브랜드 입점 현황 비교, 동선 비교를 통한 차별점 발굴
◆ 식품관, 남성 패션 코너 등 기존 여성 패션 외 분야에 대한 관심과 분석
◆ 옴니채널 및 몰링 문화에 대한 이해
◆ 예상치 못한 문제가 발생했을 때, 합리적이고 빠르게 대처해 본 사례 발굴
◆ 멀티플레이어로서의 본인 역할 사례 발굴
◆ 엑셀 피벗테이블 및 함수 역량 개발(컴퓨터활용능력 2급 이상 확보)

일련의 과정을 거쳐 백화점 영업관리 직무에 대한 이해도가 높아진 승열이는 자기소개서를 작성하기 전에 지원하고자 하는 기업과 경쟁사를 분석하기 위해 DART의 사업보고서 등을 활용하여 백화점 업계의 시장 현황과 경쟁 우위 요인 등을 파악했다. 그리고 이를 기반으로 직무기업분석표를 만들어 본인만의 2W1H 키워드를 뽑아낼 수 있었다.

5. 승열이의 백화점 영업관리 2W1H

What (직무상 강점)	1) 백화점 업계의 이해를 위한 노력과 경쟁사 비교 분석 경험 2) 협상 및 설득 성공 사례 3) 멀티플레이어로서의 역량
Why (지원동기)	1) 타 유통 대비 원스톱 쇼핑이 가능하며 라이프스타일을 선도할 수 있는 매력적인 업종 2) 경쟁사 대비 옴니채널 가장 활성화, 그룹 계열사 시너지를 통한 토탈 엔터테인먼트화 가능
How to (입사 후 구체적 포부)	1) 담당 매장의 샵 매니저 및 협력사 직원들과의 상호 Win-Win을 위한 현실적 노력 2) 매장 내 전방과 후방 고루 꼼꼼히 체크함과 동시에 매출과 재고 데이터 철저 분석 3) 해외 역직구 및 국내·외 유명 브랜드 직소싱 샵, 편집샵 등으로 매장 차별화에 기여

이렇게 뽑아낸 2W1H를 기반으로 승열이는 자신감을 갖고 자기소개서를 작성하였고, 면접에서도 위의 키워드들을 통해 구체적인 사례와 본인 분석 경험을 어필할 수 있었다. 결국 승열이는 국내 굴지의 Big 3 백화점 영업관리 담당자로 입사를 하게 되었고, 1년 반의 시간이 흐른 뒤 인사팀에서 노무관리 직무를 담당하게 되었다.

03 영업관리 우수 자기소개서 사례

         800 byte 이내

[수요예측은 정확하게 고객 클레임은 최소로]

○○ 리테일은 가장 가까운 곳에서 소비자의 모든 욕구를 각 상품군으로 구성해 대변하고 있습니다. 특히 HMR 식품과 소포장 PB 제품 등에서 차별화된 경쟁력을 가졌으며 키오스크 복합기를 통한 고객 생활편의를 높이고 있습니다. ○○ 리테일은 다점포망을 기반으로 옴니채널 역량을 강화한 향후 성장이 기대되는 기업입니다. 따라서 저는 다음 두 가지 역량을 통해 그 성장에 보탬이 되고 싶습니다.

첫째, 저는 편의점 아르바이트를 통해 동선에 따른 효과적 상품 진열 전략과 정확한 수요예측을 통한 결품과 과다 재고의 방지의 중요성을 인식했습니다. 또한, 고객에게서 들었던 피드백을 '고객 피드백' 노트에 적으며 고객 관점에서 고민하여 인사이트를 찾아 영업전략에 적용했습니다.

둘째, 컨설팅 회사 영업관리 인턴을 통해 시장 진단과 소비자 분석을 통해 셀링 포인트를 발굴하는 역량을 길렀습니다. 고객자료에 근거하여 유통 채널별 매출 증대 전략을 세워 해당 분기 목표 80% 달성의 성과를 얻을 수 있었습니다. 상권 분석을 통해 수요를 예측하고 판매 전략과 프로모션을 기획하는 일이 제가 가장 즐겁고 자신 있게 할 수 있는 일의 교점이라고 생각합니다.

[메모를 통해 놓친 관점이 보입니다]

잠들기 30분 전 노트를 확인하는 것은 성장과정에서 만들어낸 값진 습관입니다. 늘 품에 갖고 다니시던 수첩에 장기적인 계획과 단기적으로 실행할 수 있는 작은 계획들을 기록하며 일정을 체크하고 거래처를 관리하시던 아버지의 모습은 제 삶에 의미 있게 다가왔습니다. 이를 통해 단계적인 액션을 체계적으로 구축하여 최적의 프로세스를 만드는 계획력과 실행력을 습득할 수 있었습니다.

노트를 확인하며 '세분화–우선순위 매기기–성과/노력 평가'의 반복 훈련을 했고 업무 능률 향상이라는 성과로 이어왔습니다. 일상에 대한 애착과 고민을 담은 노트는 다음 액션을 그리는 데 직관력을 더해 주었습니다.

무언가를 적는다는 것은 결국 제 생각의 흐름을 기록하는 것이고, 이는 곧 스스로 부족했던 관점을 성찰하는 계기가 된다고 생각합니다. 왜 그 행동을 했는지를 생각하고 스스로 질문을 던지며 정형화된 패턴에서 벗어나 발전하기 위해 노력하고 있습니다.

[제너럴리스트이자 스페셜리스트]

○○ 리테일의 점포 매출을 관리해야 하는 영업 관리자는 유통 프로세스의 모든 부분을 숙지해야 하는 제너럴리스트이자 고객과 매출에 대해 해박한 스페셜리스트가 되어야 할 것입니다. 단기적으로는 제너럴리스트로서의 역량을 위해 유통산업의 흐름 및 제가 담당하는 상권 분석 및 소비자들의 동선과 소비 패턴 등 고객 특성에 대하여 빠르게 숙지하겠습니다. 또한, 스페셜리스트로서 정확한 수요예측을 통한 발주 관리로 수익을 향상시키겠습니다.

그리고 이러한 현장 경험을 기반으로, 장기적으로는 전략기획 마케팅팀에서 집안 여 가족과 혼밥족을 타깃으로 하는 '○○편의점에 가면 오늘의 저녁 메뉴가 보인다!'라는 슬로건의 신선식품 콜라보레이션 프로모션을 기획해 보고 싶습니다.

한편으로는 매출 증가 방안을 위해 고객 세그먼트별 분석 후 세분화 타깃팅 전략으로 상권 내 고객이 다시 방문할 수 있는 세대별 CS 맞춤 전략을 강화하고 객단가를 상승시키겠습니다.

4. 정직함에 대하여(경험이 있다면 그 상황에서의 본인의 입장 및 대처 사례) 800 byte 이내

[당장의 성과보다 앞날의 비전을 위해]

이탈리안 레스토랑에서 일할 때, 주방에서 폐기 기한이 따로 정해져 있지 않아 상태가 좋지 않은 식재료와 유통기한이 지난 유제품을 그대로 사용하고 있으며 셰프님도 그 상황을 묵인하고 있다는 것을 알게 되었습니다.

저는 여름철에는 평소보다 더욱 식중독과 위생 문제에 주의해야 하며 위와 같은 행위는 근본적으로 고객과의 신뢰를 저버리는 일이라고 생각하였습니다. 그래서 손실이 되더라도 유통기한이 지난 식재료는 전면 폐기해야 한다는 생각을 점장님께 조심스럽게 말씀드렸습니다.

점장님은 저의 판단에 동의하셨고 이틀간 손해를 감수하고 해당 채소와 유제품이 들어가는 세 가지 메뉴가 '재료 소진'이 되었음을 고객에게 밝혔습니다. 이후 정확한 수요예측으로 재료의 물량과 발주를 다시 조정함으로써 같은 상황을 방지할 수 있도록 하였습니다.

비록 당시에는 작은 손실을 감수해야 했지만, 고객 앞에 떳떳하게 행동함으로써 저 스스로에게도 떳떳할 수 있었습니다.

02

영업

구글도 모르는 직무분석집

📇 영업 직군 소개

영업이란?

영업은 판매가 아니다!

판매 : 물품을 판매하여 매출을 올리는 업무

영업 : '업(業)'을 지속적으로 '영위(營爲)'하기 위한 복합적 업무

영업 직무의 정의

◆ 시장 트렌드와 고객의 소비 트렌드를 미리 분석하여 고객사 또는 소비자에게 적합한 포트폴리오 제시

◆ 단기 구간 판매 확대를 넘어, 지속적인 판매 유지

영업 직무의 종류

직무	주요 업무	업종
유통영업	• 유통/업장 대상 영업 활동 • 거래처 방문 및 제품 판매, 수금 • 제품 진열 점검/판촉 활동	식품, 음료, 주류, 식자재, 제약 등 제조업체의 영업 담당
기술영업	• 제품을 보다 잘 사용할 수 있도록 돕는 역할 • 제품력 PT~수주~사후관리 • 출장 지원	의료기기, 반도체 장비, 통신서비스, SI 업체 등
판매	• 판매 상담, 고객 응대, 전화 응대 • 상품 관리, 판매접수 등록, 매입 등록 • 서비스 접수	가전, 가구, 화장품 등 매장 내 판매직

01 식자재유통영업

"100조 이상의 국내 식자재 시장에서
차별화된 영업력을 발휘!"

승열이와 같은 학군장교 출신으로, 서울 중상위권 대학을 졸업했지만 상반기, 하반기 모두 취업 재수를 거치며 자존감이 바닥까지 떨어진 정규. 철학과 외에 다른 복수전공 없이 학창 시절을 지내왔으며 학군장교 출신답게 리더십은 강하지만 자기 고집이 좀 세다는 특징이 있었다. 주변에서는 중견기업도 지원해 보라고 조언해 줬지만 본인뿐만 아니라 가족들 역시 대기업 입사를 강하게 선호하고 있었기에 필자는 대기업 중심으로 취업 준비를 돕기로 했다.

먼저 필자는 정규가 그동안 지원했던 회사들을 면면이 살펴봤다. 그동안 정규는 업종, 직무 구분 없이 닥치는 대로 50여 곳에 지원했으나 대부분 서류전형에서 탈락했고, 일부 기업은 서류전형을 거쳐 인적성전형까지 통과했지만 면접전형에서 1차 이상을 넘기지 못한 상황이었다.

따라서 필자는 정규에게 기존에 작성했던 자기소개서를 가져와보라고 했다. 자기소개서를 살펴보니 어떤 업종이나 직무로 지원을 해도 모두가 판에 박은 듯 똑같은 내용이었다. 성장과정이나 학창 시절, 성격의 장단점까지는 그렇다고 치더라도(물론 이들도 각 직무마다 어필하는 관점의 차이는 있어야 한다) 지원동기나 직무상 강점, 입사

후 포부마저 천편일률적이었다.

분석을 통해 크게 네 가지의 이유를 찾을 수 있었다.

첫째 직무에 대해 수박 겉핥기 식으로 알고 있다 보니, 지원동기나 직무상 강점, 입사 후 포부를 제대로 작성할 수 없었다.

둘째 업종 및 기업분석이 제대로 되어 있지 않은 상황이다 보니 기업 지원동기 부분이 엉망일 수밖에 없었다.

셋째 소위 말하는 '복붙(자기소개서 복사해서 붙여넣기)'이 너무 심해 자기소개서에서 기업 입사의 열의를 전혀 찾을 수 없었다.

넷째 모든 자기소개서에서 본인의 경험을 어필하는 키워드가 '도전', '열정', '소통'이 3가지에서 벗어나지 않았다. 앞서 언급한 바와 같이 도전과 열정, 소통은 신입사원이라면 누구나 지닌 특별하지 않은 키워드이다.

1. 직무 및 업종 선정하기

직무상 강점을 보여줄 수 있는 특별한 전공과 지식, 그리고 경험을 갖고 있지 않은 상황에서 대기업을 지원한다고 한다면 선택 가능한 직무는 사실상 얼마 되지 않는다.

따라서 필자는 정규가 지원할 직무를 '인사', '영업관리', '영업' 세 가지로 선정하고 집중적으로 교육시켰다. 정규의 장교 복무 경험과 강한 고집을 긍정적으로 살려낼 수 있는 직무들이라는 판단에서였다(단, 인사 직무는 모든 기업에서 채용 규모가 현격하게 적은 포지션이었기에 3순위로 미루어 놓았다).

정규는 직무교육을 받으며 점차 본인이 노력한 만큼 성과를 내고 인정받을 수 있는 **'영업'** 직무에 관심을 갖기 시작했다. 직무를 선택했으니 이번에는 영업 직무 중 어떤 업종을 매칭시켜줄지 고를 차례였다. 정규의 성향에 마땅한 업종이 무엇일지 고민을 하던 차에 필자는 무릎을 탁 치게 만드는 한 업종을 떠올렸다.

본가가 울산인 정규는 서울에 있는 학교를 다니기 위해 신촌에서 자취를 시작했다. ROTC 군복무를 마치고 나서도 취업 준비 때문에 여전히 서울 신촌 지역에서 자취를 하고 있었으므로 필자는 바로 이 점을 활용하기로 했다. 자취생인 정규가 거의 대부분의 식사를 근처 식당에서 해결하고 있다는 점에 착안하여 **'식자재유통영업'**이라는 직무에 초점을 맞추고 좀더 구체적인 교육을 시도하기로 한 것이다.

따라서 필자는 승규에게 무조건 식당 주인과 친해지고 아침마다 오는 식자재 배송 기사를 소개받을 것을 지시했다. 우선 식자재유통영업 직무에 대해서 이론적인 지식을 쌓게 한 뒤 이후에는 직접 흥미를 갖도록 하기 위함이었다.

2. 식자재유통영업 직무에 대한 이해

국내 식자재유통의 매출 규모는 100조 이상으로 1인가구와 더불어 외식업이 성장하고 간편식이 활성화되면서 B2B, B2C(신선식품) 식자재유통시장은 급성장하고 있다. 그만큼 수많은 식자재유통기업이 존재하지만, 점차 다양한 인프라와 위생 안전이 잘 갖춰진 대기업들 중심으로 업계가 재편되어 가는 추세이다.

식자재 유통이란?

- **누구에게?** : 식품대리점, 급식업체, 체인레스토랑, 일반 식당, 호텔 등
- **무엇을?** : 농·수·축·가공식품부터 주방 소모품 등 식당 사업에 필요한 모든 식자재 공급
- **시장 규모는?** : 국내 시장 규모 110조 원(B2B 46조 원 수준), 2만여 업체 존재 (*2019년 말 기준)

식자재유통시장의 성장 방향

- 인구감소에도 불구, 외식 문화 발달로 연평균 10%가량의 성장 전망
- 단순한 상품 공급에 그치지 않고 메뉴·조리·서비스·위생 교육 및 컨설팅, 전산 인프라와 다양한 부가서비스 지원 등 식당 운영의 토탈 솔루션을 제공하는 기업들로 진화 중

대기업의 강점

- **산지와 음식점주 바로 연결** : 1, 2차 도매상 마진이 줄어 음식점주들에게 이익이 돌아갈 수 있음
- 다양한 상품군 확보를 통한 패키지 구성 제공 가능
- 대형 신선 물류창고를 통한 위생 및 안전 확보
- 고객사 맞춤형 컨설팅 가능

경로별 유통 구조

- **외식** : 프랜차이즈, 일반 식당, 호텔, 뷔페 등
- **급식** : 어린이집, 유치원, 학교, 병원, 요양원, 복지관, 산업체, 관공서 등
- **유통** : 대리점, 도매상, 식자재 마트 등
- **원료** : 신선(1차) 상품 도매상, 제조공장, 식품가공업체 등

이번에는 식자재유통영업이 구체적으로 무슨 일을 하며 어떠한 역량과 자질이 요구되는지 알아보도록 하자.

① 주요 업무 및 세부 내용

- ◆ **소매영업(B2C)** : 백화점, 마트, SSM 등 유통채널에 육가공, Fresh Food 영업
- ◆ **식자재영업(B2B)** : 단체급식/외식사업 관련 식자재를 위생적으로 공급
- ◆ **거래처 신규 개발** : 타깃과 포트폴리오를 갖고 신규 판매처 발굴(맞춤형 포트폴리오 개발, 영업기획 및 제안, 계약)
- ◆ **기존 거래처 관리** : 끊임없는 고객만족 활동 통해 계약 지속 관리(고객만족 활동, 품목 확대, 채권 관리)

② 하루 일과 예시

기본적으로 식자재유통영업은 **'자율책임근무제'**이며 업무는 주로 현장에서 이루어진다.

- ◆ 주요 고객사 식자재 입고 시 고객사와 공동으로 검품 검수
- ◆ 클레임 발생 시 CS 또는 협력사를 통해 반품, 교환 등의 조치
- ◆ 주요 사업장 직접 미팅 및 업무 협의
- ◆ 신규 고객사 및 사업장 발굴을 위한 포트폴리오 구성
- ◆ 제안 고객사 및 사업장에 대한 견적, 제안서 작성
- ◆ 기존 고객사에서 요청하는 자료 등을 정리
- ◆ 실적자료 분석 및 매출 확대 방안 수립

3. 식자재유통영업 지원자의 필요 역량과 자질 및 핵심 키워드

① 필요 역량과 자질

◆ 대인관계 능력 및 설득력

◆ PPT 작성 및 프레젠테이션 발표력

◆ 협업을 통한 문제해결능력

◆ 머리와 발, 멀티플레이를 통한 목표 달성

◆ 빠른 수치적 감각 및 데이터 가공 및 활용 능력

◆ 윤리의식 및 영업에 대한 열정과 자긍심

필자는 개인적으로 이런 역량과 자질을 갖췄을 때만이 '**B2B 시장 기준 46조 원에 달하는 식자재유통시장에서 차별화된 영업력을 발휘**'할 수 있다고 생각한다. 그렇다면 식자재유통영업을 지원하면서 자기소개서나 면접에서 어떤 키워드들을 중심으로 어 필해야 인사 담당자나 면접위원들을 사로잡을 수 있을까?

② 인사 담당자나 면접위원들이 선호하는 식자재유통영업 지원자의 키워드

설득과 협상	솔선수범	부지런함
해당 품목 시장 트렌드 이해	Win-Win 상생	빠른 판단력
상황대처능력	자기관리능력 윤리의식	No 스트레스
QCD QSC+V	HACCP의 7단계 12절차 이해	목표의식 자긍심

이들 중에서 중요한 키워드 몇 가지를 살펴보도록 하자.

QCD(Quality, Cost, Delivery)

QCD는 식자재유통영업 외의 모든 영업 직무에서 상당히 중요한 키워드이다. 구매 담당자들 앞에서는 어떤 영업사원들이라도 다들 자사 제품의 품질이 가장 좋고 가성 비 또한 뛰어나다고 말하기 마련이다. 하지만 자사 제품의 품질과 가성비, 그리고 납기를 정확하게 지킬 수 있다는 신뢰감을 구체적으로 어필할 수 있어야만 구매 담당자의 마음을 움직일 수 있다. 따라서 식자재유통영업직은 많은 유통경로 담당자들에게 경쟁사 대비 우리 제품의 강점을 어필할 때 이 세 가지를 결코 잊어서는 안 된다.

QSC + V(Quality, Service, Cleanliness + Value)

이는 외식업이 살아남고 성장하기 위해서 반드시 필요한 요소이다. 식자재유통기업의 고객사는 외식업이 주를 이룬다. 즉, 고객사의 입장에서 필요로 하는 안전과 위생, 그리고 그것을 활용할 수 있는 부가가치를 만들어 줄 식자재를 공급해 주는 것이야말로 고객사의 성패를 좌우하는 기초라고 볼 수 있다.

HACCP(Hazard Analysis and Critical Control Point)

각 문자의 앞 글자를 따 **'해썹'**이라고 읽는 HACCP은 식자재를 취급하는 회사와 사람이라면 식품 관련 전공이 아니더라도 반드시 알아두어야 하는 상식이다. HACCP은 식품의 안전성을 보증하기 위해 식품의 원재료 생산, 제조, 가공, 보존, 유통을 거쳐 소비자가 최종적으로 식품을 섭취하기 직전까지, 각각의 단계에서 발생할 수 있는 모든 유해한 요소에 대하여 체계적으로 관리하는 과학적인 위생관리체계를 말한다.

HACCP는 총 7단계 12절차로 나뉘어지며 이는 **위해요소분석(HA ; hazard analysis)**과 **중요관리점(CCP ; Critical Control Points)**으로 나뉜다. 따라서 식자재유통영업 직무를 지원한 이상 최소한 한국식품안전관리인증원(www.haccp.or.kr)의 7단계 12절차가 무엇인지 정도만이라도 알고 준비하자.

4. 식자재유통영업에 지원하기 위한 사전 준비 항목

- ◆ 단골 음식점 사장과 친해지기
  - ➜ 해당 식자재 배송 기사를 소개받고 친해지기
- ◆ 실제 현장에서 벌어지는 어려운 점 및 본사 요구사항을 메모
- ◆ 기회가 되면 주방보조 아르바이트 경험을 꼭 쌓기
- ◆ 식자재 유통 관련 기사 탐독하기

- ◆ 글로벌 선진기업(시스코 등)의 벤치마킹 사례 발굴 및 분석하기
- ◆ 관련 대기업의 사업보고서, 분기별 실적자료 참고하기
- ◆ 자기관리 우수 사례 발굴하여 어필하기

정규는 이 중 첫째와 둘째 항목을 매우 성실하고 즐겁게 실천했다. 그 덕분에 비록 작은 동네 음식점이지만 사장님으로부터 식자재에 대한 불만과 개선점을 직접 들을 수 있었고, 중소 식자재유통업체의 배송 기사님을 통해서 식자재유통에서의 중요 포인트들을 잡아낼 수 있었다.

이후 필자는 사전 준비가 끝난 정규에게 DART에 접속하여 식자재유통 사업을 하고 있는 기업들의 정기보고서를 읽게 하였고, 동시에 식품외식경제 사이트(www. foodbank.co.kr)에서 외식업과 식자재 관련 내용들을 수시로 찾아보도록 지시했다.

모든 직무와 기업분석이 끝났으니 이제 이를 종합하여 직무기업분석표를 통한 나만의 2W1H 키워드를 발굴할 순서이다.

5. 정규의 식자재유통영업 직무기업분석표

① 직무분석

❶ 희망 직무

직무명	식자재유통영업
선택 사유	1) 먹거리는 단순 생존 및 욕구 충족을 뛰어넘어, 인간의 삶을 윤택하고 가치 있게 만들고 있으며 이를 실현하기 위해서는 건강하고 안전한 식자재의 공급, 유통이 필수적이라고 판단 2) 자신의 비전인 '먹거리, 그 이상의 가치'를 실현하는 데 가장 일치하는 직무라고 생각함
적합 사유 및 포부	적합 사유 **1) 유통 전반에 대한 지식과 트렌드 공부** • KOTRA에서 주최하는 서울국제식품대전에 매년 참석, 식자재 시장의 최신 트렌드 파악 및 분석 • 향후 식자재 시장을 주도할 트렌드를 연구, 차별화된 상품 계획 • 싱글족, 레저족, 뷰티족 부상에 주목, 이들의 니즈를 충족시키는 상품 소싱을 통해 ○○○의 매출 극대화

2) 컴퓨터활용등급 2급 취득을 통한 데이터 분석 능력

최적화된 영업을 위한 신속하고 정확한 데이터의 분석 능력 습득

3) 커뮤니케이션이 아닌 콜라보레이션을 통한 소통 능력

다양한 사람들과 시너지를 창출하는 일을 하기 위해 단순한 대화가 아닌 내 가치, 그리고 회사의 가치를 다른 사람들과 공유하고 새로운 가치를 창출

포부

1) 사소한 반응에도 민감하게 귀 기울이는 인재

• 동네 음식점 점주님 및 식자재 배송 기사님을 통한 식자재유통시장의 현실 이해 및 요구사항을 현장에서 직접 청취

• 사소한 반응에도 민감하게 귀를 기울여 업무에 적극 활용

2) 차별화된 고부가가치 식자재 상품 및 영업을 통한 매출 기여

• 경쟁력 있는 수입브랜드 발굴 및 영업을 통해 영업 마진을 획기적으로 개선

• 차별된 프리미엄 고부가가치 식자재 상품 및 영업을 통해 ○○○의 매출과 이익을 극대화하는 데 기여

❷ 직무 내용

직무 기본 사항	식자재유통과 관련된 모든 서비스를 고객접점에서 수행할 수 있는 영업 직무
직무 목적	좋은 식자재를 고객에게 제공하여 회사의 가치와 고객의 가치 향상
세부 업무 내용	1) 대리점 영업 : 중소형 식당 최종 납품 2) 직거래 영업 : 캐터링, 프랜차이즈 가맹점 납품 3) 원료 영업 : 제조공장, 축산물 납품 대리점 납품 4) 주방설계 영업 : 컨설팅 및 주방기기 판매
주요 협업 부서	콜센터, MD, 물류팀, 재무팀 등

❸ 역량 및 자질

구분	기술적 역량	자질
필요 조건	1) 유통, 물류 관련 자격증과 지식 2) 상품 기초지식 3) 식자재 유통 시장의 트렌드 파악 4) 적시에 매출, 계획진척율 보고서 작성	1) 서비스 마인드 2) 문제(클레임)해결능력 3) 회계분석능력 4) 원활한 협상을 위한 설득력 5) 적극적인 자세 및 열정
현재 본인이 갖춘 역량/자질	1) 컴퓨터활용능력 2급 2) 업계동향 관련 사이트 정기 스크랩 3) 현장에서 직접 식자재유통을 관찰	1) 적극적인 문제해결을 위한 자세 2) 친절하고 원만한 성향 3) 상대방을 설득하려고 애쓰는 마인드

본인의 부족한 부분 및 준비할 사항	1) 물류 및 상품 기초지식 부족 2) 1년 내 물류관리사 취득 3) 입사 후 농·축·수산물 부문 자격증 획득	회계분석능력 부족

② 기업분석

❶ 기본 정보

기업명	○○○		
대표자	○○○	임직원 수	1,500명
설립일	1988년 10월	설립자	○○○

❷ 기업 프로필

주요 사업군	1) **식자재유통사업** • 농수축가공식품, 주방 소모품, 대형 주방기기 등 식당사업에 필요한 모든 식자재 공급 2) **푸드서비스 사업** • 단체급식사업 중심의 다양한 푸드 서비스 제공 • 오피스, 산업체, 병원 등 구내식당 위탁 운영
주요 상품	1) ○○○ : 가공 식자재 PB 브랜드 2) ○○/○○○○ 3) ○○○○○ : 1차 원재료 PB 상품군 4) **해외 브랜드** : ○○○○와 ○○○의 식자재상품군에 대한 국내 유통 전담
비전/ 핵심가치/ 인재상	*기업가치와 인재상 항목들을 본인 것으로 소화해서 순차적으로 설명할 것 • 저는 다양한 사회경험을 통해서 열정적인 자세와 창의적인 마인드를 함양할 수 있었습니다. 이러한 역량을 기반으로, 제품과 서비스를 통해서 글로벌 푸드 네트워크 크리에이터가 되는 데 기여하겠습니다. * 본인만의 특정한 구체적 사례를 샘플로 • PC방에서의 아르바이트 시절, 발상의 전환을 통해서 매출과 수익을 크게 확대한 사례가 있음. 다들 이용시간 요금을 올리려는 데만 신경을 쓰고 있었고, 동종 업체가 난립하면서 요금 인상이 불가능 이후 매출 및 수익구조를 면밀히 분석한 결과, 이용요금이 아닌 음료, 간식을 통한 수익 창출 방법을 찾음. 음료, 간식 상품구색을 다양하게 갖추고 나서 3개월 후 매출 %, 수익 %를 신장시킨 사례가 있음 • 새로운 아이디어는 무언가 해결하려는 집요한 열정에서만 생긴다는 것을 깨달았고, 이와 같은 발상의 전환으로 본사에서도 매출뿐만 아니라 수익을 극대화할 수 있는 유통 담당자가 되고 싶음

국내외 네트워크 현황	1) 국내뿐만 아니라 해외에서도 다양한 사업확장을 위해 노력하고 있음 2) 중국의 경우 중국 내 외국기업이 정착, 성공하려면 글로컬 전략이 우선되므로 ○○○○식품이라는 현지법인을 설립 **3) 일본과 홍콩에는 공항 내 식음료 사업을 시작** 　• **중국** : 현지법인 ○○○○식품유한공사 설립, 청도 농수산물 구매 사무소 개설, 북경 자금성 내 식음매장 오픈 　• **일본** : 일본공항에서 식음료 사업 시작 　• **홍콩** : 홍콩공항 식음매장 오픈

전년/반기 매출실적 (사업군별)	단위(억)	계	식자재유통	푸드 서비스
	매출	13,000	11,600	1,285
	영업이익	168	113	54

경쟁사 정보	**서론** 위탁급식 시장의 Big 3가 가장 강력한 경쟁사(식자재유통과 푸드 서비스 모두 경쟁 중)이며, 정비를 마친 ○○○○은 이름을 ○○푸드로 변경, 시장진입을 서두르고 있음 1) **○○○** : 급식사업 점유율 25%, 하루 100만 식수, 식품 브랜드 손수 런칭. 대기업으로 분류되어 공기업 급식사업 제한당함 2) **○○○○랜드** : 급식사업 점유율 25%, 계열사 대상 급식 집중, 자체 브랜드 런칭. 계열사에 집중하다 보니 수익구조가 다양하지 못함, 역시 대기업 분류 제한 3) **○○○○푸드** : 급식사업 점유율 15%, B2C 시장 매출 비중이 큼, ○○백화점 전속 납품. 법인영업, 여행, LED 다양한 사업 진출로 매출 다각화 시도 중, 대기업 분류 제한 4) **○○○푸드** : 단체 급식 매출이 압도적, 계열사 전속 납품으로 다양한 수익모델이 없음 **결론** 대부분의 기업들이 계열사 전속 납품으로 성장 한계를 나타내고 있음. ○○○는 유통계열사가 없어서 B2C에서는 약하지만 B2B는 강함. 마진이 약해서 영업이익률이 낮음 따라서 프리미엄 고부가가치 식자재 발굴 및 해외 진출 시급 ➜ 이에 대한 본인의 구체적인 아이디어나 의견은? 1) 1차 원재료 및 1차 가공 식자재유통에서 벗어나 2~3차 식자재 상품군 개발 2) 소비 트렌드를 감안한 다양한 유기농, 웰빙 식자재 자체 개발 및 유통력 강화

업계 주요 정보	1) 업체 및 급식용 식자재 (B2B) 시장 규모는 46조. 기타 도합 약 110조 원 이상 규모의 식자재 시장 **2) 식자재유통시장이 대기업 위주로 재편** • 인구구조 변화(여성, 1인가구, 고령화), 트렌드 변화(가정대체식, 소량 구매), 외식시장 확대(프랜차이즈, 단체급식), 정부규제(위생 강화) • 이러한 상황을 기존의 영세 중소업체들은 실현하기 힘듦 • 전국 유통망, 위생안전 시스템을 가진 대기업들이 시장에 진입 중 **3) 해외 식자재 시장에 진출** • 국내 대기업들이 해외 진출과 함께 계열사의 식자재유통기업들도 같이 진출 • 특히 중국 및 인도의 경우 국내 대비 일 식수를 훨씬 뛰어넘는 잠재력에 주목

❸ 자가진단

취업 희망도	20% – 40% – 60% – 80% – 100% ( ) – ( ) – ( ) – ( ) – (○)
취업 가능성	20% – 40% – 60% – 80% – 100% ( ) – ( ) – ( ) – (○) – ( )
어학 능력	기준 상회
OA 활용 능력	기준 상회
기업 지원 사유 및 지원 분야 관련 경험	* 키워드 위주로 정리 • 왜 하필 이 기업인지? • 유통관리사 취득을 통한 어떤 내용 이해 • 식자재 시장에 대한 이해 식자재 시장의 선두주자 ○○○에서 '먹거리로 사람을 풍요롭게'라는 저의 비전을 실현하고자 지원했습니다. 현대 사회에서 먹거리는 생존과 단순한 욕구의 충족을 넘어 삶을 풍요롭게 하는 역할을 합니다. 이는 건강하고 안전한 식재료 공급을 통해서 이루어질 수 있는데, ○○○는 업계 최고 수준의 식품안전센터와 업계 최초로 도입한 ERP 시스템, 탄탄한 전국 배송망을 통해 이를 실현하고 있습니다. 또한 ○○○는 글로벌 푸드 네트워크 리더라는 비전을 가지고, 인류의 풍요로운 식문화를 창조하고자 해외 시작에 적극적으로 진출하고 있습니다. 이러한 ○○○의 '풍요로운 행보'에 저도 같이 동행하고 싶습니다.
준비 사항	1) 기업분석 및 직무분석 2) 최근 식자재유통업계 근황 및 규모 분석 3) 가장 큰 경쟁사 Big 3의 강점 조사

❹ 정규의 식자재유통영업 2W1H

What (직무상 강점)	1) 유통 전반 및 식자재유통 산업에 대한 이해 2) 직접 발품 팔아 외식업 및 식자재유통 현장에서 VOC 수집 및 개선점 고민 3) 영업의 핵심인 수치를 데이터화하여 트렌드를 미리 읽을 수 있는 데이터 분석 역량
Why (지원동기)	1) B2B기준 50조에 육박하는 식자재유통 시장에 대한 발전 가능성 2) QCD와 QSC를 만족시킬 수 있는 인프라와 거점 보유 3) 끊임없이 개선하고 발전하고자 노력하는 기업
How to (입사 후 구체적 포부)	1) 사소한 반응에도 민감하게 귀를 기울여 업무에 적극 활용 2) 스스로에게 동기부여를 하면서 뚝심 있게 매출 목표를 달성하고자 노력 3) 차별화된 프리미엄 고부가가치 상품의 매출 확대를 통해 매출뿐만 아니라 수익을 극대화하는 데 기여

이렇게 직무기업분석표를 통해 정규의 2W1H 키워드들을 뽑을 수 있었고, 이를 자기소개서와 면접에서 두괄식으로 어필할 수 있도록 준비를 마쳤다. 그 결과 정규는 서류전형을 무난하게 통과했고 타 대기업 대비 난이도가 낮은 인적성테스트 역시 순조롭게 통과하여 면접에 임할 수 있었다.

정규는 철저하게 준비를 한 덕분인지 면접위원이 본인에게 질문 좀 해주었으면 좋겠다는 자신감까지 생겼다고 한다.

어떻게 취업을 준비해야 하는지 제대로 파악한 정규는 식자재유통영업은 물론 국내 굴지의 자동차기업의 국내영업에도 동시 합격하는 기쁨을 맞이할 수 있었다.

02 제약 영업

> "처방전에 우리 의약품을 클릭하게
> 만들 수 있는 다재다능함"

이번에는 수도권 내 중위권 대학교 출신인 선주의 취업 성공 이야기다.

선주는 기업에서 매우 선호하는 전공 중 하나인 산업정보학을 전공하였지만, 아쉽게도 전공에는 그다지 관심이 없는 학생이었다. 그래서 전공 특성과 관련된 프로젝트 수행 경험과 기타 전공 관련 자격증(IT 관련, ERP, 통계, 데이터 분석, 물류 등)이 전무했다. 비록 토익 점수는 900점대로 높은 편이었지만, 단순히 영어 하나 잘한다고 원하는 기업에 지원할 수는 없는 노릇이었다.

몇 차례의 취업 실패를 거듭하면서 이런 점을 자각한 선주는 취업 준비를 하면서 제약업에 관심을 갖기 시작했고 취업 1순위로 제약업의 **MR(영업)** 포지션을 희망하게 됐다. 비록 주변에서는 제약 영업이 힘든 직무라며 만류했지만 선주는 친한 지인들을 통해서 제약 영업이 소문만큼 힘들지는 않다는 것을 알고 있었기에 함께 준비해 나가는 데 큰 어려움은 없었다.

자, 그럼 제약 영업이라는 직무에 대해서 한 번 알아보도록 하자.

1. 제약 영업의 주요 업무

여러분 중 몇몇은 병원에서 정장을 말끔하게 차려 입고 서류 가방과 종이 봉투를 든 채 원장님 또는 의사 선생님들을 만나기 위해 경건한(?) 자세로 대기하고 있는 이들을 본 적이 있을지 모르겠다.

이들의 정체는 정보를 제대로 전달하고 의사 선생님들을 설득하여 환자에게 내리는 처방전에 자기 회사의 의약품이 처방될 수 있게끔 만들어주는 역할을 하는 **'MR(Medical Representative : 의약 정보 담당자)'**이다. 이들은 크게 전문의약품 처방 유도를 위해 병원 및 의사를 상대하는 **'ETC(Ethical The Count)'**와 일반의약품을 취급하며 약국과 약사를 상대하는 **'OTC(Over The Count)'**로 나뉜다. 보통 로컬급 병원의 경우 50개, 세미 병원의 경우 10개, 종합병원의 경우 2개를 관리하며 약국 영업 시 약 150개의 거래처를 관리한다.

① 주요 업무

- ◆ **영업** : 제품의 발주, 접수, 납품 및 대금 회수 등
- ◆ **정보 전달** : 자사 제품의 특장점 및 주요 정보제공
- ◆ **정보 수집** : 의사·약사 등 고객을 통하여 제품에 대한 의견 및 경쟁사 제품 정보, 의약계의 최신 정보 등 수집
- ◆ **마케팅** : 판촉 활동의 계획 수립 및 실행, 회사의 기본적인 마케팅 틀에서 창의적이고 적극적인 고객과의 관계 형성

② 하루 일과 예시 * 기본적으로 자율책임근무제(업무는 주로 현장에서 이루어짐)

- ◆ 특정 요일 본사 출근
- ◆ 대부분 담당 병원(약국) 현지로 곧바로 출근
- ◆ 본사에 위치 확인
- ◆ 신입 MR의 경우 하루 10~15개 병원 미팅 성사를 목표로 함
- ◆ 점심 식사는 병원 원장과 함께 식사할 수 있도록 함
- ◆ 필요 시 본사 사무실로 퇴근하여 실적 및 보고서 자료 작성
- ◆ 퇴근 후 병원 원장, 약사 등 담당 고객의 관심사 분류 및 정보 수집

2. 제약 영업 직무의 특징

- ◆ **전문가 집단의 고객 상대** : 고객이 영업사원보다도 제품의 특징에 대해 자세히 알 수 있고, 전문지식 부분에서도 앞서 있음 * 타 업종보다 전문성 더욱 필요
- ◆ **고객과의 지속성** : 고객과 지속적인 거래 * 고객과의 신뢰 관계 유지 매우 중요
- ◆ **간접 영업** : 의약품 최종소비자는 환자이지만 MR의 영업 대상은 의사나 약사로, 간접 거래 형태이기 때문에 제약 영업의 고객인 의사와 약사도 환자와 관계가 연관되어 있음 * MR이 제공하는 정보가 의사(약사)와 환자 간 관계에 영향
- ◆ **지역과 고객이 한정** : 담당 지역 내 좋은 평판 유지 필수 * 담당 지역 내에서 평판이 나빠지면 더 이상 영업은 불가능

그렇다면 제약 영업 직무를 제대로 수행하기 위해서는 과연 어떠한 역량과 자질이 필요한지 알아보고 본인의 사례에서 찾아서 매칭시켜 보도록 하자.

3. 제약 영업 지원자의 필요 역량과 자질 및 핵심 키워드

① 필요 역량과 자질

- ◆ 제약업계 및 의약품에 대한 관심
- ◆ 대인관계 능력 및 설득력
- ◆ 다양한 화젯거리에 대한 박학다식한 정보수집능력
- ◆ 성실성과 윤리의식, No 스트레스
- ◆ 스케줄 관리 능력
- ◆ 영업에 대한 열정과 자긍심
- ◆ 뚜렷한 목표의식

위와 같은 역량과 자질들을 제대로 업무에 발휘할 수 있을 때 단순히 약을 파는 사람이 아니라, 의약품 정보를 제대로 전달하여 **'고객인 의사들이 처방전에 우리 회사의 의약품을 클릭하게 만들 수 있는 진정한 MR'**이 될 수 있다.

선주는 작성한 일생스토리를 통해서 위에서 제시한 필요 역량과 자질에 해당하는 본인의 사례를 집중적으로 찾기 시작했다. 그리고 그 사례들을 키워드로 본인을 어필할 수 있도록 준비했다.

설득	부지런함	자기관리	No 스트레스	체력
근성	윤리성	긍정적	적극적	다양한 취미	박학다식
친화력	꾸준함과 집요함	Self 동기부여	자신감	자긍심

키워드를 준비하는 한편, 필자는 선주에게 자기소개서를 작성하기 전, 과거와는 다른 방식으로 제약 영업에 지원할 수 있도록 아래 항목들을 사전에 준비하도록 지시했다.

4. 제약 영업에 지원하기 위한 사전 준비 항목

◆ 병원 또는 약국 20개소 이상 직접 방문해서 병원장, 의사, 약사 등 명함을 받아 놓을 것

◆ 다양한 취미, 박학다식한 점을 자소서, 면접 시 부각할 것

◆ 남이 보지 않는 곳에서도 본인 스스로에게 정직했던 사례를 어필할 것

◆ 제약업 및 제약 영업의 미래 비전에 대한 확신성을 어필할 것

첫번째 항목은 미련한 듯 보이지만 사실 매우 효과적인 방법이다. 자기소개서에서 강한 의지를 보일 수 있을 뿐더러 실제 면접장에 들어섰을 때 직접 스크랩한 명함집을 가져가서 미래의 잠재 고객들인 의사와 약사들을 만나 MR로서의 열의를 보이고 있다는 점을 증명할 수 있기 때문이다.

이후 선주는 국내 Big 3 제약사 최종 면접에서 아래와 같은 질문을 미리 연습하여 최종 합격의 꿈을 이룰 수 있었다.

5. 제약 영업 직무에서 주로 나오는 면접 질문들

Q 과거 당사 ○○○ 지원 이력이 있다.

A ○○○를 정말 오고 싶어서 계속 지원했습니다. 이번에 기회 주셔서 감사합니다.

Q 아버님한테 우리 회사 이미지에 대해 들은 것 있나?

A 제가 ○○○에 대해 직접 듣지는 못했지만, ○○이나 ○○○○ 등의 제품을 많이 사용하고 계십니다. 그래서 ○○○를 신뢰할 수 있는 기업이라고 생각해왔습니다.

Q 공백 기간에 아르바이트 말고 무엇을 했나?

A 외국어 역량을 기르기 위해 노력했습니다. 중국어 자격증을 취득한 뒤에는 중국인 친구들을 통해 살아있는 언어를 배우려고 노력했습니다.

Q 영어로 우리 회사의 연혁에 대해 설명해 보시오.

A ○○○는 항상 연구하고 결과를 도출해 내는 기업입니다. 그리고 그 결과물을 통해 사회에 기여하는 기업입니다. 세계에서 두 번째로 헌터증후군 치료제인 ○○○를 만들어 냈고.....(높은 토익 점수로 인해 받은 질문으로 영어 수준은 당락을 좌우하지 않는다고 함)

Q 제약 영업에 대해 들은 이야기가 있는가?

A 먼저 입사하여 활동하고 있는 제약 영업인들에게 좋은 점과 힘든 점에 대해 물어보았습니다. 좋은 점으로는 본인이 성실히 일하는 만큼 성과가 나오고 성취감을 느낄 수 있다는 점을 꼽았습니다. 하지만 병원 방문 시 의사 및 간호사분들이 면담을 거부할 때는 힘이 든다고 들었습니다. 또한 월말에 수금 업무가 다소 번거롭고 귀찮다는 이야기도 전해 들었습니다.

Q 지방 근무가 가능한가?

A 물론 가능합니다. ○○○에서 일할 수 있다면 지방 근무도 문제없다고 생각합니다. 친구들 중에서도 지방에서 근무하는 사람이 많다 보니 충분히 할 수 있다고 생각했습니다.

Q 당신을 동물로 표현해 보시오.

A 저를 동물로 표현하자면 고릴라가 아닐까 생각합니다. 저는 고릴라처럼 힘도 체력도 세지만 상황에 따라 충분히 재롱도 피울 수 있습니다.

Q 김영란 법에 대해 어떻게 생각하는가?

A 부정 청탁 및 금품수수 금지법이 입법 과정에서 적용대상에 변경이 있었다고 들었습니다. 초기에 적용되었던 국회의원을 제외하고 교사, 기자까지 범위 확대했으므로, 저는 김영란 법이 초기의 의도를 잘 살리는 방향으로 가야 한다고 생각합니다. 또한 김영란 법은 현재 프로세스, 가이드라인이 명확히 제시되어 있지 않기 때문에 구체화할 필요가 있다고도 생각합니다.

Q 특기가 있는가?

A 저는 PPT를 잘 만들 수 있습니다. 이것은 제가 제약 영업을 하면서 ○○○의 신약이나 신제품 출시가 되었을 때, 타사의 누구보다 더 빠르게 포트폴리오를 만들고 의사분께 전달할 수 있는 강점이라고 생각합니다.

Q 마지막으로 하고 싶은 말이 있는가? (30초)

A 영업에서 숫자는 인덕이라고 생각합니다. 말로만 하는 영업이 아닌, 숫자로 보여드리는 영업인이 되겠습니다. 그리고 저는 이미 미래의 제 고객이 되실 수 있는 분들을 만나 뵙고 오기도 했습니다(직접 스크랩한 명함집을 제시함).

03 식자재유통영업 우수 자기소개서 사례

[데이터 활용과 현장에 대한 이해]

저는 영업의 기본인 수치를 데이터화하기 위해 컴퓨터활용능력 2급 자격증을 취득했으며, 업계 관련 각종 세미나에 참석하여 업계 동향과 경쟁력 강화를 위한 방안을 연구했습니다. 또한 다양한 유통, 서비스 업종에서 근무한 경험을 통해 매출과 재고 관리의 중요성을 배울 수 있었고, 식자재유통 현장을 직접 방문, 관찰하며 점주님들의 애로사항과 배송 현장에서의 VOC(Voice Of Customer) 등을 직접 듣고 고민할 수 있었습니다. 이를 통해 느낀 점들을 입사 후 현장에서 개선하겠습니다.

[조직운영, HACCP 이해]

식자재유통영업은 거래처에 식품 판매는 물론 매장 내 재고, 판촉 방법 등의 관련 사항을 체계적으로 관리하여 매출 상승을 도모하는 일을 수행합니다. 해병대 장교 시절 소초를 운영하면서 사소한 물자 관리부터 소초원들의 시간 계획까지, 하나의 조직을 전체적으로 조망하는 능력을 키웠습니다.

HACCP 시스템을 통한 식품 관리와 QSC를 기반으로 한 식당 컨설팅의 형태로 진화하는 식자재유통업의 흐름 속에서 설득 능력과 조직 운영 능력을 기반으로 ○○○의 성장과 함께하겠습니다.

2. 대학생활 중 가장 성취감이 컸던 경험과 목표 달성을 위한 본인의 노력에 대해 기술하여 주십시오.

[후보생 신분으로 기숙사를 만들다]
대학교 4학년 때 저를 비롯한 지방이 거주지인 후보생들의 경제적 부담에 대해서 고민하던 와중, 당시 학군단 건물에 제대로 활용되지 않는 3개의 방이 있다는 사실을 인지하고 학군단 내 빈방을 활용해 기숙사를 만들어보자는 목표를 세웠습니다.

[후보생들부터 동문회까지 이어진 도움]
'학군단 기숙사 만들기'라는 목표를 설정한 후, 2층 침대, 사물함 등 거주하는 데 필요한 물품을 선정하고 후보생들끼리 십시일반으로 자금을 마련하여 하나씩 채워 나간다는 계획서를 들고 학군단장님의 승인을 받으러 갔습니다. 뜻밖에도 단장님은 후보생들의 의견에 적극 귀 기울여 주시며, 이러한 계획을 ROTC 동문회에 알리고 금전적인 부분에서 큰 도움을 주셨습니다.

[후보생들을 위한 공간을 만들다]
자금이 예상보다 많이 확보되면서, 기숙사에 필요한 자재들에 더하여 학군단 내 독서실을 만들자는 계획을 추가하게 되었고, 독서실 책상과 의자까지 주문하여 기숙사는 물론 독서실까지 만들 수 있었습니다. 이러한 시설의 설립으로 자취나 하숙을 하던 후보생들은 금전적으로 큰 도움을 받을 수 있었고, 단복을 입으며 도서관을 다니던 후보생들이 학군단 내 독서실을 이용하면서 학군단 조직이 활성화되었습니다.

[기숙사를 관리하다]
기숙사가 생기게 되면서 단장님은 저에게 관리 임무를 주셨고, 저는 학군단 기숙사에 거주하며 15명의 후보생들을 관리했습니다. 오전 7시에 기상하여 아침 체력단련을 하고, 졸업영어 성적을 취득하기 위한 영어 인터넷 강의 수강 후 스터디를 함으로써 기숙사의 아침을 열었습니다.
이러한 과정에서 몇몇 인원들은 자신들의 시간을 자유롭게 쓰지 못한다는 불만을 표출했습니다. 학군단 내 새로운 시설을 관리하는 장으로서 원칙을 준수해야 한다는 저의 입장과 자유로운 생활을 하고 싶다는 기숙사 인원들의 주장 사이의 의견 차이는 좀처럼 좁혀지지 않았습니다.

이러한 갈등 상황을 극복하기 위해, 저는 기숙사 인원을 일일이 만나 기숙사 생활에서 아쉬운 점을 경청하고, 전체 회의를 개최하여 모두가 공감할 수 있는 기숙사 준칙을 다 함께 만드는 시간을 가졌습니다. 그리고 이러한 원칙과 소통의 조화를 통해 건강한 기숙사 문화를 정착시킬 수 있었습니다.

03

해외영업

구글도 모르는 직무분석집

📺 해외영업 직군 소개

해외영업이란?
정확한 수요예측과 공급 리드 타임 단축으로
매출과 수익을 달성하는 업무 수행

해외영업의 업종별 주요 업무

업종	직무	주요 업무
종합상사 무역업	트레이딩	제품 및 부품, 원료 등을 삼국 또는 다자간 무역을 통해 트레이딩
	자원개발	광산, 가스 유전, 팜 농장 등 에너지화 가능한 자원 보유 지역 매입 혹은 투자
	프로젝트 오거나이징	발전시설, 철도, 항만 등 교통인프라, 신도시, 플랜트, 민자발전사업(IPP) 등에 대한 설계, 조달, 시공 및 투자 등 전체적인 해외 프로젝트 수행
일반 제조업	지역마케터	• 해외 각 지역 법인 및 지사, 또는 유통 대행사 등 현재 판매 조직서 업무 수행 • 현지 목표 매출을 달성할 수 있도록 본사 마케팅과 현지 코디네이트
벤더업	공급사슬 관리 (일부 고객사 대응)	고객사의 상품을 OEM 또는 ODM 방식으로 공급

해외영업은 위와 같이 크게 세 가지 업종으로 분류될 수 있다. 이외에도 유형의 상품이 아닌, 무형의 콘텐츠나 서비스를 해외로 판매하는 업종도 있지만 이들 또한 일반 제조업에서의 역할과 크게 다르지 않다.

이중 '**벤더업**'이란, 고객사의 상품을 **OEM(Original Equipment Manufacturing : 주문자 상표부착 생산)** 또는 **ODM(Original Development Manufacturing : 제조업자 개발 생산)** 방식으로 공급을 하는 업종을 말한다. 국내 대표적인 ODM 기업들의 경우 수출 담당으로 입사를 하게 되면, 신입부터 대리급 이전까지 주로 하는 업무는 고객사와의 커뮤니케이션보다는 공급단과의 협업이다. 즉, 개발단계부터 고객사가 원하는 디자인과 원재료가 제대로 적용되어 원하는 품질 수준의 제품이 개발될 수 있도록 챙겨야 하며, 국내 및 주로 해외 생산기지에서 납기 내에 품질과 원가목표를 달성할 수 있도록 수시로 챙겨야 한다.

고객사로부터 주문 수량에 대해 **Q(품질)**, **C(원가)**, **D(납기)** 3요소를 충족시킬 수 있도록 챙기는 것이 밴더업 입사 후 몇 년간의 주요 업무라고 볼 수 있다.

01 종합상사 해외영업 - 트레이딩

"세상에 존재하는 모든 것을 사고 팔아보자!"

초등학교부터 고등학교 1학년까지 스페인과 멕시코에서 생활했으며 서울 상위권 대학 법학과를 전공한 태웅이. 소위 말하는 '스펙 깡패'로 대학 입학 후에도 국제 회의 통역 담당으로 자원봉사 활동을 활발히 하고 있었다.

그러나 지난 취업 시즌 대기업을 중심으로 지원한 태웅이는 대부분 서류전형에서부터 탈락을 경험했고, 그나마 서류 및 인적성전형에서 통과한 기업들에서조차 1차면접에서 탈락하고 말았다. 본인도 주변 사람들도 납득이 가지 않는 결과에 어리둥절하던 차에 스터디를 찾아오게 되었다는 것이다.

분석을 통해 필자는 태웅이의 뛰어난 스펙에 가려진 치명적인 단점과 보완할 점들을 발견하였고 이러한 문제점을 집중적으로 보완하여 결과적으로 좋은 결과를 이끌어 낼 수 있었다.

우선 지난 시즌에 태웅이가 작성했던 자기소개서들을 체크해 보았다. 당연한 일이지만 다년간의 해외 생활을 통한 언어적 소통 능력과 학창 시절 국제 회의 통역 자원봉사 활동 경험을 토대로 본인의 역량을 어필하고 있었다.

물론 이들은 매우 좋은 경험이자 강점이다. 다만 태웅이의 자기소개서에는 그러한 경험과 강점을 기반으로 **'자신이 지원한 직무에서 무슨 일을 어떻게 잘 해낼 수 있을지'**

에 대한 어필이 전혀 없다는 문제가 있었다.

자기소개서란 본인이 어떠한 가치관을 갖고 있으며, 그동안의 경험들을 지원한 직무와 기업에 맞추어 **'과연 주어진 일을 제대로 할 수 있는 준비가 된 사람인가?'**를 어필하는 일종의 보고서라고 할 수 있다.

단순히 외국어에 매우 능통할 뿐이라면 차라리 통역 담당자를 아르바이트로 고용하면 된다. 따라서 지원자는 지원한 회사의 구성원으로 함께 성장할 수 있는 의지를 보여야 한다. 필자는 태웅이의 일생스토리를 꼼꼼히 살펴보며 그동안의 경험에서 살려낼 수 있는 키포인트들을 차근차근 정리했다.

언어적 소통을 넘어 해외 현지 문화를 수용하고 이해할 수 있는 능력

아버지의 해외 파견 근무로 인해 어릴 때부터 자연스럽게 해외 생활을 많이 접하게 된 태웅이는 초등학교 1년 6개월간의 스페인 거주 당시 학교 내 유일한 동양인으로, 소위 말하는 '왕따'도 당하면서 강한 인성을 키울 수 있었다고 한다. 또한 중·고등학교 3년간은 멕시코에서 생활하며 현지 사람들의 삶을 함께 공유하고 받아들이며 성장했고, 다국적 학생들과 함께 학창 시절을 보내며 자연스럽게 다양한 문화와 습성을 이해하게 되었다고 했다. 특히 태웅이 스스로도 적극적으로 그들과 함께 교감을 나누고자 했던 사실을 발견할 수 있었다.

통역 담당 경험을 통한 빠른 상황대처능력 및 전체를 볼 수 있는 역량

태웅이는 G20 서울정상회의, UN 세계검찰총장회의, 서울 핵안보정상회의 등 굵직한 국제 회의에서 영어 및 스페인어 통역 활동을 해왔다. 물론 이러한 경험은 이전 자기소개서들에서도 빠짐없이 발견할 수 있었다.

하지만 앞서 말한 바와 같이 태웅이가 지원한 기업에 필요한 인재는 통역 담당자가 아니다. 따라서 이러한 경험을 통해서 무슨 역량을 키울 수 있었고, 그것이 실제 업무 수행에서 어떤 강점으로 작용할 수 있을지를 드러내야 한다.

따라서 필자는 의전, 통역 사례에서 예상치 못한 상황이 발생했을 때 매뉴얼대로,

또는 우선순위를 무엇을 기준으로 선정해서 어떻게 신속하고 정확하게 대응했는가에 대한 경험을 집중적으로 발굴했다.

1. 업종 선정하기

일생스토리를 꼼꼼히 검토하고, 지속적으로 상담을 진행하면서 필자는 태웅이의 성향을 파악할 수 있었다. 대학 시절 외무고시에 도전하고 실패해 본 경험에서 공무원이 되고픈 성향을 찾아냈으며, 지난 시즌 종합상사 서너 곳, 현대자동차, 포스코, 국정원, 선박해운업에 지원했다가 탈락의 고배를 마신 경험과 상담 결과를 토대로 태웅이가 타 업종 대비 상대적으로 **보수적인 조직 문화의 기업을 선호**하고 있다는 점을 파악했다. 필자는 이러한 태웅이의 성향과 잘 부합되는 곳을 물색하기로 했다.

우선 관심 있는 업종과 직무에 대하여 물어보았다. 태웅이는 종합상사가 1순위, 그 외에는 자동차나 철강 분야의 해외영업, 그리고 KOTRA 등 공공기관이나 은행과 같은 금융권이라고 답하였고, 희망하는 대로 1순위 업종인 **종합상사 트레이딩** 직무에 집중 지도하기로 했다.

2. 종합상사 트레이딩 업무의 이해

종합상사는 일본의 '미쓰비시', '미쓰이', '스미토모' 등 전통적인 종합상사 기업들이 전 세계를 무대로 시작한 무역 업무이다. 즉, 가장 전통적인 종합상사 업무로 철강, 화학, 비철금속, IT부품 등 다양한 제품 및 부품에 대한 삼국 간 거래를 통해 매출을 올리는 활동을 주로 한다.

- ◆ **영업** : 수 · 발주 관리, 거래처 관리, 시장 개척 등으로 매출 확대
- ◆ **물류** : 수출입 통관절차, 거래조건 및 선적 하역 관리, 재고 및 여신 관리
- ◆ **분석** : 환율, 유가, 담당 품목의 가격 · 시장 동향 매일 집계 · 분석
- ◆ **기타** : 공급업체 밀착 관리를 통한 거래처 납기준수

3. 종합상사 트레이딩 지원자의 필요 역량과 자질 및 핵심 키워드

① 필요 역량과 자질

- ◆ 상급 수준의 회화 및 문서 작성 관련 어학 능력
- ◆ 무역 용어, 무역 영어, 관세 등 무역 관련 지식
- ◆ 협상 및 설득 능력
- ◆ 꼼꼼한 데이터 분석 및 가공 능력
- ◆ 정보수집 능력
- ◆ 자원활용 능력

종합상사에서의 트레이딩 업무는 수많은 정보들을 철저하게 분석하고 민첩하게 대응하는 능력이 매우 중요하다. 따라서 외국어만큼 엑셀의 데이터 활용도 매우 중요한 업무이다. 또한 무역에 대한 지식은 단순히 이론으로만 숙지하고 있어서는 안 된다. 예를 들어 '인코텀즈(무역 조건에 대한 국제 규칙) 11가지 조건들을 각 상황에 맞춰서 적용하여 수익을 낼 수 있는 구조를 만들어 줄 수 있는가?'와 같이 **실제로 벌어지는 다양한 무역 상황에 어떠한 이론을 어떻게 적용하는 것이 가장 타당한지 시뮬레이션 할 수 있는 정도의 역량과 무역과 관련하여 심도 깊은 이해**가 필요하다.

② 인사 담당자나 면접위원들이 선호하는 트레이딩 지원자의 키워드

6대 광물자원	**희토류**	**관세 현황**	**수출입통관절차**
인코텀즈	**환율**	**시장 개척**	**집요함**
지역 문화와 습성에 대한 교감		**정보수집능력**	**자원활용능력**
신속 정확한 데이터 분석 및 가공 능력			**자신감**

그렇다면 종합상사의 트레이딩 직무에 취업하길 희망하는 취업준비생들은 과연 무엇을 어떻게 준비해야 할까?

4. 트레이딩 직무에 지원하기 위한 사전 준비 항목

- ◆ 기업 경제연구소, KOTRA 자료 탐독(6대 광물자원, 국가별 개황, 트레이딩 현황 등)
- ◆ 영어 프레젠테이션 스킬 향상
- ◆ 엑셀의 피벗테이블, 함수 활용 능력 향상
- ◆ **직무 특성 자격증** : 국제무역사, 원산지관리사, 관세사, 물류관리사(자격증이 있으면 유리하지만 없을 경우 현재 준비 중이라는 것이라도 강조할 것)
- ◆ 인코텀즈, 수출입통관절차 등 무역 기본 지식 및 용어 습득(단편적인 지식보다는 어떤 상황에서 어떻게 활용할지 고민할 것)

태웅이는 주요 기업들의 경제연구소 사이트와 KOTRA 사이트를 주기적으로 방문하며 다음 사항들에 대해서 조사하고, 스크랩했다.

> ☑ 국가별 관세 현황
> ☑ 6대 광물자원 및 희토류 분포
> ☑ 주요 경제 지표
> ☑ 국제 무역 통계(ITC) 자료
> ☑ 주요 국가 및 지역별 진출 전략

태웅이는 단순히 자료를 암기하는 대신 습관적으로 자료들을 섭렵하면서 스스로 무역인으로서의 마인드를 갖추고자 노력했다. 이후 DART에 접속하여 주요 종합상사들의 사업 내용 각 항목들을 비교·분석한 뒤, 이를 기반으로 본인만의 2W1H를 뽑아내 자기소개서와 면접의 기틀을 마련했다.

5. 태웅이의 종합상사 트레이딩 2W1H

What **(직무상 강점)**	1) 영어와 스페인어 소통 능력을 넘어선 현지와의 교감 능력 2) 국제통상 복수전공을 통한 무역 실무 지식 습득 3) 방대한 데이터에 대한 체계적인 수집 및 정리 능력
Why **(지원동기)**	1) 세계경제의 글로벌화 및 비즈니스의 융·복합으로 무역업은 다양성과 개방성을 바탕으로 그 어느 때보다 큰 성장의 기회를 지님 2) 철강 분야의 안정적인 제품 공급선 확보 및 건설, 소재, IT, 플랜트 등 다양한 그룹사와 협업 가능 3) 국내 종합상사로는 유일하게 자동차부품 전문 조직을 보유
How to **(입사 후 구체적 포부)**	1) 영미권 외 중남미 등 스페인어권 지역의 신규 시장 창출에 기여 2) 무역 지식을 활용, 다양한 상황에서 수익성 높은 거래 조건 적용 3) 빠르게 변화하는 국제 정세를 제대로 리딩(Reading)하여 시장을 리딩(Leading)할 수 있는 담당자

위와 같은 조사와 준비를 바탕으로 태웅이는 결국 국내 Big 3 종합상사와 No.1 완성차 기업 해외영업 두 곳에 최종 합격하는 기쁨을 누릴 수 있었다.

02 종합상사 해외영업 – 자원개발

> "1%의 가능성에 도전하기 위해 세계를
> 내 무대로 만들자"

종합상사 해외영업에서 자원개발은 특히 에너지 및 바이오, 식품 관련 이공계 전공자들에게 매우 유리한 직무라고 볼 수 있다.

트레이딩이 사고 팔면서 중간 마진을 남기는 중간 무역이라면, 자원개발은 전 세계의 유망한 광산이나 유전, 농장 등을 직접 사들이거나 임대, 투자를 통해 직접 판매를 통한 수익구조를 갖고 있다. 많은 부품, 완성품 기업들이 해외로 직접 거래를 하기 시작함에 따라 트레이딩의 입지는 상대적으로 좁아지게 되었고, 이에 따라 종합상사에서는 자원개발 영역에 주목, 활발한 시도가 이어지고 있다.

물론 자원개발 영역의 경우 일본의 전통적인 종합상사들이 이미 주요 거점들을 확보한 상황이기 때문에 신규 진출이 쉽지 않은 것이 사실이다.

하지만 시점을 바꾸면 이 또한 새로운 기회라고 볼 수 있다. 따라서 숨어있는 진주를 발굴하고 여기서 수익을 내고자 하는 욕구가 강한 사람이라면 도전해 볼 만한 직무이다.

1. 종합상사 자원개발의 주요 업무 세부 내용

- ◆ 광산, 가스 유전, 팜 농장 등 에너지화 가능한 전 세계 자원 검토
- ◆ 현장 직접 방문 및 데이터 분석을 통한 지질학적, 기술적 검토
- ◆ 리스크 요인 발굴 및 대응 전략 수립
- ◆ 사업 타당성을 고려한 투자 분석 및 투자 전략 수립
- ◆ 사업의 확장을 위한 파트너사와의 합작 투자 추진

2. 종합상사 자원개발 지원자의 필요 역량과 자질 및 핵심 키워드

① 필요 역량과 자질

- ◆ 에너지, 자원에 대한 이공학적 이해도 및 지식
- ◆ 상급 수준의 회화 및 문서 작성 관련 어학 능력 보유
- ◆ 거시적 안목 및 자료분석 능력
- ◆ 집요함, 관찰력
- ◆ 끊임없이 스스로 질문하는 세밀함 및 책임감

② 인사 담당자나 면접위원들이 선호하는 자원개발 지원자의 키워드

에너지	식량자원	친환경	에너지 및 식품	바이오 자원
이공학적 지식	학구적 향상심	연구 활동	가능성 발굴	
	신규사업	투자 분석		

3. 자원개발 직무에 지원하기 위한 사전 준비 항목

- ◆ 전공과 현 실상에서의 이슈 연결
- ◆ 기존 자원개발 현황에 대한 데이터 및 보고서 탐독
- ◆ 신재생 에너지 및 식량 자원에 대한 관련 자료 스크랩
- ◆ 영어 프레젠테이션 스킬 향상

03 종합상사 해외영업 - 프로젝트 오거나이징

> "무한한 가능성을 기반으로 종합사업을 이끌어 보자!"

종합상사 해외영업의 프로젝트 오거나이징 직무는 상대적으로 건설 관련 전공자(건축공학, 토목공학, 건축학) 및 상경, 법학 전공자들에게 유리하다고 볼 수 있다. 이 직무를 보다 쉽게 이해하기 위해 다음의 예시를 살펴보도록 하자.

당신은 동남아 어느 국가의 수도에서 약 50km 떨어진 지역에 대규모 의료 신도시를 개척한다는 정보를 입수한다. 종합상사는 세계 곳곳에 걸쳐 많은 네트워킹을 갖고 있기에 이러한 정보를 입수하는 것이 가능하다.

수집된 정보를 바탕으로 종합상사의 프로젝트 오거나이징 담당자는 다음과 같은 일을 하게 된다.

먼저 **컨소시엄(Consortium)**을 구성해서 과연 해당 지역 건축물 입찰에 참여해 중장기적인 수익성이 있을지 사업 타당성을 검토한다. 이때 수익성이 있다고 판단되면 여러 기업들을 유치하여 컨소시엄을 구성하게 된다.

병원을 짓는 건설 또는 엔지니어링 기업, 병원의 IT 인프라 구축을 담당하는 ICT 업체, 병원 운영 노하우를 갖고 있는 대형 병원, 교통 인프라를 효율적으로 구축하는 건설 또는 엔지니어링 기업 등을 차례차례 선별한다.

이렇게 해서 컨소시엄 구성이 완료되면 해당 국가의 정부 담당자에게 제안서를 발표한다. 물론 수많은 국가의 수많은 기업들이 제안 경쟁에 뛰어들 것이다. 이러한 경쟁에서 입찰에 성공하면 이후부터는 본격적인 금융조달 및 설계, 조달, 시공 등 EPC 사업에 착수하게 되는 것이다. 대규모 중장기 프로젝트인 만큼 그에 상응하는 리스크 요인이 많으므로 담당자는 더욱더 철저하게 사전 분석 및 대응 방안을 수립해야 한다.

그렇다면 프로젝트 오거나이징 담당자에 대하여 조금 더 알아보도록 하겠다.

1. 프로젝트 오거나이징에 대한 이해

◆ **정의** : 종합상사의 핵심역량인 정보력, 마케팅, 금융조달능력 등 기업의 역량을 총 동원하여 사업을 발굴 및 기획, 컨소시엄 구성, 금융조달, EPC(Engineering, Procurement& Construction 설계, 조달, 시공) 선정

◆ **주요 영역**
- 발전시설, 철도, 항만 등 교통 인프라, 신도시, 플랜트 등에서 설계, 조달, 시공 등 전반적인 해외 프로젝트 수행
- 민자발전사업(IPP) 지분 투자 및 시설의 운영 관리

◆ **업무 프로세스**
① 사업타당성 분석
② 프로젝트 수주(입찰 혹은 업체지정 수주)
③ EPCC 관리(Engineering, Procurement, Construction and Commissioning : 설계, 조달, 시공 및 시운전)
④ 완공 후 플랜트 · 발전소 운영 솔루션 제공

2. 프로젝트 오거나이징 지원자의 필요 역량과 자질 및 핵심 키워드

① **필요 역량과 자질**

◆ 조직화 능력 및 리더십, 통찰력
◆ 협력업체 관리 능력
◆ 상급 수준의 회화 및 문서 작성 관련 어학 능력 보유
◆ 정보 수집 및 활용 능력
◆ 보고서 및 제안서 작성 능력

시너지　　　**컨소시엄**　　　**협상 및 설득**　　　**플랜트**　　　**인프라 이해**

타당성 분석 경험　　　**역량**　　　**신속 정확한 보고서 및 제안서 작성 능력**

3. 프로젝트 오거나이징 직무에 지원하기 위한 사전 준비 항목

- ◆ 영어 프레젠테이션 스킬 향상
- ◆ 다양한 교내 · 외 조직에서 리더 경험 어필(한 방향으로 조직을 이끈 경험)
- ◆ 건설, 플랜트, IT 인프라, 지역개발 등에 대한 기초 지식
- ◆ 글로벌 국가별 정치, 경제, 사회, 문화 등 동향

04 제조업 해외영업

> "본사와 담당 지역을 이어주는 멀티 코디네이터"

이번에는 금융권 취업을 목표로 했으나 번번이 실패를 한 뒤, 방향을 바꿔 대기업 해외영업에 최종 합격한 담희의 이야기를 통해 국내 No.1 기업의 해외영업 직무를 준비하는 방법에 대해 알아보도록 하자.

서울 상위권 대학 지방캠퍼스에서 경제학을 전공한 담희. 담희는 경제학 전공자는 금융권 취업에 적합하다는 주변 지인 및 학교 취업 부서의 조언대로 은행 및 금융공기업 중심으로 지원했으나 서류 및 면접전형에서 모두 탈락한 경험이 있었다. 그 다음 시즌 담희는 특별히 어떤 직무를 정하지 않은 채 마구잡이로 10여 개 기업을 지원했으나 모두 서류에서 탈락하고 이곳 취업스터디를 찾게 되었다.

우선 담희의 스펙은 다음과 같다.

◆ 미대 입학을 준비했으나 실패 후 삼수를 거쳐 경제학 전공으로 입학, 상대적으로 나이가 많음

◆ 경제학 전공(4.0/4.5). 기타 복수 또는 이중 전공 없음

◆ 학교 취업 부서의 추천에 따라 금융권 입사 준비를 위해 펀드투자 관련 자격증 취득

◆ 졸업 후 한국은행 경제통계국 물가통계팀에서 6개월간 계약직 근무

◆ 어학은 기존 토익스피킹 Lv.6에서 해외영업으로 진로를 바꾸며 Lv.7로 상향

◆ 증권사에서 주최한 금융상품 및 마케팅 제안 공모전에서 입선

보다시피 담희가 줄곧 준비한 것들 모두가 금융권 입사를 목표로 한 커리어임을 알 수 있다. 담희는 금융권 중에서도 특히 은행 입사를 목표로 했지만, 모두 서류전형에서 떨어졌고, 유일하게 공공기관인 한국자산관리공사에서 면접전형까지 진출했으나 지원한 기업에 대한 관심과 이해 측면에서 좋은 점수를 받지 못해 끝끝내 탈락했다고 한다.

하지만 몇 차례 상담을 거치면서 정작 담희 본인은 목표를 은행으로 잡았을 뿐, 본인이 실제 행원 업무에 잘 적응할 것이라는 생각은 못하고 있다는 사실을 알게 되었다. 주변에서, 그리고 학교 교내 취업상담부서에서 '경제학 전공자는 은행에 취업하는 것이 당연하다.'며 코칭을 진행했기에 무작정 준비를 해왔다는 것이었다.

1. 직무 선정하기

하지만, 필자가 보기에 담희는 금융권을 제외하더라도 충분히 다른 업종 및 직무에도 도전할 만한 역량이 있어 보였다. 필자는 구체적으로 어떠한 점들이 담희의 강점이 될 수 있을지 하나하나 정리해 보기로 했다.

분석력

담희는 경제학을 공부하면서 계량경제학, 산업전략분석, 통계학 등을 통해 분석력을 키워왔다. 또한 담희는 한국은행 아르바이트를 하면서 매달 300개 이상 업체의 가격을 조사했고, 이러한 수치를 기반으로 분석하는 능력을 길러왔다.

영업마케팅의 기본은 시장조사와 고객의 니즈 분석이므로 이러한 **이론적·실무적 분석력**을 역량으로 어필할 수 있겠다는 판단이 들었다.

창의적 사고 및 디자인 안목

담희는 모 증권사 프로젝트의 금융 마케팅 관련 자료 작성 시 다른 경쟁자들과는 다른 방식으로 접근 및 분석하여 참신하다는 평가를 받은 적이 있었다. 이외에도 학창시절 교내 공동체 생활 아이디어에서 우수상을 받는 등 창의적인 사고를 어필할 수 있는 경험이 있었다.

한편 오랫동안 미술을 공부하면서 발달한 미적 감각과 안목도 강점으로 볼 수 있었다. 많은 대기업들은 소비자들을 사로잡을 수 있는 디자인경영을 중시한다. 따라서 디자인 안목을 갖춘 영업마케팅 역량을 발휘할 수 있다는 것은 또 하나의 차별화된 경쟁 포인트가 될 수 있었다.

타인의 특성을 빠르고 정확하게 파악할 수 있는 안목

담희는 대학 시절 신입생 멘토로 1년 6개월 동안 총 60명의 후배들을 관리하고 이끌면서 개개인의 특성을 파악하고 그에 따라 대응할 수 있는 안목을 키워왔다. 이러한 경험 역시 부서 간 협업 및 고객과 유통사와의 교감이 필요한 직무에 적합한 역량이라고 볼 수 있다.

이렇듯 담희의 일생스토리에서 강점들을 추려내고 보니 필자는 담희가 금융권보다는 제조업 해외영업에 적합한 인재라는 확신을 갖게 되었다. 해외영업의 경우 국내영업보다는 여성 채용 T.O.가 많고, 가장 많은 채용 T.O.를 갖고 있는 영업관리의 경우 담희의 내성적인 성격이 맞지 않겠다는 판단에서였다. 따라서 필자는 대기업 중에서도 학벌과 나이 스펙을 가장 따지지 않고, 여성 채용 비율도 타 제조업 대비 상대적으로 높은 ○○전자 해외영업을 1순위 목표로 잡았다.

그 사이 필자는 담희에게 기존 토익스피킹 레벨을 6에서 7로 끌어올리도록 요구했고, 한 달 내에 컴퓨터활용능력 2급을 취득하도록 지시했다. 아무리 실제 분석력이 뛰어나다고 하더라도 입사지원서에 관련된 자격증의 유무는 큰 차이이기 때문이다.

자, 그럼 지금부터 담희가 합격한 ○○전자의 해외영업, 제조업 해외영업 직무에 대해서 알아보도록 하자.

2. 제조업 해외영업 직무에 대한 이해

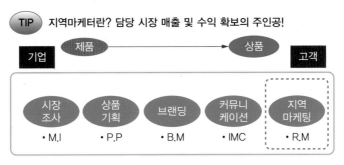

마케팅의 5단계

　제조업에서의 해외영업은 위의 그림에서 보다시피 마케팅의 마지막 단계로 구분된다. 본사의 전사적 마케팅 전략들을 담당 지역과 국가에 맞춰 실행하여 현지에서의 판매 매출을 끌어올리는 **'지역마케터'**의 역할을 수행하기 때문이다. 마케팅 부서에서 시장을 분석하고 상품을 출시하면 지역담당(해외영업, 국내영업)은 본인이 담당하는 지역에서 잘 팔릴 수 있는 제품 라인업을 설정하고 지역에 특화된 4P 또는 4C 전략을 수립하여 현지 영업 담당자들이 고객사 또는 소비자들에게 어필할 수 있도록 한다.

4P? 4C!

4P란 기존의 마케팅믹스 전략을 기업의 입장에서 만든 것으로 Product(제품 전략),
Price(가격 전략), Place(유통 전략), Promotion(홍보 전략)을 의미한다.
하지만 최근에는 기업 입장이 아닌 소비자 입장에서의 4C를 기반으로 마케팅믹스를 시도하기도 한다. 4C는 위 4P의 순서대로 다음과 같이 매칭된다.
Customer Value(고객의 가치), Cost to the Customer(소비자가 지불하는 비용),
Convenience(구매의 편의성), Communication(쌍방향 커뮤니케이션)

　하지만 시장을 바라보는 마케팅 역량만으로는 절대 매출과 수익을 끌어올릴 수 없다. 해외영업은 고객 또는 고객사(현지 유통업체)와의 납기와 수량 약속을 반드시 지켜야 하기 때문이다. 물론 담당 국가 및 지역에서의 세일즈 확대가 가장 기본이 되는

업무 역할이지만 이를 뒷받침해 주는 것은 마케팅 역량과 SCM 역량이다. 따라서 해외영업 지원자라면 수요관리 측면의 SCM의 개념도 반드시 이해해 둘 필요가 있다.

필자가 장담하건대 해외영업 지원자가 자기소개서나 면접에서 **"SCM 전체 프로세스에서 수요관리의 중요성을 이해하고 적용시키고자 노력하는 해외영업 담당자가 되겠습니다."**라고 어필한다면 모든 면접위원들이 눈을 크게 뜨고 당신을 바라볼 것이다.

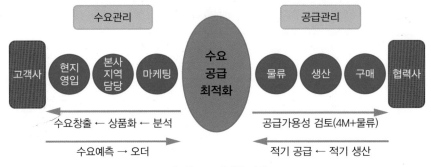

제조업 SCM에 대한 이해

모든 제조업은 **수요단(영업, 마케팅 등)과 공급단(개발, 구매, 생산, 물류 등)**으로 나뉜다. 그리고 이를 바탕으로 현지 영업 담당자가 대형 유통사로부터 물량에 대한 **수주(오더)**를 받게 된다. 과거의 영업 형태와 최근의 영업 형태가 달라진 것이 바로 이 부분이다.

과거에는 현지 유통에서 오더를 받으면 곧바로 승인을 하고 공급단에 통보를 하여 어떻게든 일정에 맞추도록 했다. 하지만 이런 식으로 업무를 진행할 경우 자재, 생산 가용량, 물류 납기 등 제반 요건을 전혀 고려하지 않은 상태에서 오더가 승인되기 때문에 거래선과의 약속에 차질을 빚게 된다. 따라서 요즘 영업에서는 오더를 받은 뒤, 공급단을 통해 공급 가용 수량을 확인 후 거래선과 물량 및 시기를 조율한다.

이러한 일련의 흐름 중 수요단에서 핵심적인 역량을 발휘해야 하는 직무가 바로 해외영업이다.

해외영업 담당자는 먼저 현지 판매 담당자가 오더를 받아오면 최종 컨펌을 받기 전, 생산관리와 받은 물량과 시기에 대해 가장 최적으로 접근할 수 있는 방법을 함께 모색한 후 거래선과 현지 영업 담당자에게 전달해야 한다. 그래야만 수요에 맞는 완벽한 공급이 이루어진다.

그만큼 해외영업에서 SCM에 대한 이해가 필요한 중요한 부분이므로 수요단의 SCM 역할을 조금 더 자세하게 설명하고자 한다.

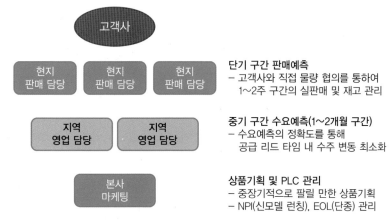

'수요관리'는 SCM의 시작과 끝으로 수요예측 정확도를 끌어올려 손실을 최소화하는 것이 중요하다.

왜 수요관리는 국내영업보다 해외영업에서 더 중요할까? 바로 **공급 리드 타임(Lead Time)이 더 길기 때문**이다.

대부분의 해외 공급은 여러 운송수단 중에서도 선박을 통해 운송된다. 예를 들어 한국에서 미국까지 선박을 통해 운송되는 기간으로 대략 15~30일 정도가 소요되는데, 이를 2~4주 정도로 잡고 그 전에 고객사로부터 오더를 받아 생산하는 데에 또 1주 정도가 소요된다고 보면 아무리 타이트하게 일정을 잡더라도 생산에서 공급까지 약 3~5주가 걸린다.

또한 미국처럼 국토의 면적이 넓은 국가는 각 지역별로 철송 또는 트럭으로 운송이 되는 것까지 감안했을 때 추가로 1주가 더 소요된다. 당장 오늘 오더를 받은 물량이 최소 6~8주, 즉 1~2개월 후에 현지에서 판매되는 셈이다.

그만큼 공급 리드 타임이 길기 때문에 본사에 있는 해외영업 담당자는 1개월 후나 2개월 후에 현지에서 팔릴 물량을 예측해야 한다. 그리고 그 기간 동안에 수주를 받은 물량의 변동이 갑자기 발생되지 않도록 거래선(고객사)과 함께 노력해야 한다.

그렇다면 1~2개월 후의 실제 판매 예측은 어떻게 해야 할까? 해외영업 담당자가 수요예측을 하는 방법에는 크게 세 가지가 있다.

해외영업 담당자의 수요예측 방법

☑ 과거 3개년, 최근 3개월간의 판매 트렌드 분석

시스템에서 모델별, 그리고 거래선별로 판매 수량을 뽑아서 숫자로 데이터를 만들고 그 데이터를 통해 트렌드를 읽는다.

☑ 현지 영업 담당자 및 거래선 구매 담당자와의 수시 커뮤니케이션

판매 현장을 가장 잘 아는 현지 영업 담당자로부터 판매 현황 및 소비 트렌드를 수시로 받도록 한다. 또한 거래선 구매 담당자로부터 판매에 있어 애로사항, 경쟁사 정보 등을 입수한다.

☑ 공급단을 통해 수시로 공급가용량을 확인

아무리 수요를 제대로 예측한다고 한들 공급이 원활하지 않으면 수요예측대로 판매를 할 수 없다. 신모델이라면 개발 납기, 기존 모델이라면 생산 납기부터 확인해야 한다. 또한 생산관리 담당자를 통해 최근 생산 이슈, 품질 이슈 등을 확인하고, 물류 담당자를 통해 최근 물류 이슈 등도 확인해야 한다.

자, 그럼 본격적으로 해외영업 담당자가 하는 업무에 대하여 정리해보자.

주요 업무 세부 내용

- 세일즈 측면 -

◆ 가격 구조(Price Structure) 구성
◆ 매출 목표 대비 실적 관리(Q, A, P 관리)
◆ 매출 이월 집계
◆ 수주 점검 회의
◆ 실적 부진 사유 분석 및 만회 대책 수립
◆ 현지 판매 조직과 함께 거래처 미팅 및 본사 초청 행사 진행

- 마케팅 측면 -

◆ 담당 시장(상권)에 최적의 4P 전략 수립 및 실행

　• **제품(Product)** : 라인업 설정, 모델 Mix를 통한 매출 확대, 경쟁사 모델 분석

　• **가격(Price)** : 가격 구조를 통해 제조원가, 물류비, 영업 마진 등 감안, 책정

　• **유통(Place)** : 국가별, 지역별, 거래선별 통합 또는 차별화 전략 수립

　• **홍보(Promotion)** : 연간 계절성(Seasonality) 및 재고 수량 감안, 판촉 계획 수립

◆ 시장 동향 모니터링 지속 관리 및 마케팅 타 파트 전파

　• 현지 판매 조직으로부터 경쟁사 및 시장 동향 등을 Daily로 업데이트하여 마케팅부서에 전달

　• 본사의 마케팅 정책, MDF 등을 현지 판매 조직에 전파 및 실행 점검

- SCM 측면 -

◆ 수요예측 정확도 향상으로 불필요한 손실과 비용 최소화

　• 과거 3개년 판매 트렌드 분석(Sell-In, Sell-Out)

　• 최근 3개월간 당사 및 경쟁사 판매 트렌드 분석(Sell-In, Sell-Out)

　• 거래선 재고 현황 점검

◆ 적기 납기준수를 위한 타 부서와의 협업(생산관리, 물류 등)

　• 신제품의 경우 개발 납기부터 체크

　• 주 차별 공급가용량 점검(S&OP, 생판 회의 등)

　• 선적 일자, 도착 일자 매일 체크

그렇다면 제조업 해외영업 업무를 제대로 수행하기 위해서는 어떤 것들이 필요할까?

3. 해외영업 지원자의 필요 역량과 자질 및 핵심 키워드

① 필요 역량과 자질

◆ 스페셜리스트보다는 제너럴리스트

◆ 숫자에 대한 빠른 감각 및 피벗테이블, 함수 등 엑셀 활용 능력

◆ PPT 작성 능력 및 프레젠테이션 스킬

◆ 설득력 및 협상력

◆ 타 부서에 대한 이해와 교류 능력

◆ 목표에 대한 집요함

이런 역량과 자질을 갖췄을 때 비로소 **'본사와 지역 현장을 이어주는 코디네이터'**, **'매출뿐만 아니라 손익을 챙길 수 있는'** 해외영업인이 될 수 있는 것이다. 그렇다면 자기소개서나 면접에서는 어떤 키워드들을 어필해야 할까?

② 인사 담당자나 면접위원들이 선호하는 해외영업 지원자의 키워드

매출	손익	숫자에 빠르고 민감	엑셀 데이터 활용 능숙
시장분석	빠른 상황대처능력	고부가가치 모델 판매 확대	코디네이터
SCM	수요예측	현지인 교감	다각적 고민	집요한 실행력

현지 판매 담당자와 달리, 본사의 해외영업 담당자는 매출뿐만 아니라 손익도 챙겨야 한다. 즉, 불필요한 비용이 발생되지 않도록 신경 써야 하는 것이다. 예를 들어 수요예측을 제대로 못해서 재고 부족으로 판매에 차질을 빚거나, 반대로 재고과다로 재고처리 비용이 발생하게 될 수도 있다는 점을 늘 유념해야 한다.

또한 해외영업 담당자에게 언어적 소통보다 더 중요한 것이 바로 현지 영업 담당자, 거래선 담당자와의 교감 능력이다. 현지 담당자들과의 교감이 이루어지지 않는다면 살아있는 정보를 빠르게 캐치할 수 없다.

그렇다면 해외영업 직무를 희망하는 취업준비생들은 무엇을 어떻게 준비해야 할까?

4. 해외영업 직무에 지원하기 위한 사전 준비 항목

◆ 업종에 대한 시장 및 미래예측 트렌드 자료 스크랩
◆ SCM 중 수요예측 정확도 및 물류와 관련된 지식 및 정보 습득
◆ 손익에 대한 마인드 어필
◆ 물류관리사 자격증 취득

해외영업 직무에 대해서 알아봤으니, 다음으로는 해외영업을 지원하는 취업준비생들이 자주 물어보는 질문과 그에 대한 답변을 살펴보도록 하자.

5. 해외영업 직무 Q&A

Q 특별히 선호하는 전공이 있나요?

A 정확히는 특별히 꺼리는 전공이 없다고 볼 수 있다. 물론 무역학, 국제통상학, 경영학 전공자들이 주로 관심을 갖고 있겠지만, 통계학, 사회학, 심리학, 법학, 경제학 전공자들도 지원하기 적합한 직무이다.

Q 이공계도 지원 가능한가요?

A 오히려 이공계를 선호하는 업종도 많다. 케미칼, 전기전자 · 자동차부품 등은 오히려 이공계가 더 유리하다.

Q 제2외국어를 준비한다면 어떤 언어가 좋을까요?

A 동남아 및 서남아 관련 언어, 그리고 스페인어가 유리하다.

Q 필요한 자격증이 있나요?

A 종합상사가 아닌 일반 기업에서의 해외영업은 물류관리사 자격증이면 충분하다. 물론 이것도 있으면 유리한 것이지 필수 요건은 아니다. 국제무역사나 원산지관리사, 관세사 자격증까지 취득할 필요는 없다.

Q 직접 해외 바이어와 협상을 자주 하게 되나요?

A 통상적으로 대기업(종합상사 제외)의 해외영업 구조는 85%가 현지에 판매 조직을 두고 있는 방식으로 직거래(Direct Sales) 방식은 15% 내외로 볼 수 있다.

05 해외영업 우수 자기소개서 사례

1. 귀하가 회사를 선택하는 기준은 무엇이며 왜 당사가 그 기준에 적합한지를 작성하고, 당사에 입사하여 이루고 싶은 목표에 대해 작성해 주세요. 500 byte 이내

제가 가지고 있는 강점을 마음껏 발휘하여 ○○○의 글로벌 경쟁력을 함께 키워나가고 싶습니다.

[올레핀 다운스트림 - 끊임없는 시도]
울산의 석유화학 복합시설 건설 프로젝트를 성공적으로 완수해 올레핀 다운스트림 사업에 진출하는 것에 최우선으로 일조하고자 합니다. 산업환경의 변화에 발맞추어 현실에 안주하지 않고 차세대 시장을 위해 끊임없이 도전하고 있는 면모는 제가 바라보는 목표입니다. 저의 글로벌 역량, 분석력을 기반으로 ○○○이 미래 시장을 선도하는 글로벌 기업으로 거듭나는 데 도움이 되고자 합니다.

[꿈을 이루기 위한 시작, 교감]
언제든 업무 협조가 원활히 이루어질 수 있도록 사내 모든 유관부서의 담당 키 맨(Key-MAN)과 빠르게 친해져 인적 네트워크를 강화할 것입니다. 이를 중심으로 성공적으로 해외영업을 수행하여 글로벌 경쟁력을 키우겠습니다.

전공을 통해 습득한 수요를 읽어내는 능력과 데이터 활용 능력을 기반으로 원활한 해외영업 직무를 수행하겠습니다.

[경제적 타당성을 파악하는 분석력]

대내외 환경 분석, 수출 시장 분석 등을 통해 거시적인 경제 흐름 속에서 수요를 읽어내겠습니다.

글로벌에서 경쟁하는 만큼 국제 유가의 지속적인 하락세, 글로벌 경기 침체 등 국제 경영 환경 등을 고려하여 신중하게 시장을 공략해야 합니다. 경제금융학을 전공하며 익힌 거시경제, 국제경제에 대한 이해력, 가격 · 시장 동향 분석 등의 지식으로 거시적인 경제 흐름 속에서 수요를 읽어내겠습니다.

[숫자를 데이터화해서 트렌드를 읽을 수 있는 역량]

저는 분석한 자료들을 데이터화 시킬 수 있는 데이터 활용 능력을 보유하고 있습니다. 이를 증명하기 위해 컴퓨터 활용능력 1급, MOS 등의 자격증을 취득하였고 원활한 OA 작업 능력을 보유하고 있습니다. 데이터를 기반으로 정확한 수요예측과 근거 있는 시장 판매 전략을 수립할 자신이 있습니다.

3. 대학생활 중 가장 뛰어난 성과를 거두었던 경험은 무엇이었으며, 그 과정에서 어떠한 노력을 하였고 무엇을 배웠는지 작성해 주세요. 500 byte 이내

[협업의 ASIAN IDOL]

한국, 중국, 일본인 동아리가 협업하여 기획했던 'Asian-Idol'이라는 행사에서 저는 의견의 차이가 있을 때 어떻게 조율을 해나가고 타협을 하는지 배울 수 있었습니다. Asian-Idol은 한국에 흔히 있는 오디션 프로그램처럼 각국의 끼 있는 사람들이 출연하여 노래와 춤을 추며 경연하는 대회입니다. 저는 해당 프로그램의 기획을 담당하여 일본인 동아리, 중국인 동아리와 함께 날짜, 공연 순서, 진행 방식 등을 논의하게 되었습니다.

여러 개의 동아리가 함께 작업했기에 의견 충돌이 매우 빈번하였습니다. 저는 이때 먼저 양보함으로써 조율을 이끌어 낼 수 있었습니다. 진행은 일본 동아리가 맡아 하게 하고 중국 동아리에는 참여자를 다른 나라들에 비해 더 많이 허용하는 대신 우리는 공연의 마지막을 담당하는 등 Give&Take로 빠른 조율을 이끌어 낼 수 있었습니다. 이를 통해 의견이 차이가 있을 때 자신의 주장만 고집하는 것보다는 양보와 타협을 통해 빠른 협업을 이끌어 낼 수 있다는 것을 배울 수 있었습니다.

4. 귀하가 경험했던 가장 어려웠던 일은 무엇이었으며, 그것을 극복하기 위하여 어떤 노력을 하였고 결과가 어떠하였는지 작성해 주세요. 500 byte 이내

[발표 울렁증 극복]

과거 재무경제 PT 발표를 처참하게 실패했던 저는 당시의 경험으로 인해 발표 울렁증까지 생겼으나 이후 대외 활동, 스피치 동아리를 통해 이를 극복할 수 있었습니다.

재무경제 수업에서 생애 첫 PT 발표를 준비했던 당시의 저는 잘할 것이라 자신만만하였지만 결국에는 벌벌 떨고 얼굴은 빨개지는 등 기억에서 지우고 싶은 발표를 하게되었습니다. 평소 말을 잘한다고 생각했던 저였지만 저의 생각을 남들 앞에서 조리있게, 논리적으로 표현하는 것은 생각보다 어려운 일이었습니다.

이런 실패를 경험한 뒤 한동안은 발표 자체를 기피하기도 했습니다. 하지만 이후, 두려움을 극복하기 위해 스피치 동아리에 참여하였고, 저의 발표 모습을 촬영하며 연습을 하였습니다. 이외에도 대외활동, 수업 등 최대한 발표를 많이 하도록 노력하였고 어느새 저는 더 이상 발표 때문에 떨지 않게 되었습니다. 그 결과 저는 무슨 일이든 노력한다면 해결할 수 있다는 도전정신과 자신감을 얻을 수 있었습니다.

저는 캐나다 유학경험에서 함양해 온 글로벌 마인드로 해외영업에 특화되어 있습니다. 특유의 글로벌 역량으로 해외시장에서 고부가가치 창출을 이루겠습니다.

[글로벌 마인드 = 현지 이해]

해외영업은 지역마케터로서 담당 시장 매출 및 수익을 확보하는 주인공이라고 생각합니다. 이를 위해 시장조사, 커뮤니케이션 역량 등이 요구되며 수요를 예측해야 하는 직무입니다. 이처럼 가치관이 다른 새로운 시장에서 업무를 담당하기에 그 국가와 현지인들을 이해할 수 있는 글로벌 역량이 요구됩니다.

제가 생각하는 글로벌 마인드란 단순한 의사소통을 넘어 상대의 마인드가 어떻게 형성되었고 어떠한 환경 속에서 성장해 왔는지를 이해하며, '틀림'이 아닌 '다름'을 깨닫는 것입니다. 캐나다의 가정집에서 홈스테이를 하며 배운 삶의 경험, 그리고 기숙사에서 백인 룸메이트와 1년여를 함께 살며 밀접하게 지내 온 경험을 통해 저는 그들과 친해지는 법을 직접적으로 터득할 수 있었습니다.

단순히 현지 언어를 이해하고 말할 수 있는 능력을 갖춘 이는 많습니다. 하지만 현지에서 그들과 직접으로 살아보며 그들의 성향과 특성을 피부로 깨달을 수 있었던 저는 남들과 차별화되는 역량을 갖추었다고 생각합니다. 저는 이러한 글로벌 역량을 기반으로 하여 전 세계 다양한 문화적 배경의 고객과 기업들을 대상으로 가치를 창출하는 마케팅을 펼치겠습니다.

04

마케팅

구글도 모르는 직무분석집

📇 마케팅 직군 소개

마케팅이란?
마음점유율을 끌어올리기 위한
여러 직무의 집합체

마케팅 직무의 종류

직무	주요 업무
시장조사분석	• 판매 지역에 대한 세부적인 리서치 • 리서치 결과값으로 상품화 분석
상품기획	• M.I 결과값으로 SWOT 분석을 통해 STP 전략 수립 후 상품화 • 정확한 PLC 관리로 신모델 런칭 및 구모델 단종 시점 체크 • 판가 및 원가 등을 면밀히 검토하여 제품 수익 구조화
브랜드마케팅	• 각 세그멘테이션(Segmentation)별 차별화된 브랜딩 전략 수립 • 트렌드를 읽는 전략 수립
마케팅커뮤니케이션	• 상품 런칭 전후에 대비하여 고객과 쌍방향 커뮤니케이션 • 다양한 ATL, BTL, CTL 기획 및 운영

마케팅은 인문상경계 많은 취업준비생들이 가장 선호하는 직군 중 하나이다. 하지만 그만큼 **'직무에 대한 막연한 환상'**이 존재하는 직군이라고도 할 수 있다.

이는 '마케팅을 포함한 기획, 홍보와 같은 전문 스탭 부서는 대부분 기업 본사에 있기 때문에', 혹은 '왠지 멋있고 전문직처럼 보여서', 또는 누구나 배우면 할 수 있고 또 살짝 편해 보인다는 '미디어가 만들어 낸 근거 없는 허상' 때문일지도 모른다. 하지만 직무는 단순하고 표면적인 이미지로 결정해야 될 부분이 결단코 아니며, 본인의 인생은 물론, 나아가 기업의 성패가 달린 중요한 선택이다.

그렇다면 어떤 마케터가 되어야 하는가? 철저하게 자료 수집과 분석을 시행하고, 전략적으로 실행 프로세스 단계로 옮겨가려면, **'통찰'**에 의한 창의적인 아이디어가 마케팅의 성패를 좌우하게 된다.

전략적 마케팅은 고객(시장)의 요구를 미리 예측하여 민감하게 반응하고 변화해야 하며, 이를 위해 새로운 트렌드를 개발하기 위한 노력이 절대적으로 필요하다.

최근에는 버즈 마케팅, 감성 마케팅 등 새로운 측면으로 고객에게 다가가고자 하는 다양한 마케팅 전략이 활용되고 있으므로 이들을 다각적으로 그리고 융복합적으로 활용할 수 있는 마케터가 되어야 한다. 즉, 통찰 역량이 반드시 필요한 직무가 바로 마케팅인 것이다.

마케팅 프로세스의 이해

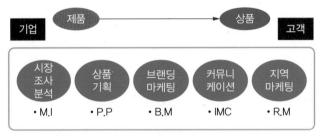

마케팅의 5단계

마케팅은 기본적으로 기업이 갖고 있는 유형의 제품 또는 무형의 콘텐츠나 서비스를 소비자 또는 고객사에게 상품의 가치를 담아 구매의 욕구를 자극시켜 실제 구매까지 이어지게 하는 전체적인 행위이다. 그만큼 업무 프로세스도 일반 직무 서너 개 이상을 합친 매우 복합적인 성격을 갖고 있기에, 각각의 세부 업무 특성을 제대로 파악하고 각각의 특성에 맞춰 본인이 어떤 역량과 자질을 갖고 있는지를 매칭시켜 어필해야 한다.

1. 시장조사분석(Marketing Intelligence)

몇 년 전까지만 하더라도 이 직무는 **MR(Marketing Research)**이라고도 불렸다. 본래는 시장조사 부서로 기능했으나, 현재에 와서는 단순한 시장조사 역할에서 멈추지 않고 그 조사 결과값을 정량, 정성 분석하여 새로운 상품을 만들어내는 데 매우 중요한 정보를 제공하고 있다. 시장조사 역할을 전문적인 에이전시에 맡기고 그들로부터 받은 자료들을 기반으로 자사에 맞춰 다각적으로 분석하기 때문이다.

2. 상품기획(Product Planning)

기업이 다루는 상품의 특성에 따라 **콘텐츠기획** 또는 **서비스기획**이라고도 불리는 상품기획은 주로 다양한 정보와 이에 따른 트렌드 반영 예측 등을 통해 기업의 단기 또는 중장기 상품 라인업 계획을 수립하는 업무를 맡고 있다. 즉, 새로운 상품이나 콘텐츠를 창조하는 셈이다.

상품기획 담당자는 한 가지 상품이 계획되고 출시되는 모든 프로젝트 과정의 총 책임자이기도 하다. 시장조사분석과 영업 담당자 등을 통해 마켓은 물론, 기능, 디자인, 가격 등과 같은 소비자의 요구사항을 반영하고, 개발, 디자인, 구매, 생산 부서 등을 통해 원가, 납기 등을 반영한다.

이때, 현명한 상품기획 담당자라면 시장의 트렌드를 미리 리딩(Reading)하고, 그 시장을 리딩(Leading)해 갈 수 있는 상품을 기획하게 된다. 따라서 상품기획은 새로운 상품만 기획하는 것이 아닌, 기존 모델들의 제품수명관리를 통해 제품의 단종까지 관여하게 된다고 볼 수 있다.

3. 브랜드마케팅(Brand Marketing)

상품기획에서 신상품을 창조한다면, 브랜드마케팅에서는 이름을 지어주는 역할을 한다고 볼 수 있다. 기업에서 만든 제품에 딱 어울리는 이름을 짓고, 팔릴 수 있는 상품의 가치를 만들어주는 작명가인 셈이다.

그렇다면 제품의 이름은 어떻게 지어내야 할까?

제품의 이름에는 소비자들과 시장에 전달할 그 제품의 가치와 철학, 그리고 그 기업의 가치가 담겨 있어야 한다. 게다가 제품이 갖고 있는 성능, 효능, 셀링 포인트 등은 물론 스토리텔링이 되어 있어야 한다. 해당하는 타깃층이 선호하고 오래 뇌리에 남아 있어야 할 이름이어야 하는 것은 기본이다.

그렇기에 사실 브랜드마케팅 업무는 신입사원에게 쉬이 맡기지 않는다. 최소한 상품기획이나 마케팅커뮤니케이션 등 마케팅 영역 내 관련 업무들을 5년 이상 정도는 수행해 봤어야 자연스럽게 그 제품에 상품으로서의 가치를 담아낼 브랜드를 지어낼 수 있다고 판단한다.

가끔 몇몇 기업에서 신입 BM(Brand Marketing)을 채용한다는 공고가 뜨는 경우가 있지만, 이는 대부분 직접적인 브랜드마케팅이 아니라 전 단계에 있는 상품기획 또는 뒤에 나올 마케팅커뮤니케이션 업무를 수행하는 것이라고 보면 된다.

4. 마케팅커뮤니케이션(Marketing Communication)

앞서 좋은 상품을 만들어내고 좋은 이름을 지어줬으니 이제는 세상에 널리 알릴 차례이다.

마케팅커뮤니케이션은 홍보를 통해 제품을 소개하고 광고를 통해 소비자들의 지갑을 열게 해주는 역할을 하며, 이러한 광고홍보에는 **ATL(Above The Line)**과 **BTL(Below The Line), CTL(Cross The Line)** 방식 등을 혼합하여 운영한다. 즉, 돈을 들여서 매체 광고를 하든, 소비자와의 직접적인 접촉을 하는 팸플릿, DM발송, 텔레마케팅을 하든, SNS마케팅이나 제휴마케팅 등을 하든 제품을 제대로 알리고 소비자들이 실제로 구매하게끔 만드는 것이다.

5. 지역마케팅(Regional Marketing)

지역마케팅은 판매 시장을 조사·분석하고 시장을 이끌어갈 수 있는 상품을 기획한 뒤, 그에 맞춰 브랜딩 전략을 수립하고 널리 알려 구매 욕구를 자극시키면서, 각 지역별 특성에 맞는 차별화 마케팅을 진행하는 업무이다. 따라서 그 시장에 최적화된 제품을 판매하기 위한 공급자 입장에서의 4P 전략, 즉 Product(제품), Price(가격), Place(유통), Promotion(광고홍보) 전략과 소비자와 시장 입장에서의 4C 전략, 즉 Customer Value(고객의 가치), Cost to the Customer(소비자가 지불하는 비용), Convenience(구매의 편의성), Communication(쌍방향 커뮤니케이션) 등을 현지 판매조직과 함께 만들어가야 한다.

따라서 지역마케팅 업무를 요약하면 **'담당 지역에 대한 마케팅 코디네이터 역할 및 매출·손익 책임'**, 그리고 **'실행 가능한 4P(또는 4C) 전략 수립'**이라고 할 수 있다.

이런 업무에 적합한 신입사원의 역량과 자질은 다음의 사항에서 살펴볼 수 있다.

- ◆ 해당 주민과 원활한 소통이 가능한 어학 실력
- ◆ 상권 분석 경험 또는 상권 분석에 대한 검토 및 고민이 가능한 통찰력
- ◆ 해당 판매 지역에 셀링 포인트를 어필할 수 있는 PPT 작성 능력 및 PT 발표 능력
- ◆ 다양한 형태의 유통 채널들을 관리할 수 있는 협상 및 설득 능력

이상으로 가장 일반적인 마케팅 직무 프로세스와 각 세부 직무에 대해서 간략히 살펴보았다.

지금부터는 좀 더 구체적으로 각 직무별 직무 심층 내용과 하루 일과, 마케팅 직무에 지원하는 자기소개서나 면접 시 반드시 어필해야 할 핵심 키워드, 사전 준비 방법 등에 대해서 알아보도록 하겠다.

단, 지역마케팅의 경우 이번 챕터에서는 생략하도록 하겠다. 국내든 해외든 지역마케팅 업무는 대동소이하므로 관심이 있으신 분들은 앞선 해외영업의 **'제조업 해외영업'**을 참조하시길 바란다.

01 시장조사분석

"지피지기 백전백승의 첫걸음"

시장조사분석 직무의 경우는 수영이의 코스메틱 업종 마케팅 부서 합격 사례를 기반으로 살펴보도록 하겠다.

사회학을 전공한 수영이는 당초에는 대학원 진학을 목표로 잡고 있었으나, 집안 사정상 진학의 꿈을 접고 취업을 택하게 되었다. 하지만 취업 준비가 처음인 데다가 어떤 직무에 지원하는 것이 적합할지 전혀 감조차 잡지 못하고 있는 상황이었다. 언론사에 합격한 선배들의 조언으로 소위 말하는 언론고시만 막연하게 생각해 봤다고 했다.

그러나 사실, 언론고시의 벽을 뚫고 언론사에 입사한다는 것은 웬만한 일반 기업에 입사하는 것보다도 훨씬 어려운 일이다. 더군다나 대학원 진학 후 학자나 연구원을 꿈꿨고, 또 그러한 모습이 더 어울려 보이는 수영이의 성향상 많은 현장을 돌아다니며 사람들과 부딪혀야 하는 기자 직무는 적합해 보이지 않았다.

1. 직무 선정하기

필자는 이런 수영이의 성향과 전공 과목, 자격증, 프로젝트 사례 등을 기반으로 공기업의 사무행정직과 사기업 마케팅(시장조사분석) 관련 직무, 두 가지 방향을 추천해 주었다. 하지만 공기업의 경우, 공공기관 특성상 한국사 자격증, 한국어 자격증 등 사기업 취업에는 불필요한 자격증을 취득해야 서류전형에서 가점을 받을 수 있다는 단점이 있었다.

당시 수영이는 영어 점수가 그다지 높지 않은 상황이었기 때문에 필자는 함께 상담을 하면서 이 문제를 어떻게 해결할 것인지 고민했다. 토익 점수는 700점대 후반, OPIc 등급은 IM1으로 영업마케팅, 경영지원 직군에 지원하기에는 상당히 부족한 점수였다. 물론 영업 직무나 유통의 영업관리 직무로 지원하기에는 크게 문제될 것이 없었지만, 수영이의 성향을 생각했을 때 해당 직무는 피하는 것이 옳았다. 거기다 영어 점수는 수영이 본인이 어떻게든 다시 공부를 해서 끌어올리려 하는 의지가 있었기에 한국사, 한국어 등 자격증을 추가로 병행하기에는 무리라고 판단했다.

그래서 필자는 공기업은 나중으로 순위를 미루고, 우선은 사기업 중에서 수영이에게 적합한 직무를 찾아보기로 했다.

수영이의 경우 대학에서 전공 과목들을 공부하면서 통계와 관련한 프로젝트 과제를 수행한 경험과 더불어 사회조사분석사 자격증을 갖고 있다는 강점이 있었다. 하지만 필자는 이것만으로는 조금 약하다고 판단하여, 수영이에게 최근 많은 기업에서 활용하고 있는 다른 통계 툴(Tool)들을 공부하도록 했다. 수영이는 'SPSS'의 경우 학부 시절 몇 번 활용을 해보기도 했다고 했지만, 최근에는 'SAS'나 'SPSS'보다는 'R'이나 'STATA' 등의 툴 활용도가 높아지고 있기 때문에 그쪽을 추천했다.

일반적으로 취업준비생들이 자기소개서나 면접 때 본인 강점으로 많이들 어필하는 단어가 **'분석력'**이다. 하지만 사실 대부분의 경우 **'분석'**이 아니라 단순한 **'조사'** 수준에서 그치는 것이 현실이다. 설문조사를 몇 번 했다고 해서 분석력이 뛰어나다고 볼 수는 없다. 진정한 분석력이란 조사된 수치들을 데이터화하여 트렌드를 볼 수 있도록 정량, 정성 분석을 할 수 있어야 한다. 또한 객관성과 논리성이 없는 분석은 의미가 없기 때문에 진정한 분석력을 기르기 위해서는 기본적인 통계 툴을 활용할 줄 알아야 한다.

이처럼 통계적 역량을 가장 잘 어필할 수 있으며 차분하고 꼼꼼한 수영이의 성격과 가장 잘 매칭이 가능한 직무는 무엇이 있을까? 바로 마케팅에서의 **'시장조사분석'**이다.

2. 시장조사분석 업무의 이해

① 주요 업무 세부 내용

- ◆ 상품이 잘 팔리는, 혹은 잘 팔릴 가능성이 있는 지역 및 소비층에 대한 세부 분석
- ◆ 경쟁사와의 비교 분석(판가, 매출, 시장의 반응, 사양 비교 등)
- ◆ 다양한 항목에 대한 정성·정량 통계 자료 수집 및 데이터 분석
- ◆ 지역별 4P 또는 4C 실행 전략 수립을 위한 기초 자료 제공
- ◆ 리서치 펌 에이전시(Research Firm Agency) 관리 및 협업

② 하루 일과 예시

- ◆ 주요 이슈와 관련하여 새로운 자료와 조사가 필요한지, 혹은 기존 자료들을 통해 정보를 생산할 수 있는지 판단 후 진행
- ◆ 브랜드마케팅, 마케팅기획 등 유관부서에서 특정 이슈에 대한 조사 지원 요청 시, 새로운 조사를 설계하여 해당 부서와 협의 진행
- ◆ 진행 상황을 수시로 모니터링하며, 완료된 조사는 정보공유를 위해 보고서로 작성
- ◆ 필요 시, 당사 제품 및 판매 지역에 대한 가장 적합한 리서치 펌 선정을 위한 비딩(Bidding) 및 계약 체결

그렇다면 이러한 업무를 제대로 수행하기 위해 시장조사분석 담당자에게는 어떤 역량과 자질들이 필요하며, 이를 자기소개서나 면접에서는 어떤 키워드들로 어필해야 할까?

3. 시장조사분석 지원자의 필요 역량과 자질 및 핵심 키워드

① 필요 역량과 자질

- ◆ 통계 데이터 활용 능력(사회조사분석사, SPSS, R, STATA, EVIEWS 및 엑셀 고급 수준 등)
- ◆ 빅데이터 활용 및 분석 능력
- ◆ 리서치 펌 경험(인턴 또는 아르바이트 등)

통계 사이트 활용 경험   **분석 능력**   **빅데이터&스몰데이터**

정량·정성 자료 분석   **트렌드 분석**   **리서치**   **자료 수집 및 활용 능력**

그래프   **숫자를 통한 미래 예측 능력**   **집요함**   **신속성**   **정확성**

그렇다면 마케팅 프로세스의 첫 단추를 꿰는 시장조사분석 업무를 지원하기 위해서는 어떤 준비가 필요할까?

4. 시장조사분석 직무에 지원하기 위한 사전 준비 항목

◆ 데이터 활용 능력 관련 자격증 취득 및 교육 과정 수료
◆ 실제 데이터 수집 조사 및 분석 경험
◆ 리서치 펌 인턴 및 아르바이트 지원을 통한 실무 경험 축적
◆ 지원 기업 및 지원 기업 상품군에 대한 정보 축적 및 자료 분석

필자가 수영이에게 가장 아쉬웠던 점은 리서치 펌 경력이 없다는 것이었다. 국내 로컬 또는 외국계 리서치 펌들의 경우 수시로 아르바이트나 파견직 또는 계약직을 채용하고 있으며 이와 관련된 정보는 취업포털사이트 등에서 검색을 통해 쉽게 찾을 수 있다. 기업에서 마케팅을 하고 싶어하는 분들은 관련 에이전시에서 아르바이트나 인턴, 현장실습, 계약직 등등 실제 근무 경험을 쌓는 것을 우선시할 필요가 있다.

불행 중 다행으로 수영이는 학부시절 교수님과 함께 진행한 프로젝트 수행 경험을 통해 이러한 약점을 대체할 수 있었다. 물론 프로젝트 수행 경험이라고 해도 특정 제품이나 기업분석 프로젝트와 같이 기업에서 요구하는 경험과는 달랐지만, 도시 사회 현상을 분석하는 프로젝트를 수행하면서 과제 전체 단계에서 깊게 참여해 통계 기법을 활용했다는 사실을 중점적으로 어필하기로 했다.

한편 필자는 수영이에게 실제 국내 및 해외 통계 사이트 등을 서칭하여 소비 트렌드 등에 대한 실제 통계 자료들을 분석해 보도록 과제를 주었다. 단, 지원하고자 하는 업

종과 기업에는 크게 제약을 두지 않았으며 마케팅 및 시장조사분석 관련 공고가 뜬 기업에 대부분 지원하도록 했다.

　그 결과, 수영이는 국내 중견 코스메틱 기업의 마케팅부서에 합격하여 시장조사분석 직무를 담당하게 되었다.

02 상품기획

> "팔릴 수 있는 상품, 수익을 낼 수 있는 상품을 발굴하여 출시하자!"

개인적으로 필자는 상품기획이 마케팅의 다양한 업무들 중에서도 **융ㆍ복합적인 역량을 바탕으로 하나의 프로젝트를 책임지고 완성시키는 매우 보람있는 업무**라고 생각한다.

상품기획은 시장의 요구와 변화를 누구보다도 빨리 캐치해야 할 뿐만 아니라 제품의 특성과 사양을 빠르게 습득하고 이해해야 한다. 또한 원가 개념을 제대로 숙지하고 손익을 계산할 수 있어야 하며, 동시에 제품의 전체적인 수명주기를 관리해야 한다. 따라서 상품기획의 경우 인문상경계와 이공계 전공자들의 구분 없이 역량 있는 인재라면 누구나 선호한다고 할 수 있다.

다음의 업무에 관심과 자신이 있는 취업준비생들이라면 한번쯤 지원해 보기를 권한다.

1. 상품기획 직무의 융ㆍ복합적 특성

1) 상품기획 업무는 영업, 마케팅 담당자들과 함께 시장과 소비 트렌드를 고민하고 단기 및 중장기 상품 라인업을 구축해야 한다.

2) 상품기획 업무는 개발, 디자인, 구매, 생산 부서들과 함께 제품의 개발 단계부터 기능 및 사용자 편리성, 시장의 선호 트렌드를 감안한 디자인 적용, 옵션 및 기능을 감안한 가성비 좋은 부품 적용, 생산 및 품질 검수까지의 납기 등 다양한 업무에 관여해야 한다.

3) 상품기획 업무는 시장 판가를 감안한 뒤 개발 및 제조원가를 관련 부서들과 함께 조율해 나가야 한다. 제아무리 좋은 제품이라 하더라도 시장 판가 대비 원가가 높아져버리면 그로 인한 회사의 손실이 막대하기 때문이다.

4) 상품기획 업무는 신모델 도입뿐만 아니라, 그에 따른 구모델의 단종 시점 및 판가도 관리해야 한다. 이러한 **PLC(Product Life Cycle : 제품수명주기)** 관리가 제대로 되지 않으면 시장에서의 상품 도입 타이밍 및 재고 관리에 영향을 미치게 되어 고스란히 판가와 손익에 큰 영향을 주기 때문이다.

당장은 상품기획 업무에 대한 이해가 쉽지 않은 분들도 있을 것이다. 그렇다면 좀더 이해가 쉽도록 주요 업무와 일과를 토대로 살펴보도록 하자.

2. 상품기획 업무의 이해

① 주요 업무 세부 내용

- MI(Market Intelligence : 시장조사분석) 결과값을 토대로 STP, SWOT 분석 후 최적의 상품 기획
- 단기, 중기, 장기 상품 포트폴리오 및 로드맵 구성
- 시장조사, 영업, 개발, 디자인, 생산, 품질 등 사내 부서와의 협업
- PLC(Product Life Cycle) 관리를 통한 재고 및 수익 최적화
- NPI(New Product Introduction : 신제품 개발) 및 EOL(End Of Life : 제품 판매 중단) 프로세스 관리

② 하루 일과 예시

- 영업으로부터 시장에서 출시 제품 반응도 조사
- 각 제품 · 시장별 점검회의(마케팅전략, 영업, 개발과 협업 : 필요 시 현지 출장)

◆ 차년도 모델 라인업 협의를 위해 시장 – 경쟁사 – 고객 분석으로 전략 수립 및 수정

◆ 아이디어 도출 활동을 통한 콘셉트 구체화

◆ 제품 내부 평가를 거친 뒤 소비자와 유통으로부터 평가 준비

◆ 디자인 부서와 디자인 및 UX 트렌드 및 요구사항 점검

◆ 개발점검회의를 통해 타당성 조사 결과 공유

◆ 구모델 단종 관련 영업, 생산 부서와 협의 및 단종 프로세스 관리

이처럼 상품기획은 사내 거의 모든 부서들과의 협업이 매우 중요한 직무이다. 그렇다면 이 매력적인 직무를 제대로 수행할 수 있는 역량과 자질은 무엇이며, 이들을 어떤 키워드에 담아 어필하는 것이 좋을까?

3. 상품기획 지원자의 필요 역량과 자질 및 핵심 키워드

① 필요 역량과 자질

◆ 프로젝트 수행 리더 경험 및 역량

◆ 조율자, 협업의 역량과 자질

◆ 일정 관리 역량

◆ 공모전, 창업 동아리 경험 등 협업 기반의 기획력

◆ 원가 기반의 손익 프로세스 이해

◆ PPT 작성 스킬 및 프레젠테이션 발표 능력

② 인사 담당자나 면접위원들이 선호하는 상품기획 지원자의 키워드

통찰력	아이디어	기획력	다각적 분석	집요함	실행력

설득　　　협업　　　스케줄 관리　　　전시회 및 박람회 방문

글로벌 소비 트렌드 이해　　　미래 기술 및 동향 파악　　　프레젠테이션 능력

제품수명주기　　　모델 이력 관리　　　원가 · 손익

4. 상품기획 직무에 지원하기 위한 사전 준비 항목

◆ 아이디어 공모전 참여
◆ 다양한 조직 활동에서의 협업을 이끈 사례
◆ 창업 동아리에서 제품 · 콘텐츠 원가 및 손익 분석 경험
◆ 글로벌 또는 국내 쇼, 박람회, 전시회 기사 탐독
◆ PPT 스킬 향상 및 발표력 향상

상품기획은 다양한 많은 부서와의 협업과 조율, 그리고 납기를 지켜가면서 제품의 손익을 챙겨야 하는 매우 중요한 직무이다. 따라서 다각적인 접근과 고민을 통해 집요하게 원하는 바를 실행할 수 있는 준비가 된 자만이 최종 합격의 기쁨을 맛볼 수 있을 것이다.

03 브랜드마케팅

"콘셉팅으로 마음점유율을 끌어올리자!"

영업에서는 경쟁사 대비 '**시장점유율(Market Share)**'을 끌어올리는 것이 중요한 목표 중 하나인 반면, 마케팅에서는 고객의 '**마음점유율(Mind Share)**'을 끌어올려야 하며, 이러한 역할을 하는 핵심 부서가 바로 '**브랜드마케팅**'이라고 할 수 있다.

1. 브랜드마케팅 역할의 중요성

콜라 시장을 예로 들어 보자. A콜라는 B콜라에게 시장점유율을 빼앗기지 않으면서 동시에 상대방의 시장점유율을 더 획득하려고 노력한다. 그런데 시장점유율을 더 올리기 위해서는 광고와 프로모션을 비롯한 마케팅 비용을 많이 지출해야 한다. 또한 시장의 범위를 어디까지로 볼 것이냐에 따라 그 시장점유율이라는 수치가 달라질 수도 있는데, 단순히 콜라 시장만 보면 A콜라의 시장점유율이 높아도, 청량음료 시장으로 확대했을 경우 A콜라의 시장점유율은 크게 떨어지는 식이다. 그리고 시장점유율을 음료 시장으로 더 확대할 경우 A콜라의 시장 점유율은 더더욱 떨어진다.

이처럼 한계가 있는 시장점유율의 대안으로 등장한 개념이 바로 '마음점유율'이다. 예를 들어 '콜라 하면 어떤 콜라가 생각나는가?'라고 소비자에게 물어보았을 때, 60%의 소비자가 A콜라를 연상했다면 A콜라의 마음점유율은 60%라고 볼 수 있다. 만약 현재 A콜라의 시장점유율이 50%라면 추가적인 10%의 마음점유율은 A콜라의 브랜드 프리미엄이라 할 수 있을 것이다.

물론 이런 마음점유율은 실제 소비자들의 구매로 나타나는 객관적인 수치는 아닐 수 있다. 하지만 마음점유율이 중요시되는 이유는 이러한 수치가 **'브랜드에 대한 소비자의 애정을 그대로 보여주기 때문'**이다. 마음점유율이 높은 상품은 시장점유율 역시 지속적으로 올라갈 수밖에 없다.

그렇다면 브랜드마케팅에서는 소비자들의 뇌리에 상품을 각인시켰다는 지표인 마음점유율을 끌어올리기 위해 어떠한 업무를 수행하고 있는지 알아보도록 하자.

2. 브랜드마케팅 업무의 이해

① 주요 업무 세부 내용

◆ BI(Brand Identity) 및 CI(Corporate Identity)를 확실하게 인지시키기 위한 아이디어 창출과 접근 전략 구상

◆ 상품별 주요 고객층을 겨냥한 최적의 네이밍 시행 및 브랜딩 방법 조사

◆ 소비자의 감성과 이성을 모두 충족시킬 수 있는 브랜드 전략 구상

◆ 시장조사, 상품기획과의 협업으로 상품의 가치를 쉽게 인식시키는 스킬 연마

◆ 마음점유율을 끌어올려 중장기 시장점유율 확대 효과 구현

② 하루 일과 예시

◆ 프로젝트 베이스에 기반한 일별, 주별, 월별 활동(프로젝트는 일반적으로 약 6개월에서 2년 가까운 시간이 소요)

◆ 브랜드의 전반적인 관리 방향 설정, 제품 출시 및 리뉴얼 전략 수립

◆ 유관부서와의 협업을 통한 제품개발 진행, 브랜드 커뮤니케이션

◆ 전략의 수립 및 추진, 출시 및 리뉴얼 이후의 시장현황 조사 등

◆ 정기적인 브랜드 활동 성과분석, 유관부서와의 스케줄 관리 및 커뮤니케이션

◆ 고객 원츠(Wants) 탐색 및 신규 아이디어 발굴

그렇다면 지원자는 자기소개서나 면접에서 본인의 어떤 강점들을 어떤 키워드들로 어필해야 좋을까?

3. 브랜드마케팅 지원자의 필요 역량과 자질 및 핵심 키워드

① 필요 역량과 자질

◆ 창의적인 아이디어

◆ 보여지는 부분과 다른 이면을 볼 줄 아는 통찰력

◆ 영어 등 어학 구사 능력

◆ 스토리텔링을 통한 감성 자극

② 인사 담당자나 면접위원들이 선호하는 브랜드마케팅 지원자의 키워드

콘셉터	스토리텔링	기억	지속력	가치 전달
감성	감정	마음점유율	차별화	니즈를 넘어선 원츠 발굴

4. 브랜드마케팅 직무에 지원하기 위한 사전 준비 항목

◆ 국내외 브랜드 성공전략 관련 사례 분석 경험 쌓기

◆ 지원 업종 내 다양한 브랜드 이해를 통한 차별화 포인트 발굴

◆ 지원 기업과 경쟁사의 기업 CI 및 상품 BI 콘셉트 이해

앞서 말한 바와 같이 브랜드마케팅은 신입 채용이 상대적으로 매우 적은 직무인 것이 사실이다. 하지만 준비하는 자에게 길은 있는 법이다. 브랜드마케팅 직무에 지원하고자 하는 분들은 위와 같은 사항을 참고하여 어디서든 고객의 마음점유율을 끌어올릴 방법을 어필할 수 있도록 준비하자.

04 마케팅커뮤니케이션

> "Know Me & Buy Me"

    취업준비생들이 '마케팅'이라는 단어를 들었을 때 가장 먼저 떠올리는 직무가 바로 이 마케팅커뮤니케이션이 아닐까 싶다. 실제로 마케팅커뮤니케이션은 **'전공을 막론하고 많은 인문상경계 취업준비생들이 선호하는 직무'**이기도 하다.

    대부분의 취업준비생들은 마케팅커뮤니케이션 담당자를 채용할 때 광고홍보 관련 전공자, 미디어콘텐츠 전공자, 신문방송학 전공자들을 선호한다고 생각하고 있지만 사실 꼭 그렇지만은 않다. 물론 전공 공부를 통해 이론을 접하는 것도 중요하겠지만 마케팅 업계에서는 그보다는 **'관련 경력과 경험이 풍부한 지원자'**를 더 선호한다.

    그래서 필자는 마케팅 직무에 지원하고 싶다며 찾아오는 취업준비생들의 경우 가장 먼저 그들의 이력사항을 꼼꼼히 점검해 본다.

1. 마케팅커뮤니케이션 지원 시 유리한 스펙

    앞서 언급한 대로 관련한 전공만 봤을 때 유리한 이들은 광고홍보, 미디어콘텐츠, 신문방송, 경영 전공자 등이다. 하지만 실제 마케팅 업계에서는 이보다도 더 선호되는 경험이나 이력 등이 존재하니 한번 살펴보도록 하자.

마케팅 대행사 근무 이력

먼저 가장 선호되는 경험 1순위는 **'다양한 마케팅 대행사 근무 이력'**이다. 마케팅 대행사 에이전시는 무수히 많다. 분야별로는 온라인마케팅, 검색광고마케팅, 디지털마케팅, 전시마케팅, 콘텐츠마케팅, 플랫폼마케팅 등이 있으며 그 속에 크고 작은 광고 및 홍보 관련 기업들이 있다.

만약 스타트업 규모의 기업에서 인턴을 경험하게 된다면 일당백의 다양한 프로세스들을 직접 접하게 될 것이다. 그러므로 마케팅커뮤니케이션을 지원한다면 인턴까지는 무리일지언정 단기 아르바이트를 지원해서라도 직접 부딪히고 경험해 볼 것을 추천한다. 마케팅커뮤니케이션에서는 콘텐츠와 플랫폼을 직접 다뤄본 경험이 가장 중요하기 때문이다.

SNS 활용 경험

그 다음으로 마케팅커뮤니케이션 업계에서 눈여겨보는 것은 SNS 활용 경험이다. 물론 기업의 서포터즈가 되어 그 기업의 블로그나 페이스북 사이트에 직접 콘텐츠를 올리고 관리해본 경험 역시 매우 선호된다. 동일한 내용의 콘텐츠라 해도 어떤 방향으로 작성했느냐에 따라 더 많은 유입이 발생하기도, 그 반대가 되기도 한다. 기업의 SNS를 관리하면서 이러한 사례를 스스로 깨달은 경험은 실제 마케팅커뮤니케이션 온라인마케팅 업무에서 유리하게 작용할 수밖에 없다.

기업 블로그 관리 경험이 없다면 개인 블로거로서 자신의 블로그를 효과적으로 관리하여 불특정 또는 특정 다수의 유입률을 끌어낸 경험도 지원자에게는 좋은 무기가 되니 참고하자.

광고 및 홍보 공모전 참여 사례

한편 업계에서는 광고·홍보 관련 공모전 참여 활동에 임하여 팀워크를 발휘해 수상한 사례를 선호한다. 다만 그러한 경험이 일회성에 그쳐서는 안 된다. 가급적 많은 공모전에 참여하여 점차 그 수준이나 영역을 넓혀야 그 가치가 더욱 상승한다고 볼 수 있다.

마케팅커뮤니케이션이란 결국 특정 콘텐츠를 다양한 플랫폼의 특성에 맞춰 얼마나 효과적으로 알리느냐가 관건이기 때문에 여러 매체나 온라인 플랫폼들을 활용해 보는 공모전 활동 경험이 중요하다.

외국어 활용 능력

기업은 자사 상품에 대한 커뮤니케이션 활동을 결코 국내에만 한정지으려 하지 않는다. 비록 시작은 로컬을 대상으로 한 상품이라 할지라도 최종적으로는 글로벌 시장에서 성공하고자 하는 의지가 존재하기 때문에 같은 지원자라도 해외 대상 커뮤니케이션 활동이 충분히 가능한 사람을 원한다.

다양한 제작 및 편집 스킬

마케팅커뮤니케이션 지원자의 경우 포토샵, 일러스트, 동영상 제작 및 편집 등 다양한 제작 및 편집 스킬을 갖고 있는 사람이 선호된다. 대기업의 경우 해당 업무를 에이전시에 의뢰하는 경우가 있지만 소소한 것들은 직접 만드는 경우가 많다. 물론 해당 경비를 줄이기 위해서라도 직접 제작해서 활용하는 경우가 늘어나는 추세이다.

2. 마케팅커뮤니케이션 업무의 이해

① 주요 업무 세부 내용

- ◆ BM에서 확정된 브랜딩 전략을 실제로 실행
- ◆ 각 시장별 특성을 감안한 다양한 프로모션 실행 전략 수립
- ◆ 온 · 오프 믹스 프로모션을 통해 ATL, BTL 효과 극대화(VMD, POP 제작, SNS 마케팅, 바이럴 마케팅, 주요 대중 매체 광고 운영 등)
- ◆ 광고 · 홍보 에이전시 선정 및 협업
- ◆ 전사적 또는 지역별 마케팅 비용 산정 및 효율화

② **하루 일과 예시**

◆ 통합마케팅커뮤니케이션(IMC)을 위한 아이디어 발굴 및 실행

◆ 주요 메시지 및 매체운영플랜 기획

◆ 광고 · 홍보의 매출 연계성 효율 분석

◆ MDF(Marketing Development Fund : 마케팅 비용) 운영안 수립 및 요청

◆ 영업 부서와 현지 출장으로 POP 등 광고 홍보물 아이디어 도출 및 제작 의뢰

◆ 필요 콘텐츠 제작 및 활용

◆ 광고대행사, 홍보대행사 등 협력업체 관리(업체 비딩, 실적 관리 등)

그렇다면 마케팅커뮤니케이션 지원자의 경우 자기소개서나 면접에서 본인의 어떤 강점들을 어떤 키워드들로 어필하면 좋을까?

3. 마케팅커뮤니케이션 지원자의 필요 역량과 자질 및 핵심 키워드

① **필요 역량과 자질**

◆ 창의적인 아이디어

◆ 동일 팩트에 대해 계층별 차별화된 어필 및 설득력

◆ SNS 활용 능력 및 효율 분석 능력

◆ 비용 집행에 대한 관리 능력

◆ 상품 및 공간디자인에 대한 이해

◆ 플랫폼과 콘텐츠 이해

◆ 어학 활용 능력

② **인사 담당자나 면접위원들이 선호하는 마케팅커뮤니케이션 지원자의 키워드**

ATL(Above The Line)보다 BTL(Below The Line)				**트렌드**	**쌍방향**
독창성	**적극성**	**실행력**	**Know Me & Buy Me**		**성실함**
오감 활용	**온라인 · 디지털 마케팅**		**플랫폼**	**탄력적인 콘텐츠 활용**	

앞서 이미 언급한 내용이지만 다시 한번 요약해서 말하자면, 마케팅커뮤니케이션을 지원하기 위해서는 다음과 같은 사항이 필수라고 할 수 있다.

4. 마케팅커뮤니케이션 직무에 지원하기 위한 사전 준비 항목

◆ 개인 또는 회사 블로그 관리 경험(기업 서포터즈, 파워블로거 등)

◆ 광고 · 홍보 공모전 참여 경험

◆ 각종 마케팅 자료(Marketing Material) · 툴 제작 경험

◆ 전시회 등 다양한 행사 참석 및 서포터즈 경험

이처럼 마케팅커뮤니케이션 직무에서 지원자에게 요구하는 역량은 전공이나 이론보다는 인턴 경력이나 영상 편집과 같은 실무 경험임을 알 수 있다. 그러니 홍보 관련 비전공자라고 해도 움츠러들지 말고 자신 있게 업계에 뛰어들어 보도록 하자.

05 마케팅 우수 자기소개서 사례

1. 자신에게 주어졌던 일 중 가장 어려웠던 경험은 무엇이었습니까?

[한정된 예산안으로 신제품을 런칭하다]

컨설팅 회사 인턴 근무 당시, 런칭을 3개월 앞둔 심박측정기기의 마케팅 전략을 기획하던 중 관점을 달리하여 문제를 해결한 경험이 있습니다. 당시 클라이언트가 의도한 제품 콘셉트는 심장 건강을 위한 기기, '심장주치의'였습니다. 800만 원이라는 한정된 예산으로 편성하는 것이 가장 큰 난제였으며, 여러 대상자를 목표로 광고 영상과 기기와 연동될 모바일 애플리케이션을 제작해야 하는 상황이었습니다. 저예산이라는 점이 장애가 되었지만, '더 많은 방법과 기회를 모색해볼 수 있다.'고 긍정적으로 생각하여 팀원들과 의기투합할 수 있었습니다.

저는 예산안 내에서 전략을 기획하기 위해 무작정 저렴한 대행사를 찾는 대신, 관점을 달리하여 선택과 집중으로 효과를 극대화하는 방향을 선택했습니다. 첫째, 설문조사, FGI와 시장분석 결과 '태동을 통해 산모의 걱정을 덜어줄 기구'의 매력도가 더 크다는 것을 알게 되었습니다. 이후 타깃의 범위를 '산모'로 좁히고 콘셉트를 '심장주치의'에서 '태아 심음 측정기'로 조정하였습니다.

하지만, 임산부의 고객 관점을 정확히 이해하는 것이 어려웠습니다. 그래서 카페 체험단 30명을 모집하고 지속적으로 커뮤니케이션을 시도했습니다. 이러한 노력을 통해 집에서, 그리고 직장에서 매 순간 태아의 상태를 걱정하며 배가 뭉치거나 태동이 없을 때 느끼는 산모의 불안감을 이해하게 되었습니다.

둘째, 태동이 느껴지지 않을 때 불안감을 느끼는 임산부가 공감할 수 있는 셀링 포인트를 발굴했습니다. 임신을 확인하고 안정기에 접어들기 전까지 불안한 마음을 해소해주는 기기라는 점을 어필하여 '처음 엄마, 걱정 말아요.'라는 제목으로 공감을 이끄는 스토리텔링을 했습니다. 그 결과 광고 영상과 애플리케이션을 한 가지 버전으로 초점을 맞추어 비용을 15% 절감하면서도 2차 소비자 조사 결과에서 1차 대비 구매 의향을 30% 높이는 쾌거를 이루었습니다. 이를 통해 기존 생각의 틀에서 벗어나 다른 관점에서 현상을 바라보려는 노력과 선택과 집중을 통한 자원 투입의 중요함을 깨달았습니다.

2. 이제까지 가장 강하게 소속감을 느꼈던 조직은 무엇이었으며, 그 조직의 발전을 위해 헌신
적으로 노력했던 일 중 가장 기억에 남는 경험은 무엇입니까?

[함께 해야 더 힘이 난다 – 공감이 이끈 나눔의 공간]

저는 '배움을 나누는 사람들'에서 교육 봉사를 하며 공감을 통한 합의점으로 의견 차
이를 극복한 경험이 있습니다. 봉사 중반, 교재 개발부의 팀장이 2주간 휴가를 내었
고 리더의 부재로 팀원들의 사기가 저하되었습니다. 저는 이러한 부분을 보완하고자
스스로 교재 개발부의 일원이 될 것을 자처하였지만 일부 팀원들은 '시중의 교재를
일부분 베껴서 시간을 절약하자.'는 의견을 내세웠습니다. 게다가 추운 실내에서의 작
업으로 팀원들의 사기가 저하되며 지각과 결석률이 증가하였습니다.

물론 교재를 자체적으로 제작한다는 것은 쉽지 않은 일이었습니다. 그러나 봉사의 취
지가 교육의 경험을 바탕으로 양질의 교육 콘텐츠를 개발하는 것이었기 때문에, 무분
별하게 시중의 문제집을 베낄 수는 없다고 생각하였습니다.

우선, 팀원들 개개인의 감정과 고충을 이해하며 공감해 줄 필요가 있다고 생각했습니
다. 따라서 서로의 생각을 알기 위해 팀원들과 주 3회 식사 또는 치맥 타임을 가지며
팀워크를 다졌습니다. 이를 통해 난방이 되지 않아 심신이 지치는 팀원들의 고충을 알
게 되었고 지자체로부터 난방기구 지원을 제안하여 공급받을 수 있게 하였습니다. 팀
원들의 신뢰를 쌓은 후, 봉사 교실의 학생들의 사정과 눈높이에 맞는 콘텐츠 개발의
필요성과 취지를 모두가 알 수 있도록 설득하여 '고난도 문제일 경우 시중 교재를 참
고하자'는 합의점을 이끌어 냈습니다. 또한, 주 3회 모임을 2회로 조정하는 대신, 하
루 작업시간을 늘려 시간 효율을 높이는 방향으로 결론을 찾아 나갔습니다.

저의 노력하는 모습에 팀원들은 점차 변화해 나갔습니다. 그 결과 지각 및 결석률이
감소하였고 교재가 완성되기 직전에는 출석률 100%를 달성했습니다. 이때 저는 대
화를 통해 다른 입장에 대한 이해를 끌어오고 협력함으로써 공존이 가능함을 깨달았
습니다. 저의 이러한 경험은 영업, SCM, 상품기획 등 전 부서와 협업을 필요로 하는
귀사의 마케팅팀에서 타인에게 건전한 자극과 피드백을 주며 이견 조율을 통해 성과
를 창출하는 발판이 될 것입니다.

[목표에 대한 '공감', 동기부여를 이끌다]

공감을 통해 판촉 행사의 목표를 초과 달성할 수 있었습니다. 마케팅 전략기획팀 인턴 근무 당시 신사업 영업관리 TF팀에 자원했습니다. 실제 고객을 만나 현장 분석과 대응력을 키울 수 있는 기회라 생각했기 때문입니다. 저를 포함한 인턴 3명은 신제품 '눈 건강 관리기구'의 판촉 행사를 미션으로 받았습니다. 하지만 마케터의 꿈을 가졌던 인턴들은 영업에 가까운 판촉 행사에 관심이 없었습니다. 판촉 아이디어도 중요하지만 모두가 의욕 있게 임하는 의지가 중요하다는 생각이 들었습니다.

저는 판촉 행사가 마케팅과 근본적으로 다르지 않다는 점을 팀원들에게 상기시키고자, '눈 건강을 회복하고자 하는 욕구를 어떻게 구매 행동으로 이어줄 것인가'라는 주제로 아이디어 회의를 진행했습니다. 그리고 고객의 소리를 직접 청취함으로써 마케팅 기획에서 소비자 니즈를 제대로 반영할 수 있게 된다는 점을 설득하였습니다. 마케팅 용어와 이론을 예시로 설득을 하니 팀원들 목소리에서 '판촉을 하고 싶다.'는 의지가 느껴졌습니다. 결과적으로 타깃은 30~40대 직장인으로 안구 질환을 직접 고객에게 알리자는 건설적인 아이디어를 얻었습니다.

첫째, 시험착용으로 거부감을 없애고 구매 가치를 제공하기 위해 '얼굴만 동안이 아니라 눈도 동안 하세요.'라는 스토리텔링 전략을 세웠습니다.

둘째, 작용 원리에 대한 신뢰성을 높이기 위한 음이온 측정 기구를 준비했습니다.

셋째, 밀착 영업을 통해 직종을 묻고 직업 고충에 공감했습니다. 제품 시연 시 옆에서 팸플릿을 보여주며 상세한 설명 기회를 놓치지 않는 전략적 팀워크까지 보여주었습니다.

그 결과 예상했던 목표보다 50만 원 높은 150만 원의 매출을 달성했습니다. 공감을 통해 조직적 헌신으로 연결시키는 법과 고객이 자연스럽게 공감할 수 있는 셀링 포인트에 대해 깊이 고민함으로써 영업전략의 키(Key)를 얻을 수 있었습니다.

4. 기존과는 다른 방식을 시도하여 이전에 비해 조금이라도 개선했던 경험 중, 가장 효과적이었던 것은 무엇입니까?

[시장을 이해하는 전략의 중요성을 깨닫다]

저는 또한 휴대폰 케이스의 온라인 판매 경험을 통해 '시장과 소비자 분석에 근간한 위협 요소 파악 및 단계적인 전략을 수립하는 기획력'을 습득했습니다.

2년 전, 블로그 이웃들을 위해 소소하게 재능기부로 만들었던 DIY 휴대폰 케이스가 예상했던 것보다 큰 호응을 얻었습니다. 특히 젊은 세대들은 휴대폰 액세서리로 개성을 표현하고자 하는 욕구가 강했고 핸드메이드라는 것에 특별함을 느낀다는 결론을 얻었습니다. 그래서 뷰티 블로거와 협업하여 수익 배분을 조건으로 홍보를 진행하였고, 설문조사를 통해 가장 인기를 얻은 여섯 가지 디자인을 대상으로 G사의 오픈마켓에 진출했습니다.

하지만 기대했던 것과 달리 초기에는 판매가 저조했습니다. 오픈마켓은 입점이 쉽고 등록비가 없는 만큼 다수의 경쟁자가 존재했습니다. 상위 노출을 위한 키워드 광고 입찰의 가격 부담과 높은 원재료 가격 또한 실패의 원인이었습니다.

따라서 저는 문제 해결을 위해 네 가지 방안을 마련했습니다.

첫째, 원가절감을 위해 동대문 재료상가를 돌며 가격 흥정을 했습니다. 그 결과 한 상점과 일정 수량 구매를 약속하고 기존 대비 20% 낮은 가격으로 재료를 구매할 수 있었습니다.

둘째, 오픈마켓 경험자에게 조언을 구해 로그분석기를 활용하여 잠재 고객의 특성과 키워드 유입 경로를 분석하였습니다.

셋째, 한정된 예산으로 키워드 광고를 효율적으로 하는 방법을 연구하여 실행했습니다.

넷째, 경쟁 상품 대비 차별화된 셀링 포인트를 발굴하고 상품 페이지의 시의성을 높였습니다.

이러한 전략적 문제해결의 결과로 저희는 구매 전환율을 증가시켜 약 190만 원 상당의 매출을 달성했습니다.

비록 큰 수익을 내었다고 할 수는 없었지만 새로운 분야에 도전하여 시행착오를 겪으며 발전을 시도했다는 사실에서 성취감을 느꼈습니다. 시장과 소비자 분석에 근간한 위협 요소 파악 및 단계적인 전략 수립의 중요성을 깨닫게 된 경험이었습니다.

[3년 연속 신규고객 확보율 1위 달성이요? 정답은 고객 관점의 분석과 실행입니다]

*다음은 201X년 9월 ○○기업 사보에 실린 마케팅기획본부 ××× 과장의 이야기입니다.

10년간, 시청 콘텐츠의 성향 및 키워드를 중심으로 고객 데이터를 꾸준히 분석했습니다. [A]와 [B]는 희소성 있는 양질의 프리미엄 콘텐츠, [C]는 개인 취향을 반영한 맞춤형 모바일 플랫폼이라는 셀링 포인트를 어필하되, 고객 상황에 접목시키는 전략을 기획했습니다. 마이크로 세그먼트 타깃팅으로 생활 전 영역에서 개인의 라이프스타일에 맞춤화된 마케팅을 통해, 'UHD, OTT 관련 신규 상품 신 고객 유치율 20% 이상'의 성과를 내면서 담당 지역 ARPU와 수익성 제고를 이룰 수 있었습니다.

입사 전 길러왔던 역량들이 정량적 고객 데이터를 기반으로 정성적 의미를 도출하여 마케팅 효율을 높이는 초석이 되었다고 생각합니다.

첫째, 마케팅 인턴을 통해 관점을 넓혀 새로운 인사이트를 발굴하는 통찰력을 길렀습니다. 5개의 마케팅 프로젝트 실무를 접하며 시장, 소비자 조사를 통해 4P/STP 전략을 기획하고 차별화된 셀링 포인트를 발굴하였습니다. 프로모션을 기획하며 클라이언트가 느끼는 것에 공감하고 니즈를 빠르게 파악하여 마케팅 커뮤니케이션의 효과를 높였습니다.

둘째, 숫자 감각과 고객 관점의 데이터 활용 능력입니다. 통계학을 전공하며, 숫자를 단순히 숫자로 보지 않고 그 안에서 의미를 찾는 사고를 통해 '소비자가 구매행동을 하는 요인'을 이해하는 것이 핵심임을 깨달았습니다. 그 포인트를 기억하고 인턴 근무 당시, 유통 점포별 연간 판매 데이터를 효율적으로 분석하여 프로모션의 효율을 높인 경험이 있습니다.

무엇보다, 옆에서 보조해 주었던 동료들과 일에 동기를 부여해 준 회사의 배려 때문에 가능할 수 있었다고 생각합니다. 앞으로, 뉴미디어 플랫폼과 고객 니즈 기반 콘텐츠 경쟁력 강화를 통해 긍정적 고객 경험을 더욱 증진해 나갈 것입니다.

05

MD

구글도 모르는 직무분석집

📇 MD 직군 소개

MD란?
모(M)든 것을
다(D) 할 수 있는 큐레이터

MD 직군의 업종별 구분

구분	주요 업종
제조업 MD (메이커 MD)	생활용품, 화장품, 패션, 식품 등 제조업
유통업 MD (리테일 MD)	E커머스, T커머스 등 온라인 유통업 및 백화점, 대형마트, 편의점 등 오프라인 유통업

MD는 크게 **유통업**의 **MD**와 **제조업**의 **MD**로 나뉘는데, 유통업의 MD는 **E커머스(E-Commerce)**나 **T커머스(T-Commerce)** 등 **온라인 리테일**의 MD와 **백화점, 대형마트, 편의점** 등 **오프라인 리테일**의 MD로 나눌 수 있다.

'**머천다이저(Merchandiser)**'를 의미하는 MD를 말할 때 많은 이들이 반 농담으로 영문 첫 글자의 한국어 발음을 따서, '**모(M)든 것을 다(D) 할 수 있는 사람**'이라고들 한다. 그만큼 MD는 멀티플레이어 역할을 수행해야 하는 매우 중요한 직무라고 볼 수 있다. MD는 상품의 기획부터 발굴, 업체 소싱, 계약, 제품의 입점, 매출실적 및 재고 관리 등 정말 다양한 업무를 진행한다.

유통업에서의 MD 또는 제조업의 MD 모두 갖춰야 할 가장 중요한 역량과 자질을 하나 꼽자면 바로 '**덕후**' 기질이라고 할 수 있다. MD 직무를 지원하는 이라면 스스로 자기소개서나 면접에서 어떤 하나의 품목에 대해 **마니아**로서의 모습을 어필해 주어야 한다. 예를 들어 특정 품목과 관련하여 상품기획 아이디어 공모전 또는 광고 홍보 공모전 등에 적극적으로 참여했거나, 개인 블로그, 인스타그램 등 여러 SNS 플랫폼과 유튜브, 틱톡 등을 활용하여 '**내돈내산**' 활동을 주기적으로 진행한 지원자라면 인사 담당자나 면접위원의 입장에서는 그를 눈여겨볼 수밖에 없다. 따라서 평상시에도 길을 돌아다니면서 꾸준히 관심 품목에 대해 자연스럽게 눈이 돌아갈 정도로 관심을 갖고 있어야 한다.

필수 자격증? 그런 거 없다!

"MD를 하기 위해서는 어떤 자격증이 필요할까요?"

취업컨설팅 현장에서 필자가 자주 듣는 질문 중 하나다. 결론부터 말하자면, **MD가 되고자 하는 이에게 자격증은 필요 없다!**

물론 의류업처럼 의류 관련 전문지식이 필요한 특정 상품군 MD를 지원할 때 전공이 의류나 패션 관련이 아닐 경우 패션 MD와 관련된 자격증을 취득하면 유리할 수는 있겠지만, 일반적인 MD 직무에서는 특정 자격증을 요구하지 않는다.

물론 여기서도 컴퓨터활용능력 자격증은 필수이다. MD 직무 또한 수많은 숫자들을 데이터화하여 트렌드를 읽는 능력이 필요하기 때문이다. 이외에도 통계 분석 관련 자격증이 있으면 시장조사와 수요예측을 위한 매출 트렌드 분석에서 남들보다 유리할 수 있으니 참고하도록 하자.

그럼 지금부터 MD 직무의 유형과 공통적인 특성에 대해 알아보자.

1. MD 직무의 업종별 유형

-리테일(유통업)-

| 이커머스 | 홈쇼핑 | 편의점 | 마트 | 백화점 |

역할 : BM(Brand Manager) 또는 CM(Category Manager)
잘 팔릴 것이라 예상되는 상품을 선정, 구매가격 결정 및 마케팅 전략 수립

정보분석	효율적인 매입결정을 위해 소비자 파악 및 시장 트렌드 정보 분석 * 시장 트렌드 파악은 마케팅의 핵심요소
상품기획	• 어떠한 상품을 기획할 것인지 설정 • 제품구색 결정, 가격 결정, 마진율 결정, 상품 결정 등
생산	원활한 유통을 위해 품질과 이미지, 공급조건을 고려하여 공급업체 파악 및 선정
판매촉진 계획	소비자 확보 및 유지를 위한 방법 고안

-메이커(제조업)-

생활용품 **식품** **화장품** **패션·의류**

역할 : PM(Product Manager)

기획부터 생산, 판매, 광고 등 모든 영역에서 책임을 지고 수행

제품의 선정 및 사입	필요한 상품을 조사하여 적절한 수량, 가격, 품질 및 판매시기를 예측 후 직거래 · 중계거래를 통해 제품을 사입
광고 및 판촉	소비자가 구매의욕을 가지도록 적절한 광고 · 판촉 전략을 제시하여 판 매를 신장
판매	• 판매를 위한 직원 교육 • 일일 또는 시간대별로 판매 점검 • 판매 결과로 나타난 소비자의 구매 성향을 구매에 반영
재고 관리 및 처리	• 악성재고를 최저한의 손실로 처리 • 판매 데이터에 의거, 필요 상품의 재고수준 유지
시장조사	• 소비자의 구매패턴 분석 • 시장 및 경쟁 업계 동향 파악 • 구매에 반영하여 신제품 동향 체크 • 소비자 선호 제품 공급

2. MD 직무 세부 내용

◆ 소비자의 니즈 및 소비 패턴 파악(다양한 시장조사, 박람회, 전시회 참석, 각종 통계 데이터 활용)

◆ 정확한 수요예측

◆ 5R 충족요건 검토(Right : 장소, 상품, 가격, 시기, 물량)

◆ 제품 선정

◆ 바잉 & 소싱

◆ 판매조직과의 연계를 통해 담당 상품의 손익 및 판매 · 재고 트렌드 분석

신입 채용 니즈가 가장 많은 온라인 MD에 대해서 좀 더 구체적으로 알아보자.

① 온라인 MD의 주요 업무

◆ 카테고리 영업 전략 수립

   – 담당 카테고리 월별 운영전략 수립

   – 셀러별 목표 수립

◆ 카테고리 셀렉션 (상품 구색) 확대

   – 시장 내 트렌드에 적합하고 고객니즈를 충족시킬 수 있는 브랜드/상품 소싱

   – 단독 상품 기획

◆ 카테고리 활성화를 위한 다양한 셀러

◆ 행사기획 및 판촉활동

◆ 월별 · 주차별 시즌에 적합한 행사 기획 및 운영

◆ 셀러별 주력 상품 선정

◆ 행사별 셀러와 협의를 통한 판촉 계획 수립

◆ 매출관리

   – 일별 · 월별 매출 실적 모니터링을 통한 목표 달성률 확인

   – 셀러별 주력 상품 확인

   – 행사별 실적 관리

즉, 소비자의 구매 욕구를 먼저 읽고 시장을 이끌 수 있는 멀티플레이어로서의 MD가 되기 위해서는 어떤 역량과 자질이 필요한지, 그리고 이를 자기소개서나 면접에서 어떤 키워드들로 어필하는 것이 좋을지 알아보자.

3. MD 지원자의 필요 역량과 자질 및 핵심 키워드

① 필요 역량과 자질

◆ 트렌드를 정확히 읽어낼 수 있는 분석력

◆ 담당 품목에 대한 관심과 이해력

◆ 협상 및 설득력

◆ **데이터 활용 능력** : 축적된 데이터를 가공 및 분석하는 능력(데이터를 바탕으로 얻은 인사이트 기반으로 적합한 제안을 도출할 수 있는 능력)

◆ 어학 능력(국내 MD라 하더라도 회사 입장에서는 다각적 활용 가능성을 고려)

② 인사 담당자나 면접위원들이 선호하는 MD 지원자의 키워드

큐레이션　　　트렌드 리더(Leader)　　　전천후 멀티플레이어

No 스트레스　　　손익계산　　　협상력　　　설득력

시장을 리딩(Reading)하고 리딩(Leading)할 수 있는

그렇다면 MD가 되기 위해서는 어떤 준비를 미리 해야 할까?

4. MD 직무에 지원하기 위한 사전 준비 항목

◆ 담당하고자 하는 제품군에 대한 철저한 이해와 관심

◆ 개인 블로그 등 SNS 통해 해당 제품 카테고리별 관리 경험

◆ 다양한 전시회, 박람회, 세미나 적극 참석 및 근거 자료(사진, 동영상) 준비

◆ 기업체 · 기관 등 MD 교육 과정 수료 시 유리

다음 장에서는 각 업종별 MD 직무에 대해서 좀 더 구체적으로 알아보도록 하자.

01 E커머스 MD

> ## "QCD를 만족시키는 셀러 선정과 판촉의 핵심"

오프라인 매장이 따로 없는 E커머스는 쿠팡과 같은 **소셜커머스**와 이베이나 11번가와 같은 **오픈마켓** 등이 대표적이다. 최근에는 **O4O(Online for Offline – 오프라인을 위한 온라인)**처럼 '기업이 온라인을 통해 축적한 기술이나 데이터, 서비스를 상품 조달, 큐레이션 등에 적용해 오프라인으로 사업을 확대하는' 방식의 차세대 비즈니스 모델이 대형 유통업 기업에서 활발히 성장하고 있다.

이번에는 대학을 졸업할 때까지 원하는 직무를 전혀 정해 놓지 않았던 희연이의 E커머스 MD 직무 취업성공 사례를 통해 어떤 준비가 필요할지 알아보도록 하자.

국제통상학을 전공한 희연이는 전공 특성상 처음에는 무역업 해외영업을 막연히 생각하고 있다고 했다. 하지만 희연이는 졸업할 당시의 영어 성적이 토익 680점대, OPIc은 IH로 무역업의 해외영업 직무를 지원하기에는 상대적으로 낮은 어학 성적을 갖고 있었다.

따라서 필자는 희연이의 상담신청서에 적힌 객관적인 스펙들과 일생스토리를 통한 경험을 중심으로 컨설팅을 시작했다. 상담신청서에 적힌 희연이의 스펙으로는 앞선 토익과 OPIc을 제외하면 컴퓨터활용능력 2급 자격증과 중국어 신HSK 6급 준비가 있

었다. 전반적인 내용을 살펴보던 필자는 희연이의 경력 사항에서 특별한 점을 발견할
수 있었다.

마케팅 인턴 경력에 숨겨진 리텐션 마케팅 경험

희연이는 모바일마케팅 대행사에서 약 5개월간 게임업체 고객사를 대상으로 마케팅
인턴 업무를 수행한 경력이 있었다. 처음 희연이는 해당 경력을 일생스토리에 '마케팅
대행사에서 마케팅 인턴 업무 수행 5개월'이라고 짧게만 작성했다.

해당 경력에 주목한 필자는 ZOOM을 통해 화상으로 집중 상담을 진행했고, 한 가
지 중요한 포인트를 찾을 수 있었다. 당시에 희연이가 수행했던 업무들을 차근차근 들
어보니 최근 급부상하고 있는 **리텐션 마케팅(Retention Marketing)**과 관련된 경험이
있었던 것이다.

리텐션 마케팅이란 쉽게 말해서 기존 관심 고객층들을 대상으로 집중적인 마케팅을
하여 매출을 끌어올리는 활동으로, 가성비가 좋고 효과적인 마케팅 활동으로 평가받
고 있다. 리텐션, 즉 잔존율을 끌어올리기 위해 희연이는 고객층에 대한 시장조사 활
동부터 시작하여 온라인 카페, SNS, 포털사이트 등을 대상으로 집중적인 BTL 마케
팅을 수행했으며 유튜브에서 다양한 콘텐츠를 기획한 경험이 있었다.

쉽게 친해지고 할 말 다하면서 상대방 기분 나쁘지 않게 만드는 성격

게다가 희연이는 정말 좋은 성격상 강점을 가지고 있었다. 이 역시 처음 써온 일생스
토리에서는 성격의 장점란에 '친화력'이라고만 작성되어 있었고 "저는 사람들과 소통을
잘합니다."와 같은 뻔한 이야기로만 적혀 있었다. 하지만 필자는 상담을 통해 희연이의
진정한 강점을 찾을 수 있었고 이를 활용할 수 있는 직무들을 생각하게 되었다.

강하지만 단기적인 추진력

희연이는 무언가에 꽂히면 집요하게 끝까지 파고들며 그 과정을 즐기는 스타일이었
지만 이에 반해 쉽게 흥미를 잃는 단점이 있었다. 필자는 이런 단점을 보완하는 방법으

로 초단기 목표를 세운 뒤 하나씩 달성할 때마다 자신 스스로에게 작은 선물을 주는 방법을 제시했고, 동시에 하나의 관심사에 꾸준히 흥미를 갖고자 노력 중이라고 어필할 것을 제안했다.

발로 뛰며 관찰하는 것을 즐기는 성격

희연이는 또한 책을 통해 간접적으로 배우기보다는 직접 본인의 오감으로 느끼면서 수용하는 것을 즐기는 성향이었다. 그래서 여행도 많이 다니고, 좋아하는 음식점들을 직접 지역별·종류별로 순위를 매겨 이를 친구들에게 자랑하고 뿌듯함을 느끼곤 한다고 했다.

위와 같은 측면에서 희연이의 성향과 역량들을 검토한 결과 필자는 성향 및 능력에 맞는 직무 우선순위를 정할 수 있었다.

1. 직무 선정하기

필자가 희연이의 성향과 능력을 종합하여 분석한 결과 1순위로는 **제조업** 또는 **벤더업 해외영업**, 2순위는 **MD**, 3순위는 **마케팅**, 4순위는 **영업관리**가 적합하다는 결론이 나왔다. 단 1~3순위는 어학 성적이 반드시 뒷받침되어야 한다는 문제점이 있었다.

해외영업은 그렇다 쳐도 마케팅이나 MD 직무의 경우 왜 어학 성적이 그렇게 중요하냐고 반문하는 사람들도 있을 수 있다. 하지만 마케팅이나 MD 역시 해외시장을 상대로 할 수 있는 기회가 상대적으로 많기 때문에 기업에서는 영어 등 외국어 성적을 중요시하는 편이다.

희연이에게 마케팅 인턴 경험이 있음에도 불구하고 필자가 마케팅 직무를 3순위로 미룬 이유는 마케팅 채용 포지션이 해외영업이나 MD에 비해 상대적으로 적은 T.O를 갖고 있기 때문이었다. 최근 마케팅 포지션은 대부분 경력직을 중심으로 채용을 하고 있으므로 오히려 전공을 살릴 수 있는 해외영업을 1순위로 추천하고, 마케팅 경험을 살림과 동시에 성향상 적합성을 고려해 최근 많은 신입을 뽑는 온라인 MD를 2순위로 추천한 것이다.

그리고 무역업의 해외영업이 아닌 제조업이나 벤더업의 해외영업을 1순위로 추천한 이유에는 마케팅 인턴 경험을 살릴 수 있다는 점과 무역업에서는 여성인력 채용 비중이 타 업종에 비해 상대적으로 낮다는 현실적인 문제도 포함되어 있었다.

직무 선정이 끝난 뒤 필자는 희연이의 취업을 위해 아래 제시된 준비를 할 것을 요구했다.

어학 성적 올리기

앞에서 언급한 바와 같이 희연이는 어학 실력을 더 올릴 필요가 있었다. 당장의 목표는 OPIc AL이었다.

통계 관련 자격증 취득하기

물론 컴퓨터활용능력 2급을 통해 엑셀의 피벗테이블과 함수 활용 능력을 어필할 수도 있지만, MD나 마케팅을 지원하는 데에 있어 통계적 역량은 중요한 스펙이라고 할 수 있다. 따라서 가장 쉽고 빠르게 취득할 수 있는 구글 애널리틱스 자격증인 GAIQ 자격증 취득과 학습을 주문했다.

'덕후' 블로그 개설 및 관리

MD 직무를 가정했을 때 희연이는 '덕후'가 될 필요가 있었다. MD는 처음 언급했다시피 한 분야에 '덕후' 기질을 갖고 있는 사람들을 원한다. 마침 희연이는 국내 및 해외 여행을 다니면서 많은 식품과 음식에 관심을 갖고 있었으므로, 필자는 이를 개인 블로그를 개설하여 카테고리별로 정리한 뒤 관리하도록 했다.

또한 필자는 인스타그램을 통해 해당 정보를 수시로 대중에게 알리고 반응을 보도록 지시했다. 다행히 희연이는 필자의 요구에서 더 나아가 직접 유튜브를 통해 브이로그 활동도 시도해 보겠다는 의지를 보여줬다.

이처럼 준비를 일정별로 세분화시켜 진행하도록 한 필자는 다른 직무에 대한 정보와 더불어 온라인 MD 직무에 대해 구체적인 교육을 시작하게 되었다.

2. E커머스 MD 직무에 대한 이해

① 주요 업무 및 세부 내용

　E커머스는 시장조사를 통해 트렌드와 고객의 니즈에 부합하는 상품 및 서비스를 개발하고, 담당 상품군·카테고리의 판매 계획 및 운영 전략을 수립하며, 필요에 따라 오프라인 전시 매장 운영 등을 통해 해당 카테고리의 지속적 수익을 창출하고 성장을 도모한다. 따라서 MD의 주요 업무는 **영업전략 수립**과 **셀러 입점 관리, 판촉 활동**이라고 할 수 있다.

- ◆ **카테고리 영업전략 수립**
  - 담당 카테고리 월별 운영 전략 수립
  - 셀러별 목표 설정
- ◆ **카테고리 내 상품구색 확대**
  - 시장 트렌드에 적합하면서 고객들의 니즈를 충족시킬 수 있는 브랜드 또는 상품 소싱
  - 단독 상품 기획
  - 카테고리 활성화를 위한 다양한 셀러 영입
- ◆ **행사 기획 및 판촉**
  - 주차별·월별 시즌에 맞는 행사 기획
  - 셀러별 주력상품 선정
  - 행사별 셀러와 협의를 통한 판촉 계획 수립
- ◆ **매출 관리**
  - 일별·월별 매출실적 모니터링을 통한 목표 달성률 점검
  - 행사별 실적 관리 등

② 하루 일과 예시

- ◆ 출근 후 전일 실적 및 신규 등록 상품 확인
- ◆ 소비자 리뷰 확인 및 필요 시 관련 부서 피드백·협업
- ◆ 주력 상품에 대한 온라인상 가격 비교 진행 및 추가 협의
- ◆ 셀러 미팅
- ◆ 행사 진행 시 온라인상 세팅 확인 및 주차별 행사 계획 수립

◆ 경쟁 온라인사이트 주력 상품 및 동종 상품 가격 조사

◆ 주요 키워드 및 데이터 분석

3. E커머스 MD 지원자의 필요 역량과 자질

◆ 고객 중심 사고

◆ 상품 전문성

◆ 협상력 및 친화력

◆ 데이터 분석 및 활용 능력

◆ 비교 분석 능력

이상과 같이 필자를 통해 E커머스 MD 직무에 대해 구체적으로 교육을 받은 희연이는 필요한 역량과 자질에 맞춰 본인의 사례를 수월하게 뽑아낼 수 있었고, 본인이 지원하고자 하는 기업에 대해서 철저히 분석하기 시작했다.

특히 경쟁사 대비 지원 기업의 차별화를 파악하기 위해 지원 기업 및 경쟁사의 웹사이트와 애플리케이션을 활용하며 모두 직접 주문해 보면서 카테고리별 상품의 구색도 확인하였고, 단독 상품 패키지 구성 등도 꼼꼼히 비교하였다. 동시에 본인이 평소 관심이 있던 식품 카테고리군에서 밀키트 제품에 대한 아이디어도 제안하였다.

이처럼 본인의 성향과 능력을 십분 발휘한 희연이는 결국 대기업 계열사 모바일 쇼핑 MD 직군에 입사하게 되었고, 지금도 일을 즐기는 담당 품목의 '덕후'로 활발하게 활동하고 있다.

02 대형마트 MD

"협력사와 함께 최적의 2D2P를 할 수 있는 멀티플레이어"

이번에는 오프라인 유통업 중 대형마트의 MD 직무를 조금 더 이해하기 쉽도록 한 가지 예시를 들어 설명해보겠다.

지금 여러분의 눈앞에 아래의 3명이 있다고 가정하자.

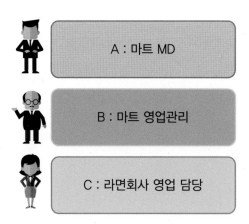

A : 마트 MD

B : 마트 영업관리

C : 라면회사 영업 담당

1) 영업 담당인 C는 가장 먼저 마트 MD인 A를 만나 신제품 입점과 관련하여 수량과 시기 등을 논의한다.

2) 이후 C는 마트 영업관리인 B와 함께 매장 내 제품 진열 위치와 기존 제품 재고 수량 처리에 대해 논의한다.

3) 또한 C와 B는 수시로 매출 확대를 위해서 프로모션 등에 대해 협의하고 실행한다.

4) A는 C와 함께 기존 제품의 재고 수량에 대한 처리를 위한 가격 조정을 실시한다.

5) A는 수시로 여러 지역의 마트를 돌아다니며 매장 내 여러 협력사들의 라면 상품에 대한 소비자 반응 및 진열 상태를 확인한다.

6) 또한 A와 B는 해당 라면 코너의 여러 협력사 제품들의 전체적인 매출 확대를 위해 자체 프로모션을 기획하고 C 외에 다른 경쟁 기업들과 매출과 재고 관리에 대해 협의한다.

이처럼 대형마트의 MD는 담당 품목의 **2D2P(Distribution, Display, Price, Promotion)**를 사내 영업관리 담당자, 그리고 협력사 영업 담당자와 협의하여 매출과 수익을 확대시키는 일을 하게 된다.

그럼 이제 대형마트 MD의 직무를 마케팅 직무와 비교해서 설명해보겠다.

1. 마트 MD 직무의 이해

① 직무 개요

MD	• 마트에 입점될 상품과 가격 결정 • 어느 매장에서 어떤 방식으로 판매할 것인지 등 상품 매입과 판매에 대한 모든 결정
마케팅	• 상권조사 및 데이터 분석을 통해 소비자 니즈와 트렌드 파악 • 각종 광고 매체와 다양한 프로모션을 통해 시장과 쌍방향 커뮤니케이션 실시 • 브랜드 전략 관리

MD	* 대형마트 MD의 경우 바이어와 AS 바이어로 구분된다. **1) 바이어** 바이어는 상품 바잉(Buying) 및 매출, 이익률 목표 달성을 위한 관리 업무를 담당한다. • 입점하는 모든 상품과 가격 결정 • 신문광고, 행사 상품 등 주요 행사에 대한 기획 및 결정 • 매장 내 구현되는 ISP 및 판매 방법에 대한 지침 관련 유관부서와의 협업 진행 **2) AS 바이어** AS 바이어는 바이어가 매입에 집중할 수 있도록 지원 업무를 담당한다. • 발주 및 재고 관리 • 전국 매장의 상품 요청 사항 관리 • 신규 오픈 또는 리뉴얼 매장의 레이아웃 및 진열 작업 지원 등
마케팅	• **영업기획** : 각종 영업 데이터를 분석하여 마케팅에 활용 • **프로모션** : ATL/BTL 등 통합 마케팅(광고, 판촉) • PB에 대한 브랜드 전략 • 고객 분석

2. 대형마트 MD 지원자의 필요 역량과 자질

◆ 데이터 분석력

◆ 창의력

◆ 협력사 관리 및 설득 능력

◆ 상품에 대한 이해력

◆ 멀티플레이어

◆ 우수 PB 상품 기획 능력

03 의류업 MD

> "기획부터 판매실적까지 담당하는 의류회사의 꽃"

지금까지 온라인, 오프라인 유통업 MD에 대해 알아봤으니 이번에는 제조업 MD 중 가장 역할이 도드라진 의류업 MD 직무에 대해 알아보고자 한다.

의류업체에서의 MD는 기업 내에서도 가장 핵심이 되는 중요한 직무로, 상품기획을 전문적으로 하면서 세부적으로는 '기획 MD', '생산 MD', '영업 MD', '바잉 MD' 등으로 나뉘어 있다.

먼저 의류업체의 전체적인 업무 프로세스를 한눈에 보기 쉽게 정리하자면 아래와 같다. MD는 '**제품 기획부터 판매 프로세스까지 모든 영역에 직ㆍ간접적으로 관여**'하며 업무를 수행하게 된다.

☑ 전체적인 시즌 콘셉트를 통한 전략서 작성 **(기획)**

☑ 상품 MAP 기획(월/아이템/가격/수량 등) **(기획)**

☑ 상품 디자인**(디자이너)**

☑ 상품 생산 **(생산처/생산국/생산 방법/원가 컨트롤)**

☑ 상품 입고 및 매장별 배분

☑ 마케팅 & VMD를 통한 상품 특성

☑ 세일즈 분석 **(매장 & 온라인)**

1. 의류업 MD 직무에 대한 이해

① 주요 업무 및 세부 내용

◆ **기획 업무(의류 기획 MD)**

- 시즌 콘셉트를 설정하고 '언제, 누구에게, 무엇을, 어떻게, 얼마나' 판매할 것인가를 총괄하는 핵심 업무

- 카테고리/판매월/아이템/성별에 적합한 전체 상품 구성 기획

◆ **상품개발 업무**

- 트렌드를 예측하고 이에 적합한 상품을 경쟁사와 차별화된 기능으로 어필할 수 있도록 지속적 개발

- 전략상품 · 판매상품을 구분하여 '무엇을 보여줄 것인가'와 '얼마만큼 판매할 상품인가'를 구분하여 기획

◆ **발주 업무**

- '상품을 얼마만큼 만들어 얼마만큼 팔 것인가' → 과거/현재/미래의 정성 · 정략적 데이터를 기반으로 상품 발주

- MD의 가장 중요한 능력인 '상품을 구별하는 안목과 트렌드 예측'을 통한 상품 발주

◆ **생산 업무**

- 원하는 소재를, 원하는 가격에, 필요한 공장에서, 가장 합리적인 가격으로, 안정적으로 생산될 수 있도록 컨트롤

- • 상품을 생산하면서 발생하는 다양한 문제점을 효과적으로 빠르게 처리하는 업무
- ◆ **사업계획** : 필요한 비용을 사전 예측하고, 어느 정도의 매출을 만들지 예측하는 업무
- ◆ **판매촉진** : 마케팅/VMD와 협업을 통해 기획 MD가 기획한 상품의 의도가 소비자에게 전달
  될 수 있도록 커뮤니케이션

② 하루 일과 예시

의류업 MD는 영업, 개발, 디자인, 생산, 원단 업체, 인플루언서 등 많은 부서와 업체, 개인 미팅이 지속적으로 진행되는 업무이다.

- ◆ 출근 후 전일 미결 업무 처리
- ◆ 신규 입고 상품 체크 및 매출 현황 파악
- ◆ 일 · 주 · 월별 업무 계획 대비 실적 점검
- ◆ **소재 업체 미팅** : 신규 소재 상담, 필요 소재 신청, 개발 요청 등
- ◆ 유관부서 미팅(디자인, 마케팅, VMD, 영업 MD 등)
- ◆ 상품 설명 자료 작성
- ◆ 발주 업무 등

2. 의류업 MD 지원자의 필요 역량과 자질

- ◆ 수많은 유관부서와의 협업 능력
- ◆ 트렌드를 리딩(Reading)하고 리딩(Leading) 할 수 있는 능력
- ◆ 상황 대처 능력
- ◆ 데이터 분석 및 활용 능력
- ◆ 모니터링을 통한 비교 분석 능력
- ◆ 체력관리

04 MD 우수 자기소개서 사례

소비자의 원츠(Wants)에 적합한 상품을 파악하고 기획 단계부터 참여해 성공적으로 판매량을 올리는 트렌드 리더로서의 MD가 되고 싶습니다.

[비대면 시장을 제대로 이끌 수 있는 인프라를 갖춘 곳에서 MZ세대를 잡아보고자]
E커머스 시장에서 가장 중요한 것은 고객이 원하는 제품을 저렴한 가격에 판매하는 것입니다. ○○○은 비대면 채널의 다양성을 보유하고 있으며, 다양한 제품을 확보하고 있습니다. 또한 그룹 내 고객 빅데이터 활용이 가능하며, 온라인 전용 물류센터를 통해 신속한 배송이 가능합니다.

저는 이러한 ○○○만의 장점을 활용하여 MZ세대를 겨냥한 차별화된 라인업을 기획, 런칭해 수익을 내고 싶습니다. 장기적으로 다양한 분야의 경험을 쌓아 차별화된 안목을 길러 트렌드를 리딩할 수 있는 MD가 되어 ○○○의 가치를 소비자들에게 제대로 전달해 보고자 합니다.

[E커머스 시장조사 – O4O의 확대 가능성]
저는 E커머스 시장에 대하여 조사하면서 O4O를 알게 되었고 ○○○이 타 경쟁사들 대비 가장 효율적으로 O4O를 확대·활용할 수 있다는 생각을 갖게 되었습니다. 동시에 그룹 내 다양한 오프라인 유통과의 연계 및 전용 물류인프라를 통해 비록 후발주자이지만 ○○○의 차별화된 O4O를 생각하게 되었습니다.

[구글 애널리틱스 자격증 취득]

E커머스에서 가장 중요한 것은 단골 고객의 확보, 즉 '구매전환율'을 높이는 것입니다. 전환율을 높이기 위해서는 고객의 유입과 이탈 경로를 파악해야 합니다. 또한 유입된 고객층의 연령대와 성별을 조사해서 어느 시점에서 이탈하는지 분석해야 합니다. 저는 구글 애널리틱스 자격증 취득을 통해 웹사이트 유저의 행동 패턴을 분석할 수 있게 되었습니다. 또한 마케팅 인턴 활동을 통해 앱스플라이어(AppsFlyer)를 활용하여 직접 앱의 전환율 및 유지율을 분석하여 보고서를 작성한 경험이 있습니다. 이처럼 자격증 공부와 실무 경험을 통해 키워온 분석력으로 빠르게 성과를 내도록 하겠습니다.

2. 지원한 직군에서 구체적으로 하고 싶은 일과 본인이 그 일을 남들보다 잘할 수 있는 차별화된 능력과 관련된 경험을 기술하시오.

저는 교감 능력과 마케팅 실무 경험으로 차별화된 먹거리 라인업을 구축해서 귀사의 매출에 기여하고 싶습니다.

[1인용 가공식품 라인업 구축]

최근 혼밥족을 위한 밀키트와 같은 간편식이 늘어나는 추세입니다. 저는 노포 식당부터 고급 식당까지 이곳저곳을 다녀보며 '내가 좋아하는 음식을 다른 사람들이 좋아할까?'라는 생각을 자주 했습니다. 또한 SNS를 통해 친구들에게 제가 먹었던 음식에 대해 소개하곤 했습니다. 제가 입사 후 모바일 MD가 된다면 음식점에서 파는 제품을 1인용 가공식품으로 만들고 소비자에게 합리적인 가격으로 판매하여 만족감을 주고 싶습니다.

MZ세대는 영상을 통해 정보를 얻는 것을 선호합니다. 제가 런칭한 제품을 모바일 TV를 통해 직접 요리하고 맛보며 MZ세대의 공감을 이끌어 내고자 합니다.

[소통을 넘어서 교감을 할 수 있는 능력]

제 강점은 처음 보는 사람과도 빠르게 친해질 수 있다는 것입니다. 또한 다양한 뉴스 채널을 많이 보기 때문에 상대에 따라 어떤 주제가 나와도 부드럽게 대화를 이어나갈 수 있습니다. 중국 회사에서 인턴을 경험했던 당시 저는 사내에서 유일한 한국인이었지만 빠르게 조직과 사람들에 적응할 수 있었습니다.

또한 저는 인적 네트워크를 통해 주변 사람들에게 적시에 도움을 받을 수 있습니다. 저의 이러한 친화력을 통해 셀러들과 공감대를 형성하여 장기적으로 유대감을 쌓고 좋은 관계를 유지하여 회사와 셀러들 모두 Win-Win 할 수 있도록 노력하겠습니다.

[마케팅 기획부터 사후 모니터링까지 경험]

저는 모바일 게임업체 인턴 활동 당시 마케팅 기획부터 사후 모니터링까지 직접 수행해 본 경험이 있습니다. 당시 저는 회사에서 게임 출시 전 한국인의 선호도를 고려한 배너부터 게임 내 의상 디자인까지 직접 결정하게 되었고, 사전 예약 개시 후 유저 유입률을 엑셀 함수를 이용해 수치화하여 보고서를 작성했습니다.

게임 런칭 후에는 구글 및 네이버 공식카페 등을 통해 유저들의 반응을 모니터링했으며, 앱의 리텐션(Retention : 잔존율)을 조사해 마케팅의 성공 여부를 확인했습니다. 이러한 경험을 통해 저는 모든 것을 다해야 하는 MD 업무에도 빠르게 적응할 자신이 있습니다.

3. 학업 외 가장 열정적이고 도전적으로 몰입하여 성과를 창출했거나 목표를 달성한 경험을 기술하시오.

저는 작년 9월 중국의 모바일 게임 마케팅 인턴을 통해 게임의 리텐션을 높이고 ○○○와의 계약 체결을 성사시킨 경험이 있습니다.

[진정한 Integrated Marketing Communication]
당시 저희 팀은 ○○○의 ○○○○○ 모바일의 리텐션을 높이기 위해서 바이럴 마케팅을 기획했습니다. 경쟁사 공식 카페에 글 업로드, 유튜브 공식 계정 댓글 달기, 네이버 지식인 포스팅 등 여러 가지 마케팅 방법을 기획했습니다. 또한 유명 인플루언서를 활용하여 유튜브 영상을 제작했습니다.

BJ가 직접 게임을 플레이하는 영상, 굿즈 등을 착용해보는 영상 등 여러 콘텐츠를 기획했습니다. 바이럴 마케팅과 관련된 글을 한중 번역하여 보고서로 작성하여 한 달 동안 데일리 리포트를 고객사에 전달했습니다.

이러한 다양한 마케팅 전략을 통해 한 달 동안 구글플레이 스토어에서 Top 10 순위를 기록하였고, 유저들의 긍정적 반응을 이끌어내 게임의 리텐션을 높였습니다.

[흩어져 있는 자료들을 수집해서 정보로 만들다]
또한 제게는 팀원들과 협업을 통해 ○○○와 계약을 성사시키고 성공적인 런칭을 한 경험이 있습니다.

저희 팀은 ○○○와의 계약을 성사시키기 위하여 마케팅 계획서를 준비하였습니다. 제가 맡은 업무는 한국어와 관련된 업무였습니다. 저는 당시 한국에서 인기 있는 10개의 모바일 MMORPG 및 FPS 게임의 다운로드 횟수, 공식 카페 커뮤니티 회원 수, 구글 평점, 게임 퍼블리셔, 주 타깃층 및 인게임 특징을 조사하였습니다. 또한 저는 흩어져 있는 여러 자료들을 수집해서 중국어로 번역 후 엑셀 보고서로 정리하여 팀장님께 전달하였습니다.

당시에는 한번에 여러 업무를 동시에 맡을 때도 많았지만 평소에도 여러 가지 일을 동시에 처리하는 것에 익숙했기에 잘 해낼 수 있었습니다. 저의 이러한 노력은 ○○○와의 계약이 성공적으로 성사되는 것에 보탬이 되었다고 생각합니다.

06

경영지원

구글도 모르는 직무분석집

📇 경영지원 직군 소개

경영지원이란?

기업의 전 영역을 지원하여
안정되게 영속될 수 있도록 하는 스태프

경영지원 직군 내 주요 직무

조직 구분	인사	재무	경영전략	기타
주요 직무	인사관리	재무회계	전략기획	기업홍보
	인적자원개발	관리회계	사업운영	경영혁신
	노무	세무회계	경영관리	정보전략
	총무	자금	—	법무
	—	IR		—

　경영지원 직군의 경우 많은 인문상경계 취업준비생들이 막연하게 생각하고 있는 직군 중 하나라고 할 수 있다. 그래서인지 해당 직군에 어떤 직무들이 있는지 제대로 알고 지원을 하려는 취업준비생들이 생각보다 많지 않다.

　경영지원 직군은 기업의 스태프 조직으로 **'기업의 개발·생산·판매 활동에서 지속적으로 수익을 창출하여 기업이 중장기적으로 안정되게 영속될 수 있도록 지원하는 역할'**을 하며 크게 **'인사'**, **'재무'**, **'경영전략'**, 이외에 기업홍보나 경영혁신, 정보전략 등 **'기타'** 지원 업무를 하는 조직들로 구성된다.

　경영지원 직군에서는 어떤 직무라 할지라도 그 기업의 전체적인 그림을 볼 수 있는 마인드와 기업의 운영 방침, 중장기 전략 등에 대해 관심을 요구한다. 또한 그 기업이 속한 업종 및 관련 업종, 그리고 사회와의 연관 관계에도 관심이 있어야 한다.

　경영지원 직군은 영업, 마케팅이나 개발, 생산 등 현업 부서 대비 채용 규모가 현격히 적으며 신입 채용 규모는 더더욱 적은 편이다.

　따라서 이번에는 경영지원 직군 내에서 상대적으로 신입 채용 규모가 큰 몇몇 직무를 중심으로 살펴보고자 한다.

01 인사관리(HRM)

"효율적인 인적 자원 구성 및 운영으로 회사의 수익 극대화에 기여하자"

이번에는 자동차 업계 인사팀에 합격한 은경이의 사례를 통해 인사 직무 취업을 어떻게 준비하는 것이 좋을지 한번 알아보도록 하자.

영어영문학을 전공하면서 동시에 복수전공으로 경영학을 전공한 은경이는 로스쿨에 도전하여 실패한 경험 때문에 다른 또래 지원자들보다 나이가 1~2살 더 많은 여학생이었다.

은경이는 그동안 준비했던 로스쿨 경험을 살려 법무 분야 취업을 고민했으나 비전공자가 들어가기에는 그 벽이 너무 높았다고 한다. 2순위로는 토익 950점대, 토익스피킹 AL 등 뛰어난 어학 실력을 바탕으로 해외영업을 생각했고, 광고 동아리 활동 및 홍보마케팅 경험을 기반으로 마케팅도 염두에 두고 있었다. 하지만 해외영업 및 마케팅 직무를 지원했으나 서류전형 또는 면접전형에서 번번이 탈락한 뒤 필자를 찾아왔다고 했다.

필자가 얼핏 보기에도 은경이는 **스펙이 높은 편**이었다. 상위권 대학을 졸업했고 학점은 4점대, 영어실력은 우수하며 로스쿨 준비 덕분에 법률에 대한 지식이 풍부했다. 또한 광고 동아리 활동과 경영학회에서의 홍보마케팅 경험, 공기업 서포터즈 활동 경험 등 다양하고 풍부한 활동들을 해왔다.

그럼에도 불구하고 필자를 찾아오기 전까지 은경이가 지원한 기업들의 결과를 보면, 주요 대기업들의 해외영업과 마케팅, MD 관련 직무로 10여 곳에서 서류전형 탈락을 했고, 4곳에서 인적성전형 탈락, 그리고 마지막 3곳에서 면접전형 탈락을 경험했다.

이처럼 **스펙이 좋고 활동도 많은 은경이는 왜 서류전형에서부터 그렇게 많이 탈락을 하게 되었을까?** 우선 필자는 은경이가 기존에 작성해 놓은 자기소개서를 점검해 보았고 우려했던 문제점을 찾아낼 수 있었다.

은경이의 자기소개서에는 **직무에 대한 이해도가 전혀 느껴지지 않았고**, 본인의 강점을 대부분 도전, 열정, 소통과 같이 뻔뻔한 키워드로만 장식하고 있었다. 소제목으로 넣은 문장들은 하나같이 은유적이었고, 자기소개서 항목별 질문에 대한 대답 또한 의도에서 벗어난 채 동문서답하고 있었다.

강점으로 어필할 수 있는 경험이 많음에도 불구하고 입사지원서 내 경력 사항 등을 작성하면서 사무보조, 홍보마케팅, 상담 등으로 단순하게 써낸 것 또한 문제였다.

무엇보다 은경이는 지원 직무와 연관된 핵심 자격증, 즉 **'컴퓨터활용능력 자격증'**을 갖고 있지 않았다. 꽤나 많은 이들이 간과하는 부분이지만 어느 기업에서 어떤 업무를 하더라도 엑셀 활용 능력은 거의 필수라고 할 수 있다. 수치를 데이터화하여 트렌드를 읽어내는 업무는 거의 모든 직종에서 동일하게 이루어진다.

제 아무리 복수전공으로 경영학을 전공했다 해도 은경이의 주전공은 영어영문학이다. 따라서 상경을 주전공으로 졸업한 다른 경쟁자와 비교했을 때 자신만이 지닌 강점들을 더 살려야 했는데, 앞서 말한 바와 같이 강점들이 충분했음에도 불구하고 이를 나열하기만 했을 뿐, 전반적인 정리가 부족한 상황이었다.

1. 직무 선정하기

어학 실력을 기반으로 해외영업과 홍보마케팅 2회의 경험을 통해 막연히 선택한 마케팅과 MD, 이것이 은경이의 희망 직무였다.

이 두 직무를 희망한 특별한 이유는 없었다. '그저 남들에 비해 영어를 잘하고 홍보마케팅 활동 경험도 있으니까'였다. 정말 그쪽 분야가 잘 맞는다고 생각하냐는 필자의 질문에 은경이는 "저도 잘 모르겠어요. 지원할 수 있는 직무가 그 외에 무엇이 있는지도 모르겠고…"라고 답할 뿐이었다.

필자가 이런 질문을 한 이유는 과연 은경이가 경쟁이 치열하고 매출 목표 달성에 대한 스트레스를 이겨낼 수 있는 성향인지를 파악하기 위해서였다. 하지만 안타깝게도 지속적인 1:1 컨설팅을 통해 분석한 은경이의 성향은 마케팅이나 MD 직무와 적합하다고 볼 수 없었다. 이에 필자는 오히려 공기업 행정사무직이 더 어울릴 것이라며 권유해 보았지만 은경이는 본인 스스로 NCS 시험까지 추가로 준비해야 한다는 사실에 큰 부담을 느끼고 있었다.

이렇듯 은경이의 일생스토리를 꼼꼼히 검토해 보면서 필자는 평소에 다른 수강생들에게는 잘 추천하지 않는 **인사 직무**를 추천하고 싶다는 마음이 생겼다.

은경이의 경우 다양한 경험 중 국회의원 보좌관 인턴 경험과 언론사 교육 계열사 인턴 시 해외인력 채용 관련 경험, 로스쿨 준비 당시 법에 대한 공부 경험 등이 있었기 때문에 주요 경영진을 보좌하는 최측근 스태프 조직인 인사 직무가 어울릴 것이란 판단에서였다. 물론 해당 직무의 경우 앞서 말한 바와 같이 신입 채용 인원이 적기 때문에 해외영업과 마케팅 관련 직무 교육도 병행하면서 관련 채용 공고에 지원하게 했다.

자, 그럼 인사관리 직무에 대해서 구체적으로 알아보도록 하자.

인사관리 직무 이해 TIP

'인사관리 직무는 누구나 할 수 있지만, 아무나 할 수는 없다.'

무슨 뜻일까? 일반적인 직무 스킬은 누구나 배워서 할 수 있다. 하지만 임직원의 감성을 이해하고, 보다 좋은 조직 문화를 형성하여 모두의 만족도를 높이는 것은 지식을 습득한다고 해서 가능한 문제가 아니다.

인사 직무를 제대로 수행하기 위해서는, 기본적으로 사람을 좋아하고, 사람에 대한 고민이 많아야 한다. 따라서 인사 담당자로서 내부 고객인 임직원들을 항상 생각할 준비가 되어 있는지 돌이켜 보도록 하자.

---

2. 인사관리 업무 세부 내용

- ◆ **인력운영** : 적정 인건비·인력 규모 산출, 부서별·직급별 인력 효율화, 인적 데이터 관리
- ◆ **채용** : 신규 인력 충원 계획 구체화, 적재적소 배치
- ◆ **주요 프로세스** : 채용 제도 개선 → 진행 → 평가 결과 정리 → 고용 계약 → 데이터 관리
- ◆ **평가 및 보상** : 성과주의를 근간으로 객관적, 공정한 평가(직급별, 개인별), 성과 등급제를 운영하여 각 등급에 적합한 보상 및 승진 진행
- ◆ **급여 및 복리후생** : 기본급, 성과급, 능력급 등 급여 세부 항목별 기준안 마련, 동종업계 복리후생 수준 참고, 합리적인 복지 운영
- ◆ **조직관리** : 최적의 인적자원으로 최대 이윤을 창출할 수 있도록 매트릭스 조직 설계
- ◆ **제도기획** : 근로기준법을 근간으로 회사의 특성에 적합한 취업규칙 제정

아직 이해가 어려운 분들을 위해 인사관리 업무를 보다 이해하기 쉽도록 하나씩 설명해보겠다.

인력운영

모든 기업들은 매년 하반기에 차년도 경영계획을 수립한다. 인력운영에서는 차년도 경영을 위해 매출과 수익을 올리기 위한 필요 인력을 부서별·직급별로 산출하게 된다. 물론 이때 인건비도 감안하여 최적의 인력 규모를 계산하게 된다.

채용

산출 결과, 신규로 채용해야 할 인력 규모가 결정된다. 이러한 결과에 따라 채용 담당자는 채용 규모를 구체화하여 실행한다.

평가 및 보상

인사관리 담당자는 기존 인력과 신규 인력 모두 공정한 잣대에 맞춰 각 부서장들이 부서원들을 평가한 결과를 토대로 전사 인원의 직급별로 상대평가하여 최종 산정한다. 이를 통해 성과가 좋은 구성원들에게는 더 높은 보상을 주게 된다.

급여 및 복리후생

급여 담당은 단순히 급여만 지급하는 활동만을 하지 않는다. 급여 담당은 통상임금 등에 대한 이슈를 고려하여 경영진, 근로자 모두에게 설득이 가능한 급여 테이블을 구성하고 적용시킨다.

조직관리

조직관리 담당자는 인력운영 담당자와 함께 전사적 측면에서 가장 시너지를 낼 수 있는 효율적인 조직도를 그려가며 인력 재배치를 함께 진행한다.

제도기획

인사관리 담당자는 제도기획에서 탄력근무제 등 변화되는 시대의 흐름에 따라 업무 특성에 맞는 기업의 조직 문화를 고려하여 그 기업의 규칙을 만들어나간다.

3. 인사관리 지원자의 필요 역량과 자질 및 핵심 키워드

① 필요 역량과 자질

- ◆ 기업에 대한 충성도(로열티) 및 업종에 대한 이해
- ◆ 철두철미한 보안의식 및 경청의 마인드
- ◆ 각 부서의 분위기에 녹아들 수 있는 융화력
- ◆ 엑셀, 피벗테이블, 함수 등 데이터 가공 및 활용 능력
- ◆ 사람을 존중하고 아낄 수 있는 따뜻한 인간미
- ◆ 업무 가능 수준의 어학 능력(글로벌 사업장 보유 시)

그렇다면 인사관리 지원자들이 자기소개나 면접에서 활용하면 좋을 키워드들로는 무엇이 있을까?

진중함	**경청**	**타인의 내면을 이해하는 능력**	**로열티**	**융화력**
공정성	**적재적소**	**수용력**	**엑셀 데이터 활용 능력**	**수치에 강함**
근로기준법	**취업규칙**	**인사 관련 시사 이슈**	**타임오프제**	
임금피크제	**통상임금**	**주요 통계 사이트 활용 경험 및 능력**		

다음은 인사관리 직무를 희망하는 취업준비생들이 사전에 준비해야 할 항목들이다. 반드시 아래의 사항들을 참고하여 언제라도 대답이 가능하도록 준비하기 바란다.

4. 인사관리 직무에 지원하기 위한 사전 준비 항목

◆ 지원 기업의 주요 경영진 및 임직원 현황 검색

◆ 지원 기업의 인재상이 왜 요구되는지에 대한 구체적인 이유 검색

◆ 직급과 직책의 차이에 대한 이해

◆ 최근 인사, 노사 관련한 이슈 및 언론 기사 탐독 및 해당 이슈에 대한 팩트와 본인 의견 정립

◆ 입이 무거운 진중한 사람이라는 것을 어필할 사례 준비

◆ 경청을 통해 상대의 고민과 내면을 이해해 본 사례 준비

◆ 인사관리, 조직관리 및 채용 관련 혁신 사례 기사 및 서적 탐독(네이버의 '인사쟁이 카페' 등 참조)

◆ 피벗테이블, 함수 등 인사 데이터 관리를 위한 엑셀 활용 능력 배양

◆ 향후 포부 설명을 위한 PHR❶ 등 관련 정보 수집

자, 그럼 필자가 은경이와 함께 준비한 ○○자동차 인사관리 직무 지원 관련 2W1H 키워드와 내용을 살펴보자.

---

❶ PHR(Professional in Human Resources) : 미국 SHRM에서 주관하는 국제 HR 자격증으로 최소 2년 이상 인사 업무 경력자만 자격 취득이 가능하다.

5. 은경이의 인사관리 2W1H

What (직무상 강점)	**1) 인사 채용 경험** • ○○언론사 인턴 당시 행사를 위한 인력 채용 경험 有 • 채점 방식에 있어 엑셀을 활용하여 데이터화하는 방식을 도입한 경험 有 **2) 인재의 적재적소 배치와 매칭 경험** • 패션과 학생들의 능력을 정확하게 읽고 멘토와 매칭함 • 우수한 인재를 최적의 업무에 배치하고 지원하는 것의 중요성을 경험함 **3) 글로컬라이제이션(Glocalization : 세방화)** 글로벌사업부 인턴 경험을 통한 현지 관계자와의 커뮤니케이션 경험 有
Why (지원동기)	**1) 지속적인 성장이 기대되는 곳** • 경영학을 복수전공하며 다양한 기업의 성공 요소에 대해 분석함 • ○○자동차는 연구개발에 지속적 투자를 하고 있어 앞으로 각 분야별 인재 확보 필요하다고 판단함 **2) 더 많은 고객에게 최고의 가치를 전달할 수 있는 회사** • 자동차 산업의 특성상 유관 산업이 많기 때문에 사회에 큰 영향력을 끼침 • ○○자동차는 글로벌 사업장 확대 추세로 기존 해외 인력 관리 및 신규 해외 우수인재 확보에 대한 니즈가 많음 **3) 함께 성장하는 방법을 고민하는 회사** ○○자동차가 동반 성장에 큰 가치를 두고 있다는 사실을 해피무브 이집트 봉사활동이라는 특별한 경험을 통해 깨달음
How to (입사 후 구체적 포부)	**1) 구성원들이 납득할 만한 공정하고 객관적인 평가 시스템 구축** What에 언급한 채용, 관리, 배치 경험과 노사관계론, 조직행동, 인사관리 등의 전공수업을 결합 **2) 조직원들에게 신뢰를 얻는 인사 담당자** 친화력을 바탕으로 전혀 다른 분야의 사람들을 만나 교감하고 함께 일하면서 쌓은 '사람'에 대한 관심과 애정을 발휘 **3) 해외인력 인사관리를 통해 ○○자동차의 글로벌 시장 경쟁력 강화에 기여**

　은경이는 다음과 같은 키워드를 중심으로 자기소개서와 면접을 준비하였고 지난번의 탈락이 무색할 정도로 쉽사리 최종 합격자 명단에 이름을 올리게 되었다. 이후 은경이는 급여 담당자를 거쳐 현재는 신입 채용 담당자로서 맡은 바 업무를 즐겁게 수행하고 있다.

02 인적자원개발(HRD)

"적합한 교육 프로그램으로 조직과 개인을 육성하자!"

의외로 HRD 업무를 잘못 이해하여 옳지 않은 정보를 퍼뜨리거나 이에 휘둘리는 사람들이 적지 않다.

필자가 취업 현장에 방문해 보면 자신은 ○○교육학을 전공했으니 인사팀 내 교육 업무가 적합하지 않냐고 질문하는 이들이 더러 있다. 하지만 HRD 부서는 직접 교육을 진행하지 않는다. **교육을 기획하고 설계하며 운영하는 것**, 그리고 **그로 인한 성과를 분석하는 것**이 HRD의 주요 업무이다. 'Human Resource Development'라는 단어 그대로 '**인적 자원을 개발하는 역할을 하는 것**'이다.

따라서 기업에서는 HRD 직무의 경우 교육공학 또는 심리학 전공자를 선호하며, 신입 채용에서도 학사 출신보다는 석사 출신을 선호하는 경우가 대다수이다.

1. 인적자원개발 업무의 이해

① 주요 업무 세부 내용

◆ 사업 니즈, 구성원 니즈 및 HRD 트렌드 분석을 통해 교육 과정을 개발하여 구성원들의 사업 & 목표달성이 가능케 하기 위한 역량 확보가 주요 목표

◆ 교육 구분

  • 개인 역량 강화 교육 : 지역전문가 제도 운영, 어학 및 OA 지원

  • 조직 역량 강화 교육 : 직무 심화 교육, 직급 및 직책별 교육

  • 조직 융화력 강화 교육 : 신규 인력 OJT, 성희롱 방지 교육, GWP❷ 기획 등

◆ 앞선 세 가지 영역에 대한 교육 프로그램 발굴 및 기획

◆ 외부 강사 또는 사내 강사 섭외, 프로그램 진행

◆ 교육 운영 후 정확한 성과분석을 통해 교육 효과 증대 및 개선 사항 도출

◆ 온 · 오프라인 교육의 효율성을 위한 IT 업체, 외부 교육기관과의 연계

② 하루 일과 예시

◆ 담당하고 있는 교육 과정에 맞는 사전 준비사항 점검

◆ 교육 과정 운영을 위한 교육 과정 환경, 강사, 교육 훈련 보조 재료 및 학습자 관리

◆ 비지니스 이슈와 전략 방향을 기초로 최적의 교육 과정 개발

◆ 교육 목표 분석 및 경영자와 학습자의 니즈 분석, 교육 내용을 효과적으로 전달하기 위한 강사/교육 프로그램 섭외

◆ 연간 교육 계획 수립 및 구체적인 교육 과정 설계

◆ 과거 교육 성과분석을 통한 지속적인 교육 개발 업무 수행

2. 인적자원개발 지원자의 필요 역량과 자질 및 핵심 키워드

① 필요 역량과 자질

◆ 교육공학, 심리학 등 전공자 우대

◆ 문제의식과 이를 해결할 수 있는 기획력

◆ 교육 과정 후 정확한 성과지표를 산출할 수 있는 분석력

◆ 해외 선진 교육 프로그램 벤치마킹, 도입을 위한 어학 실력

◆ 적극적으로 현안 및 문제점을 발굴하는 능력

---

❷ GWP(Great Work Place) 활동 : 일하기 최적화된 좋은 기업 문화를 만들기 위한 활동

문제의식	니즈 파악	동기부여	지표 관리	벤치마킹
GWP	성과분석	교육설계		

그렇다면 취업준비생의 입장에서 인적자원개발(HRD) 업무에 지원하기 위해서는 과연 어떠한 준비가 필요할까?

3. 인적자원개발(HRD) 직무에 지원하기 위한 사전 준비 항목

◆ 심리학 또는 교육공학 전공(복수전공, 부전공 포함)

◆ HRD 컨설팅 업체 아르바이트, 인턴 경험

◆ HRD 관련 전문 서적 탐독

◆ 실제 HRD 성공 사례 기사 스크랩 습관화

03 재경

"매출 · 매입 관리로 기업 재무의 효율화와
투명한 건전성 유지를 동시에!"

기업의 설립 목적은 무엇일까? 바로 '이윤 창출을 바탕으로 영속적으로 운영하는 것'이다. 그렇다면 기업은 어떤 프로세스로 이윤을 창출할까? 제조업을 예로 든다면 '개발–생산–판매'와 같은 일련의 활동을 통해 이윤을 창출하는데, 기업이 이윤을 내기 위한 과정에서 매출과 매입이 발생한다. 이러한 프로세스를 효율적으로 관리해야만 투명하고 건전한 재무구조를 갖출 수 있고, 나아가 사업 경쟁력을 강화시킬 수 있다. 바로 이런 **'매출과 매입을 관리하는 직무'**가 **재경**이라고 볼 수 있다.

재경 직군의 경우 기업의 규모와는 별개로 아래와 같은 세부 직무들로 구성된다.

구분	주요 업무
재무회계	외부 회계 보고, 회사의 합리적 경영 의사결정을 지원하기 위한 회계감사 및 결산 등 중요 경영정보 제공
관리회계	내부 경영자의 의사결정을 위한 원가정보 분석 및 경영환경 변화 분석 등 경영정보 생산 및 제공
세무	합리적인 세무회계 관리를 통한 회사 내 세무 비용 감소 및 대내외 투명성 제고
자금	합리적인 자금조달과 관리를 통한 회사 유동성 확보 및 금융비용 절감
IR	회사와 투자자 간 공식적 의사소통 창구로서 주주 및 기업가치 증대에 기여

이제부터 개념 이해를 위해 먼저 다섯 가지 재경 세부 직무들의 개요를 구체적으로 알아보고 앞선 다섯 가지 세부 직무들 중 신입 채용 니즈가 가장 많은 직무인 재무회계(경리)와 관리회계를 비교한 뒤, 실제 인문상경계 취업스터디 수강생 중 재경 직군에 합격한 수강생의 사례를 통해 공통적으로 어떤 역량과 자질들이 필요한지, 또 무엇을 준비해야 할지 알아보도록 하겠다.

1. 재무회계(경리)

① 직무 개요

- **외부 회계 보고** : 외부 정보 이용자(투자자 등)의 경제적 의사결정에 유용한 정보 제공
- 출납 업무를 기본으로 결산 업무를 통해 재무제표를 작성, 기업의 재무 흐름에 대해 내·외부 이용자들에게 다양한 정보 제공
- 자료의 객관성 및 신뢰성이 가장 중요

② 주요 업무

- 회계 감사 대응
- 재무제표 작성(재무상태표, 손익계산서, 현금흐름표 등)
- 결산 업무 수행
- 회계시스템 운영
- 채권 및 채무관리(채권회전율 관리)
- 매출 이월 집계

2. 관리회계

① 직무 개요

- **내부 경영진 보고** : 내부 정보이용자(경영진)의 관리적 의사결정에 유용한 정보 제공
- 원가 정보 및 기업 경영지표(수익성, 성장성, 안정성 등) 관련 업무
- 경영진의 경영계획 수립 및 사업의 주요한 의사결정 시 기준이 되는 정보 제공
- 정보의 적시성 및 목적별 적합성 중요

◆ 표준 원가 수립 및 배포

◆ 원가 분석

◆ 부서별 성과 평가

◆ 경영실적 보고 및 공유

◆ 경영분석(경쟁사 자료 분석 등)

◆ 단기 경영계획 수립

3. 세무

① 직무 개요

◆ 기업의 사업활동에 의해 발생된 제세 납부 관련 업무

◆ 세무 비용의 감소와 대내외 투명성 제고

② 주요 업무

◆ 연간 법인세 관리

◆ 월별 부가가치세 관리

◆ 근로소득세 관리

◆ 지방세 관리

◆ 국제 조세 관리

◆ 세무 이슈 사항 검토

4. 자금

① 직무 개요

◆ 합리적인 자금 조달 및 관리를 통한 회사 유동성 확보

◆ 금융비용 절감에 기여

- ◆ 자금 계획 수립
- ◆ 원화금융(차입금 관리, 원화 조달)
- ◆ 외화금융(외환딜러, 외화 수급 관리, 외화 자금 조달, 환 리스크 관리)
- ◆ 신용평가 관리
- ◆ 경리 업무(당좌 관리, 미지급 관리, 출납 등)
- ◆ 여유자금 운용

5. IR(Investor Relations)

① 직무 개요

- ◆ 회사와 투자자 간 공식 의사소통 창구로서 주주 및 기업가치 증대에 기여
- ◆ 내부적으로는 투자자의 요구, 관심사항을 경영진에게 전달
- ◆ 외부적으로는 투자자에게 적정 정보를 제공하여 기업가치와 이미지 및 기업의 신뢰도 증대

② 주요 업무

- ◆ **IR 활동** : 회사 현황 자료 작성 및 배포, 투자자 정보분석, 주가분석
- ◆ 실적 발표, 경영설명회 개최
- ◆ 연차보고서(Annual Report) 발간
- ◆ 금융감독원 및 증권거래소 공시
- ◆ 정기보고서(사업, 분기, 반기) 작성

이상으로 재경 직군의 다섯 가지 세부 직무에 대해 알아보았다. 다음은 신입 채용 니즈가 가장 많은 두 가지 직무인 '재무회계'와 '관리회계'의 특징이다.

구분	재무회계	관리회계
목적	외부정보이용자(투자자 등)의 **경제적** 의사 결정에 정보 제공	내부정보이용자(경영진 등)의 **관리적** 의사 결정에 정보 제공
보고 대상	외부 이해관계자 : 주주, 채권자, 정부기관, 일반 대중 등	내부 경영진 : 경영자, 부문 관리자

보고 수단	일반목적 재무제표	특수목적 보고서
정보 내용	* 주로 과거의 정보를 다룸 • **재무상태** : 재무상태표 • **재무성과** : 포괄손익계산서 • **자본변동** : 자본변동표 • **현금흐름변동** : 현금흐름표	* 주로 현재 및 미래 예측 정보를 다룸 • 제품원가 계산에 대한 정보 • 관리적 의사결정에 관한 정보 • 계획 및 예산의 설정 • 경영활동 통제 • 성과평가 등에 대한 정보

　그렇다면 재경 직군을 지원하기 위해 공통적으로 필요한 역량과 자질에는 과연 어떤 것들이 있는지 알아보도록 하자.

6. 재경 직군 지원자의 필요 역량과 자질 및 핵심 키워드

① 필요 역량과 자질

- 지식 -

◆ **회계와 관련된 명확한 이론 지식**

　• 회계 관련 전문 서적 및 기업결산보고서를 직접 분석할 수 있는 수준

　• IFRS(국제회계기준)에 대한 구체적 이해

◆ 경영 전반에 관한 흐름을 재무적 측면에서 이해할 수 있는 능력

- 기술 -

◆ 회계 처리를 위한 시스템 운영 및 다양한 서식·신고서류 작성 스킬

◆ 회계 관련 정보를 내·외부 정보 이용자들에게 효과적으로 설명할 수 있는 PT 스킬

◆ 서식, 시스템, 서류 등 정보를 분석하여 예산 및 자금 계획을 수립하는 분석력

- 자질 -

◆ 돈을 돌같이 볼 수 있는 정직성

◆ 숫자 하나에 기업의 사활이 달린 직무라는 것을 명심하는 도덕성 및 신뢰성

◆ 원활한 커뮤니케이션 능력(사내, 대외 금융기관 접촉)

② **인사 담당자나 면접위원들이 선호하는 재경 직군 지원자의 키워드**

회계학   **경영학**   **세무 관련 지식**   **세법**   **상법**   **채권 관리 지식**

금융상품 관련 지식   **재무제표 작성 능력**   **회계시스템 운영 능력**

원가 · 손익 분석 및 계산 능력   **PT 스킬**   **꼼꼼함**   **정직성**

도덕성   **신뢰성**   **분석력**   **계획성**   **판단력**

7. 재경 직군에 지원하기 위한 사전 준비 항목

① **경력 및 정보**

◆ 재무 관련 인턴 경험

◆ 실제 기업에서의 프로세스 능력 습득

◆ 감사보고서, 반기보고서, 분기보고서 등 기업 재무제표 분석(금융감독원 내 전자공시시스템, 포털사이트 내 금융정보 확인)

② **주요 서식 및 계정 과목**

재경 직군에서 주로 다루는 주요 서식과 계정 과목은 다음과 같다. 재경을 지원하는 분들은 반드시 이것들을 미리미리 확인하기 바란다.

주요 서식	주요 계정 과목
재무상태표 포괄손익계산서 자본변동표 현금흐름표 결손금처리계산서	현금 및 현금성 자산 채권 재고자산 선급금 채무 선수금 부채 사채(장기차입금) 결손금

- ◆ **국가공인** : 재경관리사
- ◆ **전산관련** : ERP 재무회계모듈(FI) or 관리회계모듈(CO)
- ◆ **전문자격** : CTA(세무사), CPA(공인회계사)
- ◆ **국제자격** : AICPA(미국공인회계사), CMA(회계관리사), FRM(재무위험관리사), EA(미국세무사), CFA(공인재무분석사) 등
- ◆ **세무관련** : 기업회계, 세무회계

고급 자격증을 취득할수록 기업에서 선호하는 것은 사실이다. 하지만 필자의 개인적인 소견으로는 신입 재경 담당자로서 일반적으로 가장 필요하고 기초가 되는 것은 '**재경관리사**' 자격증과 '**ERP(Enterprise Resource Planning)**'라고 생각한다.

재경관리사 시험에 나오는 문제 유형의 경우, 실제로 기업 재경 담당자들이 처리하는 업무 전부라고 봐도 무리가 없다. 또한 요즘 거의 모든 기업들은 ERP를 활용하고 있기 때문에 실무에서 가장 필요한 것은 ERP를 다루는 스킬이라고 볼 수 있다.

다음은 대기업 재경 직군에 합격한 윤빈이의 합격 사례이다. 이를 통해 과연 여러분들은 재경 직군을 어떻게 준비하는 것이 좋을지 참고하기 바란다.

수학과를 전공한 윤빈이는 학창 시절 계리사를 준비하기 위해 약 2년간 휴학을 한 경험이 있다. 하지만 아쉽게도 계리사는 1차만 합격한 뒤 그 이상 진전이 없었고, 재수로 대학을 입학한 데다 졸업유예 6개월까지 포함하면 다른 여성 지원자들에 비해 나이도 서너 살은 더 많은 상황이었다.

윤빈이는 총 2번의 공채 시즌 동안 약 30여 개 기업에 지원하였고 모두 서류전형 단계에서 탈락하는 아픔을 겪기도 하였다. 당시 지원 직무는 대부분 보험사 상품개발, 일반 기업 재무, 유통업의 영업관리 직무였다.

윤빈이가 필자를 찾아왔던 당시의 스펙은 아래와 같았다.

- ◆ **전공** : 수학과(경영 복수전공)
- ◆ **학점** : 3.55
- ◆ **어학** : 토익 855, OPIc IH

◆ **자격증** : 전산회계1급, 계리사 1차 합격
◆ **경험** : 수학 학원 보조강사, 수학 과외

필자는 일단 보험사 상품개발 직무는 계리사 최종 합격이 결정되지 않는 이상 가능성이 거의 없다는 판단 아래 지원하지 않기로 하였다. 이후 윤빈이가 지원할 직무로 재경을 1순위로 두고 아래와 같은 지시를 내려 철저히 준비하도록 했다.

◆ **재경관리사 취득** : 다행히 윤빈이가 이미 준비하고 있던 자격증으로, 재경 직무를 지원하는 비전공자에게는 필수라고 할 수 있다.
◆ **컴퓨터활용능력 2급 취득** : 재경 업무에서 엑셀 활용 능력은 매우 중요하다. 특히 피벗테이블과 함수는 재경에서 일상적으로 활용한다고 해도 과언이 아니다.
◆ **ERP FI모듈(재무회계) 또는 CO모듈(관리회계) 중 1개 온라인 수강** : ERP에 대한 이해를 어필하는 것은 일반적인 전산회계 자격증을 취득하는 것보다 훨씬 유리하다.

필자는 윤빈이에게 상기 세 가지 지시사항을 준비함과 동시에 스스로의 2W1H 키워드를 뽑는 연습을 하도록 했다. 당시 윤빈이가 준비한 2W1H 직무는 통신사 재무 직무로 해당 서류를 공유해 본다.

8. 윤빈이의 통신서비스업 재무 2W1H

What (직무상 강점)	**1) 지식적 측면** • 회계 · 세무 · 재무 지식 및 경제학 복수전공을 통한 경제 원리 이해도 • IFRS에 대한 구체적 이해 • 경영 전반에 관한 흐름을 재무적인 측면에서 이해하는 능력 • 재무제표 작성 능력, 회계시스템 운영 능력, 원가 · 손익 분석 및 계산 능력 **2) 스킬적 측면** 엑셀 활용 능력(컴활 2급 예정) 및 SAP ERP 과정 수료를 통해 실무에 바로 투입될 수 있는 준비된 인재 **3) 성향적 측면** 수리적 능력과 정확성(수학 전공 & 계리사 준비로 통계적, 수학적 사고와 계산 능력을 키움) → 재무 업무 수행에 있어 나만의 강점으로 작용할 수 있을 것이라고 판단

Why **(지원동기)**	1) 통신산업은 트렌드에 민감한 업종. 신사업 진출 시 재무안정성 유지와 같은 재무적 역할 중요 2) 수익율이 낮아지는 상황에서 철저한 비용 관리가 중요 • 상호접속요율 인하, 가입비 폐지, 통신료 인하 등 기업에 불리한 정부 정책 및 여론의 요구가 높아짐에 따라 매출 증가 대비 수익성 감소 추세 • 재무제표 등의 각종 회계자료를 통해 기업이 현재 비효율적으로 또는 필요 이상으로 사용하는 비용을 찾아내고 분석하여 이를 줄여나가는 재무적 역할에 기여
How to **(입사 후 구체적 포부)**	1) **부서 전체 업무 효율성 증가에 일조** 1원 차이, 0 하나의 실수로도 회사에 큰 영향을 끼칠 수 있는 재무 업무의 특성상 수리적 감각과 계리사 공부로 쌓은 정확성을 바탕으로 실수 없이 재무제표를 작성. 자료 분석, 보고서 작성 등 신입사원이 하는 기본적인 업무에서 실수 없는 일 처리로 부서 전체의 업무 효율성을 높이는 데 일조 2) **무슨 일이든 믿고 맡길 수 있는 신입사원** 엑셀 활용 능력과 현재 실무에서 사용하는 SAP ERP 과정을 수료했다는 강점을 살려 믿고 일을 맡길 수 있는 신입사원 3) **최상의 투자안을 통해 회사 이익에 기여하는 인재** 향후 기업의 투자계획을 바탕으로 NPV를 분석해 투자안 시행 여부를 결정하고 IRR(내부수익률)로 더 높은 수익률을 낼 수 있는 최상의 투자안을 선택하여 회사가 더 많은 이익을 내는 데 기여

윤빈이는 이와 같이 지원하는 기업의 업무 특성과 지원 기업의 재무제표를 철저히 분석하여 지원동기 및 입사 후 포부를 작성하는 연습을 지속적으로 하였고, 최종적으로는 에너지 관련 대기업 재경 직무에 합격하여 업무를 익히고 있다.

04 전략기획

> "명확한 분석으로 기업의 미래 성장동력을 찾기 위한 전술·전략가"

　전략기획 직무는 경영지원 직군 내에서도 신입 채용 규모가 가장 낮은 직무라고 할수 있다. 간혹 채용을 하더라도 국내 및 해외 상위권 대학 학부 또는 석사 졸업자 중심인 것이 사실이다. 하지만 때때로 다른 일반 직무로 입사하여 해당 부서에서 두각을 나타내는 신입 1~3년차 사원이 있다면 전략기획 직무로 데려가기도 하니 방심은 금물이다.

　따라서 여기서는 전략기획 업무의 주요 내용과 프로세스 중심으로 알아보도록 하겠다.

1. 전략기획 업무의 이해

① 주요 업무 세부 내용

　전략기획의 경우 크게 **'경영기획'**과 **'경영전략'**, **'경영분석'** 세 가지 영역으로 나뉘며 거시적 경제환경과 산업환경, 경쟁사, 사회적 트렌드, 재무환경을 종합적으로 분석하여 동종 업종 및 유관 업종의 변화와 방향성을 예측하고 대응 전략을 수립한다.

- ◆ **경영기획** : 전략을 추진하기 위한 모든 자원을 배분, 예산 편성, 신규투자 관련 업무 수행
- ◆ **경영전략** : 중장기 전략 수립, 글로벌 동종업계 자료 수집, 경영정보 자료 작성

◆ **경영분석** : 전략의 성공적 수행을 위한 목표 대비 실적 관리 및 점검, 각 부문의 경영지표 설정, 사업계획 점검, 조직 평가 및 시상

즉, 기업에 존재하는 수많은 조직의 '**사업 방향성을 제시**'하고 이를 기반으로 '**자원과 기능을 통합**'하여 각 '**부문 간 시너지 창출**'을 하는 것이 전략기획 직무의 역할이자 업무라고 정의할 수 있다.

② 업무 프로세스

◆ **경영환경 분석**
  • 거시적 관점에서 국내외 경제 지표 및 동향과 사회문화적 흐름 등에 대한 자료 수집 및 분석 실시
  • 이에 따른 소비 패턴을 찾고 경쟁사 VS 당사 SWOT 종합 분석

◆ **경영전략 및 비전 수립**
  • 5년~10년 단위 중장기 최종 목표 도출 및 전사 비전 수립
  • 조직 전체가 시너지를 낼 수 있는 구체적인 방향 제시

◆ **사업계획 및 성과분석**
  • 중장기 비전 달성을 위한 중기 및 단기 전략 수립
  • 중·단기 전략 달성을 위한 사업군별 세부 사업계획 및 경영방침 수립
  • 반기별, 분기별, 연간 성과분석

그렇다면 전략기획 지원자의 경우 자기소개서나 면접에서 본인의 어떤 강점들을 어떤 키워드들로 어필하면 좋을까?

2. 전략기획 지원자의 필요 역량과 자질 및 핵심 키워드

① 필요 역량과 자질

◆ **지식적 측면** : 재무·회계, 경제, 인사, 법, 경영 등
◆ **스킬적 측면** : 엑셀 활용 능력, PPT, 프레젠테이션, 보고서 작성
◆ **성향적 측면** : 거시적인 관찰력, 분석력, 통찰력, 리스크 관리 능력

이런 역량과 자질을 갖췄을 때 '**현재에 대한 명확한 분석으로 미래 성장동력을 찾기 위한 전략과 전술을 구사하는**' 담당자로 어필할 수 있다.

② 인사 담당자나 면접위원들이 선호하는 전략기획 지원자의 키워드

경제성   타당성 검토   문제의식   지표 관리   성과분석

벤치마킹   통찰력   전방위적 사고

신속하고 정확한 데이터 분석 및 보고서 작성 능력   디테일

요약 및 핵심 도출 능력

3. 전략기획 직무에 지원하기 위한 사전 준비 항목

◆ 지원하는 기업과 업종에 대한 디테일한 분석(DART, 포털사이트 금융정보, 주식정보, 실적 프레젠테이션 자료, 업종분석 보고서, 업종별 전문 사이트 등)

◆ 주요 대기업 경제연구소 자료, 지원 업종에 대한 기사 수시 탐독

◆ 경영, 경제, 회계 관련 전공 필수 이수

◆ 수준급 회화 능력 및 토익 점수 900점대 달성

◆ 자기소개서나 면접 시 핵심 키워드 위주로 요약 및 정리

05 기업홍보

"기업에 대한 이해와 호의를 얻어내기 위한 커뮤니케이터"

인·상스터디의 막내인 현주는 취업 앞에서 막막한 심정을 감추지 못했다. 국어국문학을 전공한 현주는 전공을 살릴 수 있는 교사나 작가, 교수, 기자, 아나운서 등의 전문직보다는 **일반 기업 취업**을 원하고 있었지만 이력서에 내세울 만한 교내·외 경험이라고는 대학 3, 4학년때 가입하고 활동했던 **교내 방송국 활동** 정도였다.

교내 방송국 선배들 중 기자가 된 이들도 몇몇 있었지만, 현주 스스로가 기자와 같은 전문직은 성향에 맞지 않는다고 생각하는 듯했다. 결과적으로 현주는 일반 기업의 직장인이 되고자 마음먹었지만 정작 기업의 어떤 직무가 자신한테 잘 맞는지 감조차 잡지 못하고 있었다.

지금까지의 스터디 구성원들은 그래도 각자 관심을 갖고 있는 직무나 자신의 전공 또는 경험, 경력 등을 조금이라도 살릴 수 있는 직무들을 찾아 거기에 맞춰 본인을 어필하고자 노력을 해왔지만 현주는 그조차도 찾지 못한 상황. 필자는 우선 상담을 통해 현주 개인의 이력 사항과 일생스토리를 분석한 뒤 적합한 직무를 찾아보기로 했다.

전공은 국어국문학과로 교내 이력사항으로는 방송국 활동 약 2년, 이외에 **특기사항이나 자격증은 특별히 없었다.** 다만 현주는 페이스북이나 블로그 활동을 하면서 많은 글이나 **카드뉴스를 직접 써보고 작성해 본 경험**이 있었으며 **영어 말하기와 글쓰기는 상**

당한 수준이었다. 또한 방송국 활동을 하면서 기삿거리 물색을 위한 다방면의 자료수집 경험과 수집된 자료들을 각 플랫폼(각종 SNS, 또는 방송뉴스, 지면뉴스 등)별로 **기사화한 경험**이 있었다.

여기서 필자는 잠시 고민을 했다. '현주에게 마케팅 IMC(Intergrated Marketing Communication), 즉 광고홍보와 같은 통합마케팅 직무를 추천해 볼까? 아니면 기업홍보 직무를 추천해 볼까?'

통합마케팅 직무의 경우 기업의 채용 니즈는 타 직무와 비교했을 때 매우 적은 편이다. 더군다나 IMC와 같은 마케팅홍보(MPR) 직무는 온라인마케팅 대행사 또는 광고마케팅 대행사 등 관련 에이전시에서의 경력 또는 광고홍보와 관련한 공모전 활동이 많은 지원자를 선호하기 때문에 지금의 상황에서는 우선순위에서 미룰 수밖에 없었다.

기업홍보(CPR) 직무 역시 타 직무와 비교했을 때 기업에서 채용 니즈는 적은 편이다. 특히나 기업홍보의 직무는 먼저 경영지원 직군으로 통합하여 채용한 뒤 그중에서 한두 명만 선발하는 경우가 많아 채용 규모는 더욱 작은 편에 속한다.

따라서 필자는 현주에게 우선 기업홍보(CPR) 직무를 염두에 두면서 동시에 기업의 경영지원을 1순위로 잡을 것을 추천하였다. 물론 리스크가 높은 직무에 지원하는 만큼 2순위로는 채용 규모가 타 직군 대비 상대적으로 많은 영업마케팅 직군에 지원하도록 하였다. 성향상 영업이나 영업관리 직무와는 맞지 않겠지만, 종합상사를 제외한 제조업 등의 해외영업 직무로는 어느 정도 가능성이 있다고 판단했기 때문이었다.

그렇다면 기업홍보라는 직무는 구체적으로 무슨 일을 하는지, 기업홍보 직무에 지원하기 위해서는 어떠한 지식과 스킬, 성향이 요구되는지, 그리고 거기에 맞춰서 본인이 무엇을 준비하고 자기소개서나 면접에서 어필해야 하는지 살펴보도록 하자.

1. 기업홍보(CPR) 업무의 이해

① 주요 업무 세부 내용

'공중과의 관계'를 뜻하는 PR(Public Relations) 업무는 크게 세 가지로 나뉜다.

- ◆ CPR(Corporate PR) : 기업홍보
- ◆ MPR(Marketing PR) : 마케팅의 다양한 영역 중 IMC 활동
- ◆ IPR : IR(Investor Relations) + PR(Public Relations)의 기능을 합친 개념으로, PR 전략을 활용하여 IR을 성공적으로 이끄는 전략

이 중에서 MPR과 IPR 직무는 각각 마케팅, 재경 직무 소개에서 자세히 설명하고 있으니 참고하시기 바란다. 그럼 본격적으로 기업홍보 직무에 대해서 구체적으로 알아보자.

- ◆ **직무 목표**
  - **CI의 일치 및 공유** : CI(Corporate Identity)를 기업의 이미지(Corporate Image)와 일치 및 공유
  - CI의 일치 및 공유를 기반으로 기업의 투명성 확보 및 좋은 기업을 넘어 착한 기업으로 인식
- ◆ **직무의 존재 가치** : 기업에 대한 대중의 인식을 결정짓는 데 가장 중요한 요인으로 작용하는 **'기업이미지'**는 단기간 내에 구축될 수 없기에 기업홍보의 존재가치가 있음
- ◆ **업무의 구분**
  - 언론 홍보, 정부 홍보, 지역사회 홍보 및 유대관계 강화, 대중 홍보
  - 사내 홍보, 사내 부서별 커뮤니케이션 강화

② 업무 프로세스

- ◆ **대외홍보**
  - 언론매체에 보도자료 배포, 기자 문의사항에 대한 답변 및 자료 제공, 인터뷰 등
  - 보도자료를 작성하기 위한 아이템 발굴, 관련 부서 인터뷰 및 취재
- ◆ **RM(Risk Management)**
  - 회사에서 발생하는 위기상황에 대응하여 오해 해소
  - 문제 발생 시 이에 대한 진정한 사과와 향후 개선 노력 홍보

- 보도자료, 당사 대응 논리, 예상 질의 및 답변 준비 등 커뮤니케이션 담당
◆ **언론모니터링**
- 회사 관련 내용 스크랩, 팀 또는 유관부서 공유
- 언론사 기자들과의 인적 네트워킹 활성화로 상호 간에 필요한 정보 공유

여기까지는 기업홍보 직무의 정의와 주요 담당 업무들이다. 그렇다면 이런 직무를 제대로 수행하기 위해서는 어떤 역량(지식, 스킬)과 자질(성향)이 필요할까?

2. 기업홍보 지원자의 필요 역량과 자질 및 핵심 키워드

- ◆ **매력적인 콘텐츠를 만들 수 있는 스토리 발굴 능력과 표현력** : 단지 있는 사실 그대로를 A 에서 B로 옮기는 역할이 아니라 커뮤니케이션 효과를 극대화해야 하기에 수시로 메시지, 콘텐츠로 만들 수 있는 아이템을 발굴해야 함
- ◆ 지원하고자 하는 기업에 대한 세부적인 이해
- ◆ **문장력** : 청자의 특성에 맞게 글을 쓰는 훈련 필요(보도자료, 기고, 사보, 블로그, SNS 콘텐츠 등)
- ◆ 사진·동영상 촬영 장비 및 편집 가능한 컴퓨터 프로그램 활용 능력
- ◆ 외향적인 성격
- ◆ 꼼꼼함과 침착성
- ◆ 창의력, 기획력
- ◆ 정보 수집 능력
- ◆ 자료에 대한 종합적 분석 능력
- ◆ 인적 네트워크(언론사 기자 네트워크 등)

현주는 위와 같은 내용들을 토대로 기업홍보 직무를 꼼꼼히 이해하고 필요한 역량과 자질에 맞춰 본인의 경험과 강점들을 발굴하기 시작했다. 물론 단기간 내에 언급된 모든 역량을 전부 충족시키지는 못했지만 결과적으로 본인을 어필할 수 있는 키워드들을 찾아낼 수 있었다.

현주가 인사 담당자나 면접위원들에게 어필하기 위해 준비한 키워드는 아래와 같다.

- ◆ 국어국문학 전공을 통한 문장력 및 다양한 문서 이해 능력
- ◆ 개인 SNS 활동(페이스북, 블로그)을 통해 많은 콘텐츠를 직접 작성한 경험
- ◆ 교내 방송국 활동을 통해 기삿거리를 직접 취재하고 기사화한 경험
- ◆ 교내 방송국 선배들 중 현직 기자 네트워크
- ◆ 토익 870점, 토익스피킹 Lv.7(현재 토익은 900점대 도전 중)
- ◆ 취업스터디를 하면서 배운 기업과 업종에 대한 꼼꼼한 분석

3. 기업홍보 직무에 지원하기 위한 사전 준비 항목

- ◆ 같은 콘텐츠라도 플랫폼의 성향에 따라 차별화 있게 스토리를 작성해 본 사례를 발굴하여 자기소개서 또는 면접에서 육하원칙에 맞춰 그 사례를 어필할 것
- ◆ DART 또는 CEO스코어데일리, 지원 기업이 속해 있는 업계 뉴스, 지원 기업의 IR 자료, 증권사 리포트 자료 등을 토대로 기업의 SWOT를 스스로 찾아서 만들어 볼 것
- ◆ 찾아낸 기업의 SWOT를 기반으로 본인 스스로 기사 뉴스를 창작하여 만들어 볼 것
- ◆ 글로벌 홍보 자료 작성이나 글로벌 자료 수집 등을 위해 토익 900점대 또는 토익스피킹 Lv.7, OPIC IH 이상은 반드시 취득할 것
- ◆ 기업 서포터즈 모집이 있으면 어떤 기업이라도 지원해서 기업의 블로그 활동을 반드시 수행해 볼 것
- ◆ 개인 SNS(블로그, 페이스북 등)를 활용하여 경제, 사회, 문화, 산업 분야의 다양한 기삿거리를 찾아 이를 본인만의 창의적인 글로 요약 및 작성해 볼 것

필자는 직무에 맞춘 본인의 역량과 자질을 키워드들로 뽑아낸 뒤 현주에게 **자소서 7대 주요 항목**을 직접 작성하는 연습을 시켰다. 이후 지원할 기업들의 자소서 항목을 미리 확인하고 거기에 맞춰 약간의 글자 수 조정 등을 통해 경영지원 또는 기업홍보 채용 니즈가 있는 기업들의 자기소개서를 하루 만에 만들어 냈다. 물론 강조했던 2W1H 기법을 기반으로 자기소개를 준비했으며, 이미 자기소개서 작성 전부터 2W1H 각 키워드들을 뽑아놓았기 때문에 그리 어려운 작업은 아니었다.

4. 현주의 기업홍보 2W1H

What (직무상 강점)	1) 전공과 SNS 활동, 방송국 기자 활동을 통해 숙련된 문장력과 취재 역량 2) 한 가지의 콘텐츠를 다양한 플랫폼의 특성에 맞도록 차별화하여 작성하는 스킬 3) 지원기업 및 업종에 대한 다각적인 분석 경험
Why (지원동기)	1) 식음료 업종은 타 업종보다 더 소비자들과 가까운 만큼 기업의 이미지 제고가 더욱 절실히 필요하기에 기업홍보의 역할이 더욱 중요하다고 생각 2) 언론과 소비자들에게 우리 회사의 Corporate Identity를 쉽게 알려주고 더 사랑 받는 기업으로 만들어 보고자 3) 사내 모든 부서원들이 타 부서의 소식도 함께 공감하고 이를 통해 더 효율적인 협업 문화를 만들어 보고자
How to (입사 후 구체적 포부)	1) 대외홍보 측면에서 언론매체에 보도자료 배포 자료를 수집, 작성하는 과정에서 하나의 실수도 없이 꼼꼼히 살펴보고 상사분들께 보고 2) 꾸준한 언론 모니터링과 회사 관련 기사들을 스크랩하여 보고 3) 성장해가면서 기자분들과의 인적 네트워킹 활성화로 상호 간 필요한 정보를 공유

그 결과 현주는 총 세 곳에서 서류 통과 소식을 들을 수 있었고 인적성 테스트에서 탈락한 한 곳을 제외한 나머지 2개 기업에 면접을 가게 되었다.

먼저 필자는 면접을 대비해 2W1H에 대한 키워드를 준비하고 이것을 보지 않고 애드리브를 할 수 있는 트레이닝을 했다. 물론 실제 면접에서 키워드들 중 몇 개는 빠져도 상관없다. 순서가 바뀌어도 상관없다. 키워드 중심의 애드리브는 단순한 암기 나열보다 그 진정성이 면접위원들에게 더 쏙쏙 귀에 박히게 전달되기 때문이다.

하지만 막상 면접 트레이닝에 들어가 보니 치명적 단점을 발견하게 되었는데, 현주는 글을 잘 쓰는 대신 말로 어필하는 것이 상대적으로 매우 약하다는 사실이었다.

상당한 연습을 거치고 모의면접 테스트도 수차례 진행했지만 현주의 면접 실력은 좀처럼 나아질 기미가 보이지 않았다. 이대로는 실전 면접에서 오히려 트라우마를 얻지 않을까 생각한 필자는 현주에게 다른 방법을 알려주기로 했다. 바로 면접의 '마지막 멘트'에 온 힘을 집중하는 것이었다.

"오늘 면접을 보면서 제가 너무 긴장한 나머지, 제 입사 의지와 직무상 강점들을 좀 더 잘 어필하지 못한 듯하여 아쉽습니다. 하지만 저는 말보다는 글을 통해서 보는 이들을 쉽고 빠르게 이해시킬 수 있는 강점을 갖고 있습니다. 귀사에서 함께 더 많은 대중들이 친근감을 갖고 대할 수 있는 홍보물을 반드시 제작해 보고 싶습니다. 감사합니다!"

결국 현주는 2개 기업 면접에서 식음료 업계 기업홍보에 최종 합격하게 되었다.

06 인적자원개발 우수 자기소개서 사례

1. 당신이 회사를 선택하는 기준에 근거하여, ○○○○에 지원한 동기를 구체적으로 기술해 주시길 바랍니다.　　　　　　　　　　　　　500 byte 이상 800 byte 이내

[사람에 대한 투자를 아끼지 않는 ○○○○]

사람을 핵심 경쟁력으로 여기고, 그에 대해 아낌없이 투자하는 문화를 기업 선택의 우선순위로 정했습니다. 구성원의 성장을 중시하지 않는다면 그 기업은 발전할 수 없다고 생각합니다. 또한 저는 HR 전문가를 꿈꾸고 있기에 사람에 대한 투자가 없는 기업에서는 제 비전도 실현시키기 어려울 것이라고 생각했습니다.

이러한 기준에 개인별 맞춤 육성 경로로 성장의 비전을 제시하고, 직무 기반으로 인사를 운영하고 있는 ○○○○는 매우 적합합니다. 저는 ○○○○의 인재 육성을 중시하는 기업 문화 속에서 임직원들이 글로벌 물류 전문가로 성장할 수 있는 교육을 개발하고 운영하고 싶습니다. 개인의 역량과 직무역량을 높이고 조직 융화력을 강화할 수 있는 교육을 개발함으로써 스스로도 성장하고 ○○○○와 구성원들을 발전시키며 비전을 형성하는 데 기여하고 싶습니다.

나아가 저는 교육 후 능력을 평가하여 적재적소에 배치함으로써 인력을 효율적으로 활용해 보고 싶습니다. 또한 임직원들의 니즈에 맞는 교육을 보상으로 제공함으로써 업무 능률 향상에도 기여하고 싶습니다. 현재 교육 기여도를 측정하는 것은 어렵지만, 장기적으로는 교육이 비용 절감과 이익 창출에 얼마나 기여했는지 파악할 수 있는 시스템을 구축해 보고 싶습니다. 효과적이고 효율적인 인력 관리와 교육으로 물류 산업을 선도하는 글로벌 초일류 기업으로 성장하는 데 기여하고 싶습니다.

저는 교육공학 및 경영학 전공 지식, 교수 설계와 평가 실무 경험, 융통성 있는 원리원칙으로 ○○○○ 임직원들이 소속감과 전문성을 가지고 일할 수 있는 인재 육성과 조직 문화 구축에 기여할 수 있습니다.

[교육설계와 성과 지표 정량화 경험]

저는 인턴과 학과 프로젝트를 통해 교육을 설계하고 평가하는 실무 경험을 쌓았습니다. 당시 저는 인턴 과제로 온·오프라인 교육의 내용, 예산과 실행계획을 기획하였습니다. 그리고 해당 기획을 통해 유연한 커뮤니케이션과 예산 고려의 중요성을 깨달았습니다. 또한 저는 '교육 프로그램 평가'에서 CIPP 모형을 기반으로 한국 생산성 본부의 감성 리더십 프로그램을 평가하였습니다. 이 과정에서 교육 만족도와 성취도를 정량적으로 산출할 수 있게 되었습니다. 다음과 같은 역량으로 임직원들의 자발적 참여를 유도하는 교육을 설계하고 운영하는 데 기여하겠습니다.

[경청과 소통으로 융통성 있는 원리원칙]

사람에 관한 일을 다루는 인사 업무에서는 공정성이 중요하다고 생각합니다. 원리원칙주의자인 저는 대상에 관계없이 일을 공정하게 처리할 수 있습니다. 하지만 상대방의 말을 경청하고 내면을 이해하는 능력이 뛰어나기에 상대방의 입장에 따라 원리원칙을 유연하게 적용할 수도 있습니다. 대학에서 조교를 했을 때도 원칙 내에서 해결법을 찾아주려고 노력했기에 학생들은 다른 조교가 아닌 저를 찾곤 하였습니다. 이와 같은 성향으로 ○○○○의 교육과 인력 관리에 효과적으로 기여할 수 있습니다.

3. 입사 후 ○○○○에서 이루고 싶은 꿈을 구체적인 실천 계획을 바탕으로 상세히 기술해 주시길 바랍니다. 500 byte 이상 800 byte 이내

[서포터에서 인사 및 교육 전략 수립까지]

제가 ○○○○에 입사한다면 실수 없는 인사 데이터 관리, 교육 운영 등을 위해 완벽을 추구하는 성향을 발휘하여 빠르고 정확하게 주어진 업무를 수행하겠습니다. 또한 ○○○○의 사업과 각 직무별 역량에 대해 이해하고 HR과 HRD 관련 학회에 참여하여 인사와 교육 관련 최신 트렌드에 뒤처지지 않도록 꾸준히 습득하겠습니다.

입사 5년 차에는 ○○○○에 대한 충분한 이해와 교육공학 전공지식, 실무 경험을 적용하여 기업과 임직원들의 니즈를 반영한 교육 프로그램을 기획하고 운영하겠습니다. 이후 성취도와 만족도 등의 교육 성과를 분석하여 개인의 역량, 직무에 대한 역량과 조직의 융화력을 높일 수 있는 방향으로 프로그램을 발전시키겠습니다. 그리고 산업 이슈에 맞는 HR 현황에 관심을 가지고 지속적으로 파악하겠습니다. 또한 부족한 HR 지식을 채우기 위해 PHR 자격증도 취득하겠습니다.

입사 10년 차에는 직무 필요 역량을 도출하여 유기적이고 통일성 있는 교육 체계를 수립하고, 비전과 미션에 기반을 둔 전사 인사 전략 및 방침을 수립함으로써 ○○○○를 GWP(Great Work Place)로 만들고 싶습니다. 또한 조직과 구성원의 잠재된 니즈를 파악하여 이를 반영한 교육을 기획하고 싶습니다. 더 나아가 도출된 직무역량을 기반으로 회사에 필요한 인재들을 채용함으로써 미래를 향해 나아가는 ○○○○를 제 손으로 만들고 싶습니다.

4. 세상을 이롭게 하는 자신만의 가치 있는 아이디어나 견해를 자유롭게 기술해 주시길 바랍니다. 500 byte 이상 800 byte 이내

[교육을 중시하는 기업 문화 형성의 중요성]

인재를 육성하고 조직을 성장시킬 수 있는 방법은 교육뿐입니다. 여기서 교육이라는 것은 교육 내용을 계획적으로 전달하는 것이라고 생각하기 쉽습니다. 하지만 교육은 체계적인 프로그램을 통한 학습을 넘어서 비형식 교육과 무형식 교육을 모두 아우를 수 있어야 한다고 생각합니다. 비형식 교육과 무형식 교육은 학습자의 주도적이고 자율적인 동기로 일상생활과 일터에서 자연스럽게 발생하는 모든 활동을 의미합니다. 이는 동료가 업무를 수행하는 모습을 관찰하면서 무언가를 배울 수도 있고, 재미로 보는 웹툰을 통해 새로운 아이디어를 얻을 수도 있다는 것입니다.

그러므로 기업에서는 언제 어디서나 학습이 이뤄질 수 있도록 학습을 지원하고 성장을 추구하는, 열린 기업 문화 형성에 초점을 맞춰야 합니다. 이를 통해 교육에 대한 추가적인 비용 지출 없이 생각지도 못했던 곳에서 변화가 발생하여 조직에 긍정적으로 작용할 수 있다고 생각합니다. 지식 기반 사회의 도래로 모든 지식을 의도적으로 가르치거나 빠른 변화에 대응하는 교육을 제공하는 것은 쉽지 않아졌습니다. 따라서 학습자의 경험과 성찰을 통해 자연스럽게 학습할 수 있는 분위기를 형성하는 것이 중요하다고 생각합니다. 제가 ○○○○에 입사한다면 체계적인 교육 프로그램을 기획하는 것 외에도 비형식 교육과 무형식 교육이 가능할 수 있는 조직 문화 형성에 기여할 것입니다.

07

SCM

구글도 모르는 직무분석집

📺 SCM 직군 소개

SCM이란?

'공급망관리'를 뜻하는 'Supply Chain Management'의 약자로,
상품 또는 서비스를 고객에게 전달하는 전 과정을 통합적으로 관리하는 기법

SCM 직무의 종류

직무	주요 업무
물류	수송, 하역, 보관, 포장, 정보 등 5대 요소를 포함하여 물자, 서비스, 정보 등을 공급자로부터 수요자에게 이동
SCM 운영	생산, 물류 및 재고 최적화를 위한 선적 계획 수립, 의사결정 프로세스 지원 및 변화 관리 활동 수행

이번 챕터에서 필자는 SCM 직군 중에서도 **'물류'**와 **'SCM 운영'** 직무를 다루고자 한다.

SCM 직군에 지원 가능한 전공은 상경계와 이공계에 거의 국한되며 그중에서도 상경계는 물류학과 경영학 전공이, 이공계에서는 산업공학이 직무에 가장 적합한 전공이다. 그렇다고는 해도 타 전공자들의 지원이 불가능한 것은 아니며, 실제로 필자에게 컨설팅을 받아 대기업 물류 기업에 물류 운영 포지션으로 입사한 취업준비생 중에는 행정학 전공자도 있었고, 화학 업종 대기업에 기계공학도가 물류 직무로 합격한 사례도 있다.

SCM 직군 내 직무들은 프로세스 혁신이 매우 중요한데, 특히 여기서 다룰 물류 직무와 이후 이공계 편에서 다룰 구매 직무는 회사에서 SCM 측면에서 기업의 비용을 줄여 수익에 기여한다.

즉, **프로세스 혁신을 통해 비용과 시간을 절감하는 것**이 매우 중요한 직무들이므로 물류나 구매 그리고 SCM 관련 직무를 희망하는 지원자들은 관련 혁신 사례들에 대한 자료 수집 및 이해를 소홀히 해서는 안 된다.

01 물류

> "QT/RQ를 통해 고객사에는 신뢰를, 우리 회사에는 수익을!"

물류 편에서는 물류 직무에 대한 정의 및 업무 프로세스, 그리고 세부 직무별 내용 등에 대해서 구체적으로 알아본 뒤 비전공자로서 실제 물류 대기업에 합격한 사례를 들려주고자 한다.

1. 물류 업무의 이해

① 물류의 정의

물류란 '**물적 유통(Physical Distribution)**'의 약자이다.

'**수송, 하역, 보관, 포장, 정보 등의 5대 요소로 물자, 서비스, 정보 등을 공급자로부터 수요자에게 이동시키는 것**'을 의미한다.

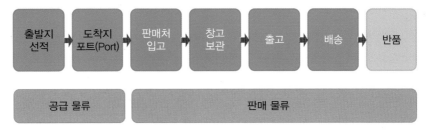

출발지 선적 → 도착지 포트(Port) → 판매처 입고 → 창고 보관 → 출고 → 배송 → 반품

| 공급 물류 | 판매 물류 |

- 공급 · 판매 물류 역량 통합 관리
- 공급물의 적기 · 정량, 판매 물류의 적기 · 정량 지표 달성(OT/RQ)
- 차질 내용 및 사전 체크리스트 관리를 위하여 미세 구간 관리 강화

③ 물류 주체에 의한 구분

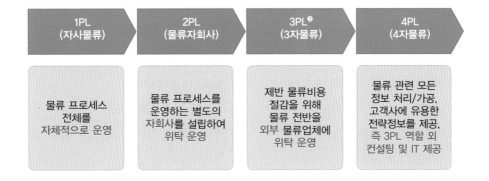

1PL (자사물류)	2PL (물류자회사)	3PL[3] (3자물류)	4PL (4자물류)
물류 프로세스 전체를 자체적으로 운영	물류 프로세스를 운영하는 별도의 자회사를 설립하여 위탁 운영	제반 물류비용 절감을 위해 물류 전반을 외부 물류업체에 위탁 운영	물류 관련 모든 정보 처리/가공, 고객사에 유용한 전략정보를 제공, 즉 3PL 역할 외 컨설팅 및 IT 제공

위와 같이 기업의 물류는 점차 전문 물류 기업에 위탁 운영하는 것으로 진화 · 발전되어 가고 있다. 그렇다면 이러한 물류 위탁 운영의 장점에는 무엇이 있을까?

④ 물류 위탁 운영의 장점

- **물류비용의 절감** : 물류시설에 대한 고정비 부담 감소(하역 장비 및 수송차량 구입 부담 없음)
- **전문적인 종합 물류서비스 제공 가능** : 물류 전반에 대한 운영, 관리 기술 및 노하우 등 전문 서비스

---

[3] 3PL : Third Party Logistics

◆ 화주 기업의 경쟁력 강화

　• 번거롭고 다양한 변수가 발생하는 물류 부문을 위탁함으로써, 기업의 핵심 사업에 모든 경영자원 집중 가능

　• 보관창고의 신속한 입출고 관리, 화물의 위치 추적 등 다양한 고품질의 물류서비스를 바탕으로 화주 기업 경쟁력 강화

그럼 지금부터는 물류 기업의 주요 직무들에 대해서 살펴보도록 하겠다.

2. 물류 내 주요 직무 세부 내용

① 3PL - CL 운영(Contract Logistics : 계약 물류)

고객사의 물류 운영을 대행하여 총괄 수행하는 업무로 보관장소, 운송수단 등 물류를 수행하기 위한 제반 시설 · 장비를 구축하고 모든 물류를 수행한다.

◆ **제조물류 운영** : 제조업 고객사 물류센터 운영 및 손익 책임
◆ **판매물류 운영** : 전국적인 물류센터와 고객사의 물류시설 운영 대행
◆ **수송 사업** : 고객사 공장~물류센터~거래처로 이동되는 모든 제품의 수송
◆ **물동 지원** : 고객사 창고의 재고 운영의 최적화 위해 물량의 보관 및 운송 계획 수립 외 창고 운영 전반 지원

② 3PL 영업 - 물류컨설팅

◆ 고객사의 현 물류 수준 진단
◆ 주요 이슈 사항에 대한 개선과제 도출
◆ 단계별 물류 최적화 방안 수립 및 제안
◆ 고객사가 속해 있는 산업군의 시장 환경과 생애주기(Life Cycle) 등을 분석, 고객 특성을 고려한 맞춤 전략과 최적화 방안 연계 제시

③ 포워딩(Forwarding)

국제물류에서 고객사의 물자를 원하는 곳까지 운송하거나 부대 수행 관련으로 운송을 주선하는 역할로, 기반시설 및 장비 없이도 단 단위 부문별 업무를 수행하거나 계약 전 구간 업무를 수행한다.

◆ 위탁 받은 화물을 최적의 운송 경로와 운송 수단으로 운송
◆ 도착지까지 복합 운송 시 수출입 통관 업무 및 보험 업무 대행 제공
◆ 물류비 절감 위해 고객사들의 물량에 대한 최적의 혼재 작업(LCL❹ → FCL❺) 및 창고 보관 서비스 제공

④ 포워딩 영업

◆ **해상 · 항공 포워딩** : 수출입 물류, 국제특송, 3자물류, VMI 등 종합 물류서비스를 각 고객사별 맞춤형 서비스로 제시
◆ **프로젝트 포워딩** : 대형 건설/엔지니어링 등의 공장, 건설장비 운송 및 고객사의 프로젝트 카고(Cargo) 특성에 맞는 도착 국가(통관, 법규 및 관행 등)에 최적의 운송 루트와 운송 방안을 수립하여 제안

⑤ 택배운영

◆ **간선 · 도급 운영**
  • 택배 네트워크에 따른 간선운영계획 수립, 노선 최적화 운영 효율 분석을 통해 개선 방안 수립 및 실행
  • Hub · Sub터미널 인력 투입 계획 수립 및 인력 효율화 추진
◆ **현장 관리**
  • 물류현장 설비 및 시설물 유지 · 보수
  • 물량 증감에 따른 물류기기의 적정 소요량 분석 및 대응

---

❹ LCL(Less than Container Load cargo) : 여러 화주들이 한 컨테이너보다 적은 양의 화물을 모아 한 컨테이너에 싣는 것
❺ FCL(Full Container Load cargo) : 화주가 한 컨테이너에 물건을 가득 싣는 것

(6) 택배영업

◆ 경쟁사와 차별화된 신규 상품 개발 및 영업지원 툴 제공

◆ 상호 Win-Win을 위한 '토탈 아웃소싱'의 강점 제안

◆ 홈쇼핑, 소셜커머스, 오픈마켓 등 온라인 고객사 제휴 아이디어 제공 및 확보

◆ 관공서 · 공공기관 입찰 참여

◆ 우편사업, 설치서비스, 이케아 등 신규사업 추진

◆ 전문성 있는 VMI의 효율성 제시

이상으로 주요 물류 관련 직무들을 살펴 보았으니 물류에는 공통적으로 어떤 역량과 자질들이 필요한지, 그리고 자기소개서나 면접에서 본인의 어떤 강점들을 어떤 키워드들로 어필하면 좋을지 알아보겠다.

3. 물류 지원자의 필요 역량과 자질 및 핵심 키워드

(1) 필요 역량과 자질

◆ 물류 사업에 대한 기본적인 이해 및 현장 용어 숙지

◆ 능숙한 데이터 활용 능력

◆ 빠른 상황 대처 능력

◆ 정확한 정보의 전달 능력 및 설득력 등 전략적 협상 능력

◆ 혁신적인 사고

◆ 어학 능력(CL, 포워딩 직무 필수)

이런 역량과 자질을 갖췄을 때 'OT(On Time)/RQ(Right Quantity)를 기반으로 고객사에는 신뢰를 우리 회사에는 수익을 가져올 수 있는 담당자'로 어필할 수 있다.

통찰력　　예측　　정확성　　프로세스 혁신

D-M-A-I-C 방식[문제 도출(Define) - 측정(Measurement) - 분석(Analyze) -

개선점 도출(Imprvement) - 적용 및 유지(Control)]

데이터 분석 및 활용 역량　　　시간 및 비용 절감　　　차별화 발굴 및 제안

On Time　　Right Quantity　　협상　　설득　　근성

4. 물류 직무에 지원하기 위한 사전 준비 항목

◆ 전문 사이트를 통한 학습(CLO[6], 물류신문, 카고뉴스 등)

◆ 물류 용어 사전 숙지

◆ 과거 물류 혁신 사례 검색

◆ DART를 통한 물류 회사 연구개발 실적 참고

◆ 엑셀 데이터 활용 능력 배양

◆ 본인 경험 중 기존 프로세스를 개선하고자 노력해 본 사례

◆ 협상과 설득 사례 발굴(영업 직무)

◆ 물류관리사 취득 준비(매년 7월경 접수 및 시험)

이상으로 물류 직무에 대한 전반적인 설명을 마치고, 행정학 전공자로서 물류관리사 자격증 없이 물류 대기업에 입사한 경훈이의 사례를 살펴보도록 하자.

대학에서 행정학을 전공한 경훈이는 스스로 무엇을 잘할 수 있을지 판단하지 못할 정도로 자신감이 부족했다. 지난 시즌 영업 직무로만 20여 개 기업을 지원했으나 서류전형과 면접에서 번번이 탈락하여 심적으로 더욱 위축된 상황이었다.

아래는 경훈이가 나를 찾아왔을 당시의 상황이다.

---

[6] CLO 물류로 보는 세상 : http://clomag.co.kr

◆ 수도권 사립대 행정학 전공(복수/부 전공 없음)

◆ 학점 3.37

◆ 회계사 준비로 1년 6개월을 휴학했으나 자격증 취득에 실패

◆ 영어 토익 880, 토익스피킹 Lv.6

◆ 자격증 없음

◆ 영어학원 수강생 관리 아르바이트 경험

◆ 군 보급병 복무

　사실 필자는 원래 경훈이에게 영업관리 또는 식자재유통영업 직무를 1순위로 추천했었다. 경훈이가 평소 관심 있던 업종 역시 외식업이었기에 대형 프랜차이즈 외식 점포에서 주방관리 아르바이트를 알아보라고 했다(같은 프랜차이즈 아르바이트라 해도 홀관리 아르바이트보다 주방관리 아르바이트가 실제 얻고 배울 수 있는 것들이 많다. 식자재 재고 관리부터 식자재 유통까지 다양한 업무를 경험할 수 있기 때문이다). 동시에 경훈이에게 컴퓨터활용능력 2급 자격증을 준비하도록 했다.

　경훈이의 경우 학창시절 전공이나 경험에서는 특별히 끌어낼 수 있는 강점들이 없었기 때문에 군 보급병 당시의 경험들을 구체적으로 정리했고, 그중에서도 창고관리, 재고 수불조사, 유류관리 등 보급 업무를 수행하면서 물동 관리와 재고 관리를 통해 군부대 적자를 3천만 원 감축시킨 사례를 활용하기로 했다. 물론 1년 6개월간 회계사 준비를 하면서 습득한 회계 관련 지식도 이용했다.

　이를 기반으로 발굴한 경훈이의 강점 키워드는 다음과 같다.

◆ 회계와 원가에 대한 지식과 이해

◆ 재고와 물동 관리 경험(군 보급병 및 외식업 식자재 관리)

◆ 수치를 데이터화하여 트렌드를 읽을 수 있는 엑셀 활용 능력(컴퓨터활용능력 자격증 취득 시)

◆ 물류 및 SCM 혁신 사례 스크랩(컨설팅 당시 주 차별 과제)

　경훈이는 외식업 영업관리, 식자재유통영업 등에 지원하는 한편, 직무 강의에서 관심 깊게 본 물류 및 구매 관련 직무 몇 곳에도 지원하기로 했다. 이후 공채를 앞두고

준비를 하던 중 모 그룹 물류 계열사에서 상시 채용 공고가 올라왔다. 경훈이는 국내 물류운영 직무로 지원했고, 서류가 통과됐다는 연락을 받았다. 이후 어찌어찌 인적성 전형까지 통과되어 최종 면접을 목전에 둔 상황이 되었다.

면접을 앞두고 경훈이는 관련 물류사이트를 통해 최근 물류 혁신 사례 등을 확인하고 지원한 기업의 최근 이슈에 대한 언론 기사 등을 점검하였다. 또한 DART에서 지원 물류산업의 특성, 지원기업의 경쟁우위요소, 국내 네트워크 현황 등을 파악하였다.

이러한 경훈이의 노력은 직무 면접과 토론 면접, 그리고 2차 임원 면접에서 모두 좋은 반응을 이끌어 냈고, 현재는 대기업 물류 계열사에서 택배운영 부서를 거쳐 CS 운영 부서에서 근무하고 있다.

02 SCM 운영

> **"수요와 공급의 공급사슬을 최적으로 동기화시키자!"**

　기업은 전반적인 공급사슬(Supply Chain)이 원활하게 돌아가야 고객사에게 물량과 납기를 지킬 수 있고, 불필요하게 발생할 수 있는 비용 및 시간 같은 손해를 줄여야만 매출뿐만 아니라 수익까지 제대로 챙길 수 있는 기업으로 성장할 수 있다.

　특히 제조업이나 유통업에서는 SCM(Supply Chain Management)이 매우 중요하다.

1. SCM 운영 업무의 이해

SCM 운영 업무를 간략히 요약하자면 다음과 같다.

◆ 영업에서 예측한 고객별 · 제품별 수요에 따라 생산부문에서 수립한 공급 계획이 동기화되어 생산, 물류, 재고를 최적화할 수 있도록 주 단위 선적계획을 수립하고 의사결정 프로세스를 지원

◆ 공급사슬 최적화를 위한 SCM 유관부서의 프로세스 및 시스템의 최적 운영과 혁신을 주도, SCM 관리를 통해 다양한 변화 관리 활동 수행

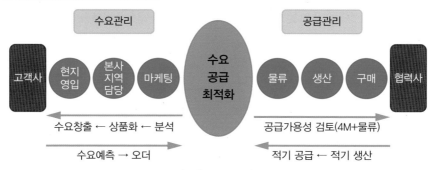

① SCM 프로세스(제조업 기준)

제조업 SCM 프로세스

제조업의 경우, 크게 **수요단**과 **공급단**으로 구분된다.

수요단, 즉 마케팅, 영업, 현지판매 조직에서는 시장을 분석하고 니즈에 맞는 상품을 기획하여 시장에 런칭하고 수요를 예측하여 물량을 준비하고 시장으로부터 수주(오더)를 받는다.

과거에는 거래선으로부터 수주를 받으면 곧바로 확정을 했지만, SCM이 체계화되어 있는 조직에서는 곧바로 확정하지 않고 공급단에 공급가용량 체크를 의뢰한다. 그럼 SCM 공급단 담당자나 생산관리 부서에서는 개발 납기(신모델의 경우), 생산 일정, 물류 가용성 등 전반적인 공급가용성을 체크하여 수요단에 통보해 준다. 여기에 맞춰 영업 및 판매 담당자는 거래선과 일정 및 물량을 조율하여 수요와 공급을 동기화시킨다.

공급 측에서는 팔리는 대로 생산, 공급이 즉시 가능하도록 늘 판매 추이를 점검해야 하고, 수요 측에서는 거래선 입고 물량(Sell-In)뿐만 아니라 소비자 판매 물량(Sell-Out)까지 챙겨야 미리미리 수요를 예측할 수 있다.

아래 그림은 제품을 판매할 때 회사 내 각 부서별로 SCM 측면에서 어떤 일들을 하고 무엇을 챙겨야 하는지 잘 보여준다.

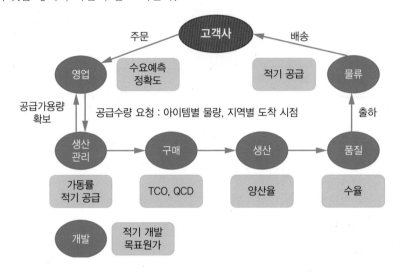

공급가용량

공급가용량은 일별 또는 주 차별로 공급할 수 있는 물량을 뜻하는 것으로, 단순히 생산 일정만 감안하는 것이 아니라 물류 리드 타임까지 감안하여 책정되는 공급 가능 물량이다.

가동률 · 양산율 · 수율

가동률은 실제 공장의 설비나 책정된 생산 능력(Capacity) 대비 생산이 가동되는 비중을 말하는 것이고, **양산율**이나 **수율**은 불량 없이 생산되는 비중을 뜻한다.

TCO · QCD

TCO와 **QCD**는 Total Cost of Ownership(총원가) 관점에서 Quality(품질), Cost(비용), Delivery(배송)를 준수할 수 있는 협력사를 선정하고 관리하는 것을 말한다(구매 편에서 자세하게 설명).

2. SCM 운영 주요 직무 세부 내용

① 수요관리 측면에서의 SCM(해외영업)

앞서 해외영업에서 설명했던 바와 같이, 국내영업보다 해외영업에서 수요관리가 중요한 이유는 공급 리드 타임(Lead Time) 때문이다. 당장 오늘 오더를 받은 물량이 최소 6~8주, 즉 1~2개월 후에 현지에서 판매되기 때문에 본사에 있는 해외영업 담당자는 1~2개월 후 현지에서 팔릴 물량을 예측할 필요가 있다. 그리고 그 기간 동안에 수주를 받은 물량의 변동이 갑자기 발생되지 않도록 주의해야 한다. 중요한 부분이니 아래 방법을 다시 한 번 체크한 뒤 공급관리 측면에서의 SCM을 살펴보도록 하자.

SCM 수요관리 담당자(해외영업)의 수요예측 방법

☑ 과거 3개년, 최근 3개월간의 판매 트렌드 분석

시스템에서 모델별, 그리고 거래선별로 판매 수량을 뽑아서 숫자로 데이터를 만들고 그 데이터를 통해 트렌드를 읽는다.

☑ 현지 영업 담당자 및 거래선 구매 담당자와의 수시 커뮤니케이션

판매 현장을 가장 잘 아는 현지 영업 담당자로부터 판매 현황 및 소비 트렌드를 수시로 받도록 한다. 또한 거래선 구매 담당자로부터 판매에 있어 애로사항, 경쟁사 정보 등을 입수한다.

☑ 공급단을 통해 수시로 공급가용량 확인

아무리 수요를 제대로 예측한다고 한들 공급이 원활하지 않으면 수요예측대로 판매를 할 수 없다. 신모델이라면 개발 납기, 기존 모델이라면 생산 납기부터 확인해야 한다. 또한 생산관리 담당자를 통해 최근 생산 이슈, 품질 이슈 등을 확인하고, 물류 담당자를 통해 최근 물류 동향 등도 확인해야 한다.

---

② 공급관리 측면에서의 SCM

생산관리

팔리는 속도대로 생산
생산가용량 점검(4M)
생산 계획 수립
계획 대비 실적 분석 및 공유

| 개발 | 구매 | 생산 | 물류 |

기업 내 SCM 운영 부서가 있으면 SCM 공급관리 담당자가, 만일 별도의 SCM 운영 부서가 없다면 생산관리 담당자가 공급단과 수요단을 조율하는 SCM 담당 역할을 맡게 된다. 시장과 영업의 수요에 맞춰 생산가용량을 4M(Man, Material, Machine, Method)을 통해 점검하고, 생산 계획을 수립하여 100% 계획대로 생산될 수 있도록 한다.

각 공급 관련 부서에서는 다음과 같은 SCM 측면에서의 역할을 수행한다.

공급 관련 부서	SCM 측면에서의 역할
개발	수요공급 프로세스 기반 설계 (개발납기/비용 절감/생산성)
구매	총구매비용 최소화 및 협력사 관리 (단가/물류비/품질비/내재화)
생산	오차 없이 확정된 물량 생산 (정량/탄력적 라인 설계/품질)
물류	납기준수 및 비용 절감 (3PL 협업/ 물류 루트/직선적)

공급 관련 각 직무 내용은 이공계 스터디 편에서 자세하게 다루도록 하겠다.

3. SCM 운영 지원자의 필요 역량과 자질 및 핵심 키워드

① 필요 역량과 자질

◆ 공급사슬 및 수요예측, 생산공정에 대한 지식을 보유한 산업공학 및 경영학 출신 선호(CPIM 자격 보유자 우대)

◆ 데이터 가공 및 분석 능력(엑셀 및 시스템 활용 능력)

◆ 개선의지가 강한 사람(문제 해결 능력)

◆ 외국어 구사 능력

◆ 설득력 및 논리력

② 인사 담당자나 면접위원들이 선호하는 SCM 운영 지원자의 키워드

프로세스 개선   시스템화   손해(비용, 시간) 절감   효율성

다각적 분석 능력   집요한 실행력   데이터 분석 및 활용 능력

숫자를 데이터화하여 트렌드를 읽을 수 있는 능력

PSI(생산, 판매, 재고) 물동 데이터와 트렌드 기반 예측 능력

따라서 SCM 운영 직무를 지원하기 위해서는 다음 사항을 먼저 준비해 두면 좋다.

4. SCM 운영 직무에 지원하기 위한 사전 준비 항목

◆ 시중 서점에서 SCM 및 PI(Process Innovation) 관련 서적 정독

◆ 원가, 비용, 손실(Loss)절감 등에 대한 용어 및 지식 습득

◆ 학창 시절 작은 프로세스라도 개선시키고자 노력했던 사례

◆ 엑셀의 피벗테이블과 함수 활용 능력 배양

◆ 업무 프로세스 개선을 위해 체계화(Systemizing)하고자 하는 아이디어 제시

◆ 어학 능력 배양(중국 내 현지 사업장이 많은 기업의 경우 중국어 우대)

03 물류 우수 자기소개서 사례

1. 당사에 지원한 이유와 입사를 위해 어떤 노력을 하였는지 구체적으로 기술하시오.

타 업종 대비 적정 재고 관리와 배송 및 보관상 품질에 특히 신경을 써야 하는 패션업에서 저의 주특기인 물류 전공을 살려 보관, 배송, 유통 단계에서 비용 절감과 적기 공급에 기여해 보고자 합니다.

[사례연구를 통해 깨달은 물류비 절감 방법]

물류 혁신 사례들을 연구하면서 포장, 하역에 있어서 물류 표준화, 의류 업체와 편의점 간 물류 공동망 사용, 자동 피킹 시스템, E-SCM 도입 등을 통해 물류비를 절감할 수 있다는 사실을 깨닫고 새로운 아이디어를 도출하고자 노력하였습니다. 저는 SCM에 대한 이해를 높이기 위해 유통, 구매자재관리사를 준비하면서 완성품뿐만 아니라 옷걸이, 쇼핑백 등 자재에서도 비용을 절감할 수 있는 부분들이 많다는 것을 알게 됐습니다.

[ERP 프로그램을 사용한 물류관리법을 배우다]

ERP 물류관리 프로그램을 사용하는 수업을 통해 전산망으로 우리가 보지 못하는 공급망 전체에서 비용과 시간을 절감할 수 있는 요소를 발견해 내는 것의 중요성을 배웠습니다. 저는 당시 음료 산업 물류 담당자가 돼서 고객이 요구한 수량을 공급업체에서 생산해서 배송하는 데까지 다양한 문제들을 발생시키고 해결하는 시나리오의 제작 프로젝트를 진행하였고, 생산공정을 늘리거나 포장 용기를 유리에서 플라스틱으로 바꾸는 등 공급 리드 타임과 비용을 줄이기 위한 아이디어를 도출하였습니다.

패션 상품은 종류도 다양할뿐더러 의류의 경우 행거물, 플랫물별로 관리 기법이 다르게 적용돼야 합니다. 패션에 최적화된 물류 기법을 도출해 내고, 복잡한 재고 관리를 손쉽게 할 수 있는 RFID 및 시스템 도입에 힘써 브랜드사와 협력사, 고객 모두를 만족시키는 물류 담당자가 되겠습니다.

2. 지원한 직군에서 구체적으로 하고 싶은 일과 본인이 그 일을 남들보다 잘할 수 있는 차별화된 능력과 경험을 기술하시오.

데이터 통계 분석 능력과 통제 장교 수행 경험을 바탕으로 한 꼼꼼함으로 비용을 감소시키고, 타 부서 및 협력사와의 협업을 통해 수요에 따른 적기 공급을 실현하고자 합니다.

[데이터 분석 능력으로 작은 요소도 놓치지 않는다]

제가 가지고 있는 사회조사분석, 데이터 활용 능력을 통해 불필요한 재고 비용이 들지 않도록 하겠습니다. 고객이 원하는 상품을 적시에 구매할 수 있고, 불필요한 재고가 쌓여 회수 물류, 보관비용이 들지 않도록 하겠습니다. 쇼핑백은 상품을 담는 용도뿐 아니라 브랜드 이미지를 드러내는 중요한 요소가 됩니다. 쇼핑백과 같은 작은 요소에 있어서도 재고가 부족하지 않도록 하겠습니다.

[작전을 가능하게 했던 협업 능력으로 수요에 대응하다]

항공 통제사로서 쌓아온 협업 능력을 통해 국내외 브랜드사 및 협력업체와 유통채널을 연결하여 불필요한 비용을 감소시키고 판매량을 최대한 끌어올리겠습니다.

항공 통제사는 시작부터 끝까지 협업해야 업무 진행이 가능합니다. 조종사와 임무를 준비할 때 사전 브리핑을 나누고, 육·해군 등 타 부서와 훈련 시 서로가 강조하는 훈련의 중점을 전달하였습니다. 훈련 후에는 계획대로 진행되지 못한 원인을 발견하여 다음 훈련 시 수정 및 적용하였고, 훈련 중 사용하는 공역에 대한 협조를 각 관제탑에 사전 통보하고 필요시 관제를 이양하는 일도 수행하였습니다.

언젠가는 항로 이용에 있어 작전을 중시하는 군과 경제성을 중시하는 민항공사가 갈등관계에 놓인 적이 있었습니다. 저는 이러한 문제를 개선하고자 모인 민군 협력 워크숍에서 그들에게 우리의 입장을 이해시키고, 그들의 입장을 반영하도록 힘썼습니다.

물량을 공급해야 하는 유통채널이 백화점, 아웃렛에서 카테고리 킬러, 온라인 몰까지 다양해짐으로써 이러한 협업 능력은 무엇보다 중요시된다고 생각합니다. 유통업체의 정보를 통해 정확한 수요예측을 하고 그 정보를 즉시 반영하여 협력업체로부터 적절한 물량이 발주되도록 만들어야 합니다. 이를 통해 최대 적재량을 달성하여 물류 비용을 최소화하도록 하겠습니다.

저는 플라워 샵 운영을 도우며 수요예측을 통한 예비 재고의 중요성을 깨달은 뒤 운송 과정에 있어 포장 문제를 해결하고 최대 적재량을 달성하기 위하여 다양한 아이디어를 도출한 경험을 가지고 있습니다.

[최대 적재량 달성과 예비 재고를 통한 비용감소]

지인의 플라워 샵 운영을 도울 당시 화이트데이를 맞아 프로모션을 진행하자는 제안을 하였습니다. 주요 구매층을 같이 근무하는 직업군인들로 잡고 개인 차량을 이용해 부대로 배송할 계획을 세웠습니다. 운송비를 절약하기 위해 바구니보다는 한번에 배송할 수 있는 네모난 상자를 선택하였고, 빨리 시드는 꽃의 특성에 맞춰 하루 전날 도매상가를 방문해 공수해 왔습니다.

그런데 주문 수량 30박스에 맞춰 꽃을 준비했는데 하루 전날 예상치 못한 주문이 들어오게 되면서 문제가 발생했고, 4~5개 추가 주문 때문에 또다시 꽃 시장을 방문하는 상황을 겪었습니다. 예기치 못한 수요로 인해 유류비와 인건비, 이동시간이라는 기회비용이 발생하게 된 것입니다.

그 후 꽃바구니 주문을 받을 때에는 불필요한 비용을 줄이기 위해 예비 재고를 함께 공수해 왔으며, 오래 가는 꽃 위주로 공수해 남는 꽃은 코사지(Corsage)로 만들어 재고가 없도록 대처했습니다.

[품질을 위한 패키지와 배송 해결]

꽃은 환경에 예민하기 때문에 포장과 배송에 있어서도 해결해야 할 문제가 많았습니다. 플라워 박스 용기 특성상 꽃이 금방 시들어 버리고 계속적인 물 공급 또한 어려웠기 때문입니다. 이에 저는 박스 안에서도 꽃이 숨쉬게 하기 위해 물을 지속적으로 공급해 줄 수 있는 플로랄 폼을 사용하기로 하였고, 박스에 물이 젖을 수 있는 경우를 대비해 박스 안을 모양이 있는 투명 비닐로 둘러쌓았습니다.

하지만 택배로 배송한 상품의 경우 포장 박스 안을 신문지로 가득 채웠음에도 불구하고 배송 중 흔들림으로 상품의 변질이 발생하게 된 일이 잦았습니다. 이에 처음에는 택배로 배송하는 일은 포기할까 생각했지만, 박스 안에 또 다른 특수 박스를 제작하여 상품이 고정되게 만듦으로써 문제를 해결했습니다.

꽃과 패션은 물류에 있어 닮은 부분이 많습니다. 스스로의 운영 경험을 통해 깨달은 물류적 감각을 귀사에서 발휘해 보고 싶습니다.

08

금융권

구글도 모르는 직무분석집

📺 금융권 소개

금융이란?
가계, 기업, 정부 등 경제 주체들 사이에서 자금이 융통되는 것

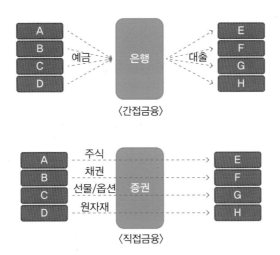

- ◆ **직접금융** : 자신이 직접 책임과 계산 ➜ 증권회사
- ◆ **간접금융** : 책임을 금융기관이 부담 ➜ 은행

금융권을 지원하는 취업준비생들에게 금융이란 무엇이냐고 물어봤을 때 의외로 명쾌한 답을 제시하는 이가 많지 않다. '**금융**'은 말 그대로 '**돈을 융통해 주는 것**'을 말한다. 즉, 가계, 기업, 정부 등의 경제 주체들 사이에서 자금이 융통되는 것이다.

돈을 융통하는 방법에는 크게 '**간접금융**'과 '**직접금융**' 두 가지가 있는데, 간접금융은 우리가 가장 많이 사용하는 은행으로 제3자를 통해서 돈을 빌리는 방법이다. 직접 돈을 빌리고 받는 대신 은행이라는 자금 중개자를 통해서 지금을 융통하는 금융시스템이다.

반대로 직접금융은 채권과 주식 등 수요자가 금융기관의 개입없이 공급자로부터 자금을 직접 조달받는 방법이다. 특히 주식의 경우 돈이 필요할 때 투자를 받는 것으로,

은행이나 채권처럼 이자를 받는 대신 지분을 갖는다. P2P 대출이나 크라우드펀딩 등도 최근 뜨고 있는 직접금융의 형태 중 하나이다.

그럼 이번에는 금융권의 업종별 현황과 직무들에 대해서 살펴보도록 하겠다.

01 금융권의 업종별 구분

금융권에는 다양한 업종이 존재한다. 은행, 증권, 보험 외에도 자산운용사, 투자자문사, 사모펀드, 연기금, 그리고 많은 금융공기업들이 있으니 각 업종별 특징에 대해 알아보도록 하자.

1. 은행

- ◆ **개요** : 예금이 주요 자금 조달 원천이며 주로 장·단기 대출을 통해 시장에 자금 공급
- ◆ **주요 업무** : 예금, 대출, 펀드 및 금융상품 판매
- ◆ **구분**
  - **대형 은행** : 신한, KB국민, 하나, 우리
  - **지방 은행** : 부산, 대구, 광주, 전북, 경남, 제주 등
  - **특수 은행** : NH농협, SH수협
  - **국책 은행❼** : 한국수출입, KDB산업, IBK기업

2. 보험

- ◆ **개요** : 보험료 수입이 자금 조달 원천이며 은행보다는 장기 대출을 통해 자금 공급
- ◆ **주요 업무** : 보험 판매, 약관 대출, 보험상품 개발 및 자산 운용

---

❼ 국책 은행 : 일반 은행이 재원, 채산성 또는 전문성 등의 제약으로, 필요한 자금을 충분히 공급하지 못하는 특정 부문에 대하여 자금을 원활히 공급하여 일반 상업금융의 취약점을 보완하고 경제의 균형적 발전을 도모하는 역할을 하는 기관을 말한다.

◆ **구분**

- **생명보험** : 삼성생명, 한화생명, 교보생명, 농협생명, 신한생명 등
- **손해보험** : 삼성화재, 현대해상, 동부화재, LIG손해보험, 메리츠화재 등

3. 증권

◆ **개요** : 직접 금융시장의 중개 업무 담당(발행시장/유통시장)

◆ **주요 업무** : 주식 중개(개인/법인), 펀드 및 금융상품 판매

◆ **구분**

- **대기업 계열** : 삼성증권, 하이투자증권, SK증권, HMC투자증권, 한화투자증권 등
- **금융지주사 계열** : KB투자, 하나대투, 우리투자, 신한금융투자, NH증권, 미래에셋 등
- **중소형/독립** : 키움증권

4. 자산운용

◆ **개요** : 은행 및 증권사(판매사)를 통한 모집 펀드 운용

◆ **주요 업무** : 주식, 채권, 파생상품, 대안투자(부동산/자원/사모투자) 부문으로 구분 운용

◆ **주요 업체** : 미래에셋자산운용, 삼성자산운용, 신한BNP파리바자산운용, KB자산운용, 한국투자신탁운용, 한화자산운용, 하나UBS운용 등

5. 투자자문

◆ **개요** : 증권사를 통해 판매한 랩어카운트®(Wrap Account) 운용 담당

◆ **주요 업체** : 브레인투자자문, 케이원투자자문, 한국창의투자자문, 바로투자자문

◆ 운용사의 스타 펀드매니저들이 독립하여 창업한 경우가 많으며 일반적으로 소규모

구분	랩어카운트	펀드
운용 방식	개별 계좌 운용	통합 계좌 운용
맞춤형 투자	투자자 성향에 맞게 조절 가능	투자자 의견 반영 없음
수수료	관리수수료	판매, 운용, 수탁수수료

---

❽ 랩어카운트(Wrap Account) : 투자자의 투자 선호, 성향에 맞춰 하나의 계좌에 주식, 채권, 펀드 등 각종 투자상품을 원하는 대로 담아 자산운용 전문가를 통해 운용 및 자문하는 상품

6. 사모펀드

- ◆ **개요** : 은행/증권계 자회사, 독립 펀드(개인 파트너) 및 외국계 펀드 등
- ◆ **주요 업무** : 투자 심사 및 집행, 투자자 모집 등
- ◆ **구분**
  - • **은행계** : 우리PE, 신한PE 등
  - • **독립** : MBK파트너스, IMM PE, 보고펀드 등
  - • **외국계** : 블랙스톤(Blackstone), 칼라일(Carlyle) 등

7. 연기금

- ◆ **개요** : 자산운용사 및 사모펀드와 함께 기관투자자의 한 축 구성
- ◆ 국내주식 및 채권이 주요 포트폴리오를 구성하지만 최근에는 해외투자, 부동산 및 사모펀드 등 대안투자에 대한 비중 증대
- ◆ 4대 연금인 국민연금을 포함한 우정사업본부, 공무원연금, 사학연금 및 기타 공제회 등

8. 금융공기업

- ◆ **개요** : 정부가 해당 기관의 의결권이 있는 주식 50% 이상을 보유한 금융기업으로 경제 개발 촉진 및 지역 경제 발전 도모 등 국가 경제 발전에 기여
- ◆ **주요 업체** : 한국은행, 금융감독원, 산업은행, 정책금융공사, 수출입은행, 수출보험공사, 한국투자공사, 한국증권거래소, 증권예탁결제원, 예금보험공사, 신용보증기금, 기술보증기금 등

이상으로 금융기관에 대해 업종별로 알아보았으니 다음에는 금융권 주요 직무들에 대해서 알아보도록 하자.

02 금융권 주요 직무

금융권 주요 업종 중 신입사원 채용이 상대적으로 활발한 은행, 증권, 자산운용사 내 주요 직무에 대해서 살펴보도록 하자. 물론 보험사의 영업관리, 상품계리 등의 직무도 있지만 이번에는 일반적인 금융권 업무에 대해 집중적으로 알아보고자 한다.

1. 은행 직무 이해

① 지점 · 본점 업무상 구분

- 지점영업 -

◆ 은행 업무의 기본이며 신입 입사 시 배치 가능성이 가장 높음

◆ 개인 고객과 중소기업들을 위한 예금, 외환, 적금, 펀드, 대출 업무

◆ 고액자산가 관리를 위한 PB(Private Banking : 프라이빗 뱅킹) 부서가 별도로 존재하나 아직 수익 창출 기여도는 낮은 편

◆ 업무 자체는 다소 반복적이나 증권사 지점영업에 비해 영업 부담은 상대적으로 낮고 안정적인 편

- 본점영업 · 지원 -

◆ 영업, 투자 검토, 심사, 기타 지원 부서까지 다양한 업무

◆ **대기업 영업팀** : 대기업 고객 관리 부서

◆ **투자금융부** : 대출 또는 투자 검토

◆ **심사팀** : 차주에 대한 신용 심사

◆ **자금팀** : 은행의 장 · 단기 자금 조달

② 업무 내용상 구분

- 개인금융 -

상담을 통해 고객 자금 사정 및 연령, 필요로 하는 상품 안내 및 가입 등의 지원 업무를 수행한다.

- ◆ **예금수납 업무** : 정기성 예금, 일반 예금, 요구불 예금, 주택청약 등의 수납 업무
- ◆ **여신 업무** : 주택담보대출, 신용 대출 등 가계 대출
- ◆ **개인금융서비스** : 어음교환 및 수납대행, 카드, 방카슈랑스, 펀드 상담 및 판매
- ◆ **외환 업무** : 환전 및 외환송금 업무
- ◆ **사후관리 업무** : 카드 및 가계대출 업무 관련

- PB(Private Banking) -

개인영업 기반의 유지 및 확충을 위한 고액 자산 고객을 중심으로 투자 포트폴리오 관리서비스, 세금 컨설팅, 부동산관리서비스 등 종합자산관리서비스를 제공한다.

- ◆ 예금수납 업무
- ◆ **종합자산관리** : 자산의 상태, 연령, 직업 등 종합적 자산관리 업무
- ◆ **상담 업무** : 여신, 수신, 외환, 신용카드 등 상담 업무
- ◆ **마케팅** : 신규 우수 고객 유치 등

- 기업금융 -

기업 대상 고객의 여신 및 외환 업무 관리, 고객 신규 발굴 및 관리 업무를 수행한다.

- ◆ 예금수납 업무
- ◆ **여신 업무** : 기업운전자금대출(신용/담보) 운영 자금, 지급 보증, 외환 관련 여신, 결제성 여신 및 시설자금 대출, 설비 구입, 공장 건설 등
- ◆ **외환 업무** : 무역거래 관련 신용장 개설 및 매입 업무, 선물환거래, 수출입 송금 등
- ◆ **기업금융서비스** : 퇴직연금 및 펀드, 방카슈랑스 상담 및 신규고객 응대
- ◆ **사후관리** : 기업카드 및 대출 업무 관련 사후처리

은행의 주요 직무들에 대해서 알아봤으니 이번에는 증권사 직무에 대해 알아보도록 하자.

2. 증권사 직무 이해

- 주식영업 -

◆ 가장 기본이 되는 증권사들의 전통 고유 업무

◆ 기관투자자(자산운용사 및 연기금) 대상 주식 중개 영업

◆ 중개하는 상품이 단순하다는 점에서 증권사 간 경쟁이 매우 심한 편

◆ 일종의 볼륨(Volume) 비즈니스라는 점에서 시황이 좋은 경우 보상이 높으며 이직 용이

- 기업금융(IB) -

◆ 발행시장과 관련하여 주식 IPO팀(ECM)과 채권발행팀(DCM)이 있으며, 기업 인수합병을 담당하는 M&A팀, 기타 대체 투자를 담당하는 부동산 · 실물자원팀 등이 존재

◆ 회사별로 고객 관리 및 영업을 전담하는 별도의 커버리지(Coverage) 팀을 두는 경우 有

◆ 도제식(徒弟式) 팀제로 운영, 5~6년 정도 근무 후 고객 영업 시작

- 리서치 -

◆ 흔히 셀사이드(Sell-Side) 애널리스트로 불리며 담당하는 섹터의 주식에 대한 분석 및 목표 제시

◆ 기관투자자(자산운용사 및 연기금)들이 요청하는 자료 및 회사 · 시황에 대한 분석자료 제공

◆ 국내 대형 증권사의 경우 리서치 어시스턴트(Research Assistant) 포지션으로 입사하여 3~4년간의 근무 후 애널리스트 승격 심사를 거치는 경우 多

◆ 증권사 다른 직종(주식영업이나 기업금융)에 비해 영업 부담이 낮고 상대적으로 짧은 기간에 독립적으로 업무 수행

- 파생결합증권(ELS · DLS · ELW) 관련 업무 -

◆ 국내 증권사들의 수익 기여도 측면에서 위탁매매 수수료 다음을 차지하는 주요 업무

◆ 주식 · 채권 · 원자재 등을 기초 자산으로 상품을 설계하여 개인 · 기업 고객에게 판매하는 업무

◆ 일반적으로 상품 개발과 영업이 구분되어 있으며, 상품 개발 부문은 파생상품에 대한 높은 이해가 필요하다는 점에서(금융공학 등) 주로 석사 이상의 학력 요구

파생결합증권이란, 기초자산 가격 등의 변동과 연계하여 수익구조가 결정되는 금융투자상품을 말하며 대표적인 상품들은 다음과 같다.

- ◆ ELS(Equity Linked Securities) : 주가지수 또는 특정주식가격의 변동과 연계되어 수익률이 결정되는 증권
- ◆ DLS(Derivative Linked Securities) : 주가 외 기초자산(금리, 통화, 상품, 신용위험 등) 가격 변동과 연계되어 수익률이 결정되는 증권
- ◆ ELW(Equity Linked Warrant) : 주가지수 또는 특정주식 등의 기초자산을 사전에 정한 가격으로 미래 시점에 사거나 팔 수 있는 권리를 나타내는 증권으로 거래소에 상장되어 거래 (장내 파생상품인 '옵션'과 경제적 효과는 동일하나 증권의 속성을 가지고 있어, 투자 손실은 원금에 한정)
- ◆ ETN(Exchange Traded Note) : 기초자산 가격의 변동과 연계되어 수익률이 결정되는 증권으로 거래소에 상장되어 거래

3. 자산운용사 직무 이해

- 운용 -

- ◆ 신입보다는 경력직 위주로 채용
- ◆ 보통 바이사이드(Buy-Side) 애널리스트라고 부르는 사내 리서치팀과 운용전략팀, 운용팀 등으로 구성
- ◆ 신입의 경우 주로 리서치팀에서 업무 시작
- ◆ 증권사에 비해 영업 부담은 적은 편

- 영업 -

- ◆ 상품 개발과 리테일 · 기관 마케팅으로 구분
- ◆ **상품 개발팀** : 펀드매니저들과의 협의를 통해 신규 상품 개발
- ◆ **마케팅** : 개인 고객을 담당하는 증권사 또는 기관투자자들에 대한 마케팅 담당
- ◆ 증권사 영업직에 비해 안정적이나 성과급 수준은 낮은 편

은행 외 기타 금융권에 대해 종합적으로 알고자 한다면 위에서 계속 언급되고 있는 바이사이드(Buy-Side)와 셀사이드(Sell-Side)에 대한 이해가 필요하다.

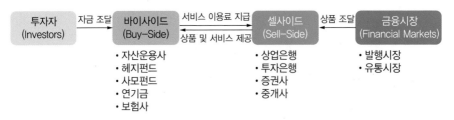

일반적인 금융권의 생태

바이사이드(Buy-Side)

바이사이드란 **'싸게 사서 비싸게 파는'** 역할로 펀드매니저가 대표적이다. 즉, 투자자들로부터 펀드를 유치해서 무언가 살 수 있는(Buy) 돈을 쥐고 있는 위치에 있다. 목적에 따라 자산 배분이나 적합한 포트폴리오 구성 방식으로 투자를 집행한다.

셀사이드(Sell-Side)

셀사이드란 **'물어다 주는 역할'**을 하며 투자상품이나 투자자 등을 물색하는 증권사 및 브로커가 해당된다. 이들은 자금이 없기 때문에 무언가를 팔아서(Sell) 돈을 벌어야 하며, 바이사이드에게 적절한 상품과 서비스를 제공하는 역할을 한다.

이상으로 주요 기관의 직무에 대해서 알아봤다. 그렇다면 과연 금융권의 각 업종은 어떤 성향을 갖고 있을까?

4. 업종별 직무 성향

- 은행 · 보험사 · 공기업 -

- ◆ 신입 공채의 경우 주로 순환 보직(지점 및 본점, 영업 및 관리 등)
- ◆ 전반적인 복지 수준이 높고 안정적
- ◆ 개인 성과보다는 조직 전체의 성과를 중심으로 평가
- ◆ 장기적으로는 전문가보다는 관리자 양성의 조직구조
- ◆ 순환 보직에 거부감이 없고, 안정적인 근무 여건을 선호하는 성향에 적합

- 증권 -

♦ 신입 공채의 경우 초기 순환 보직(지점 및 본점, 영업 및 관리 등)

♦ 기업 금융 부서의 경우는 일정 기간 후 특정 부서 정착

♦ 타 업종에 비해 개인 성과 중심 평가

♦ 관리자보다는 특정 부문의 전문가로 양성하는 조직구조

♦ 개별 성과 중심의 경쟁적인 분위기를 즐기는 성향에 적합

- 외국계 금융사 -

♦ 신입 채용의 경우 공채보다는 인턴십 이후 또는 개별 면접을 통해 채용

♦ 홍콩, 일본 등 아시아 본부와 협업(Co-Work)

♦ 타 업종에 비해 개인 성과 중심 평가

♦ 세일즈(Sales) 등 프론트 포지션의 경우 국내 증권사보다는 영업 부담이 다소 높음

♦ 개별 성과 중심의 경쟁적인 분위기를 즐기는 성향에 적합

이상으로 금융권 직무들에 대해서 구체적으로 살펴보았다. 다음은 금융권에 입사하기 위해 어떤 전략과 준비가 필요한지 알아보도록 하자.

03 금융권 취업 전략

　지금 이 시간에도 금융권을 취업하기 위해 많은 취업준비생들이 노력하고 있다. 사실 금융권 입사는 복잡한 업무 특성상 일반 기업 입사보다 더 많은 노력이 필요한 것이 사실이다. 지원하고자 하는 기업의 업무 특성도 잘 알아야 하며, 관련 지식과 상식들도 풍부하게 갖추어야 한다. 그 외에도 금융권이기 때문에 필요한 것들이 있으니 꼼꼼히 알아보도록 하자.

1. 금융권 취업 사전 준비

　◆ 본인의 성격 및 성향 파악

　◆ 이력서 및 자기소개서 준비

　◆ 기업별 상 · 하반기 채용 일정 파악

　◆ 기업별 지원 요건 파악 및 준비(어학 점수, 필기 시험 등)

　◆ 지원하고자 하는 기업에 대한 정보수집 및 파악

　혹시나 은행권에서 매년 꾸준히 신입 채용을 진행한다는 이유로 무작정 은행이나 넣어보자는 생각을 갖고 지원한 지원자가 있다면 100% 탈락을 면치 못할 것이다. 설령 운 좋게 서류전형에서 통과한다 하더라도 이후의 필기시험과 면접전형을 뚫기는 불가능하다고 단언한다. 그러므로 본인이 은행에 왜 입사하려 하는지, 그리고 입사를 위해 무엇을 준비해 왔는지 정확히 파악한 뒤에 결정을 내리길 바란다.

　먼저 은행권 입사에 필요한 조건에 대해서 **'직무역량'**, **'인성'**, **'로열티'** 세 가지 측면으로 진단해 보자.

2. 금융권 취업의 필요 조건

- 직무역량적 측면 -

- ◆ **커뮤니케이션(표현 및 전달력) 및 분석력** : 상품설명 및 고객의 니즈를 파악, 조직 내 원활한 관계를 통해 시너지 창출
- ◆ **신속·정확성** : 입출금 및 송금 등의 업무의 신속함과 정확성 요구
- ◆ **금융지식** : 경제전반을 이해하고 고객에게 바른 안내를 할 수 있는 지식
- ◆ **리스크 관리** : 수시로 변하는 금융상황과 고객의 자산 상태에 따른 리스크 관리 및 선조치
- ◆ **글로벌 역량** : 중국, 미국, 동남아 등 각국 영업점에서 업무를 수행할 수 있는 언어 능력 및 문화 이해도

- 인성적 측면 -

- ◆ **성실과 신뢰** : 수많은 규정과 전문지식을 숙지, 고객과의 약속을 지키는 신뢰, 책임감
- ◆ **도덕성** : 은행원으로서 돈을 돌같이 볼 수 있는 자세
- ◆ **배려와 공감** : 은행원의 입장에서 보는 것이 아닌 고객의 입장에서 이해, 고객 지향의 자세
- ◆ **열정** : 도전을 두려워하지 않는 자세, 신규 업무 및 신규 영업 창출, 적응할 수 있는 자세
- ◆ **그 외** : 조직적합성, 진정성, 일관성 등도 평가

- 로열티적 측면 -

- ◆ 금융업에 지속적으로 관심을 가지고 있었다는 것을 증명할 수 있는 관련 활동 또는 자격증
- ◆ 지원 기업 관련 업종 유관 경험
- ◆ 자기만의 스토리

필자 또한 로열티 측면의 경우 지원자가 모든 것을 다 갖추는 일은 꽤 어렵다는 사실을 잘 알고 있다. 하지만 본인 스스로 은행 입사를 결심한 이상 활동이나 자격증, 유관 경험, 그리고 자기만의 스토리 중 하나 정도는 필히 준비해 두도록 하자.

다음은 금융권 취업을 준비하는 많은 지원자들이 가장 많이 묻고, 또 궁금해 하는 자격증이다. 물론 직무별 필요 자격증이나 해당 자격증의 취득 난이도가 필히 정답이라고는 할 수 없으니 참고하는 느낌으로 읽어주길 바란다.

3. 자격증 - 은행

① 금융 영업 직군

- 리테일영업 -

자격증	난이도
변액보험판매관리사, 펀드(파생상품)투자권유대행인, 자산관리사(은행 FP)	★★★☆☆
AFPK	★★★★☆
세무사, CFP, 신용위험분석사	★★★★★

- 기업영업 -

자격증	난이도
펀드(파생상품 · 증권)투자권유대행인, 외환관리사	★★★☆☆
투자자산운용사, 신용분석사, 신용위험분석사	★★★★☆
CFA, CFP, 공인회계사, 세무사	★★★★★

② 금융 전문가 그룹

- 여신심사 -

자격증	난이도
여신심사역, 신용분석사, 신용위험분석사, 신용관리사	★★★★☆
KICPA, AICPA	★★★★★

- 기업금융 -

자격증	난이도
외환전문역 2종, 외환관리사, 파생상품투자권유대행인	★★★☆☆
신용분석사, 신용위험분석사, 투자자산운용사	★★★★☆
KICPA, AICPA, CFA	★★★★★

- 영업&투자 -

자격증	난이도
파생상품투자권유대행인	★★★☆☆
금융투자분석사, 증권분석사, 투자자산운용사	★★★★☆
KICPA, AICPA, CFA	★★★★★

- 상품설계 -

자격증	난이도
재무위험관리사, 파생상품투자권유대행인	★★★☆☆
FRM, 투자자산운용사, 증권분석사	★★★★☆
CFA	★★★★★

- 위험관리 -

자격증	난이도
재무위험관리사	★★★☆☆
FRM	★★★★☆

4. 자격증 - 기타

① 증권

구분	자격증
PB(증권투자관리)	은행 FP, AFPK, CFP
IB(투자은행)	신용분석사, 신용상담사, CRA(신용위험분석사), 신용관리사
자산운용	투자자산운용사
위탁중개	증권(펀드 · 파생상품)투자권유대행인

② 보험사

구분	자격증
PB(보험자산관리)	은행 FP, AFPK, CFP
여신 업무	신용분석사, 신용상담사, CRA(신용위험분석사), 신용관리사
자산운용	투자자산운용사
상품계리	보험계리사
손해사정	손해사정사

이상으로 자격증에 대해 알아봤다. 하지만 위에서도 언급한 바와 같이 이것은 단지 참조할 사항일 뿐이며, 금융권 취업에 관심이 있다면 어느 업무에 어떤 자격증들과 지

식이 필요한지 늘 신경 쓸 필요가 있다. 자격증을 이미 취득한 상태라면 가장 좋겠지만, 그렇지 않은 상태라면 적어도 본인이 희망하는 업종 또는 직무를 제대로 수행하기 위해 현재 준비 중이라는 의지라도 보여줄 필요가 있다.

마지막으로 금융권 면접 사전 준비 요령에 대해 알아보도록 하겠다.

5. 금융권 취업을 위한 사전 준비 요령

◆ 지원 회사에 대한 정확한 정보 및 최근 현황(주요 사업, 시장점유율, 재무상태 등) 파악

◆ 공백 기간이 있는 경우 해당 기간에 대한 대응 설명 준비

◆ 경제·경영 비전공자이면서 자격증이나 인턴 등 경험이 없는 경우 금융 관련 경험 또는 지식을 어떻게 보완했는지에 대한 상세한 설명 준비

◆ 신입 공채의 경우 직무별 채용보다는 채용 후 배치가 일반적이므로 지원 회사의 고유 업무에 대한 전반적인 이해 및 대응책 준비

◆ **업종별로 본인의 성향을 차별화하여 어필**
　• **은행 & 보험** : 개인의 역량보다는 조직에 대한 융화나 팀워크
　• **증권** : 적극적이고 진취적인 태도, 팀워크

◆ 외국계 은행 및 증권의 경우 직무별 채용이 일반적이므로 해당 업무가 자신의 선호도 및 성향과 맞는지 파악한 뒤 해당 업무에 대한 리서치 필요

이상으로 금융권 취업에 대한 정리를 마무리 짓도록 하겠다. 부디 금융권 지원자분들은 업종 및 직무 성향을 제대로 파악한 뒤 관련한 지식과 업무 스킬을 부지런히 준비하여 취업에 성공하길 바란다.

04 금융권 우수 자기소개서 사례

> 1. ○○은행에 지원하게 된 계기와 ○○은행이 귀하를 채용해야 하는 이유에 대하여 기술하
> 십시오.   1,000 byte / 500자 이내

세상과 조직을 혁신시키고 있는 ○○은행에서, 저 역시 늘 끊임없이 변화·발전하는 행원이 되고자 합니다.

[차별화를 빠르게 시행하는 은행]

저는 전공 및 금융공학 동아리 활동에서 각 은행 영업점들을 방문하고 관련 뉴스를 찾아보며 은행별 특화된 금융 산업에 관심을 가져왔습니다. ○○은행은 알뜰폰 사업 및 프랜차이즈 기업 전용 페이처럼 사람들의 생활 속에서 색다른 금융서비스 경험을 제공하고자 노력하고 있고, '애자일 스쿼드' 조직 운영으로 의사소통 자율화를 통한 업무 처리 방식으로 조직을 변화시키고 있습니다.

[끊임없이 개선점을 찾으려 노력하는 행원이 되고자]

사소한 부분에서도 개선점을 고민하는 행원이 되고자 합니다. 저는 인턴 근무 중 기존 엑셀 정리 방식에서 벗어나 피벗테이블을 이용해 파일의 가독성을 용이하게 하여 직원들의 업무 처리에 도움을 드린 경험이 있습니다. 또한 교우관계에서도 늘 다양성을 수용하고자 노력했습니다. 이를 바탕으로 늘 변화하고자 노력하는 자세로 담당 업무를 즐기고 싶습니다.

2. 타인의 불편함을 해소하거나 불만사항을 해결해 준 경험이 있다면 기술하십시오.

1,000 byte / 500자 이내

제게는 두 집단 간의 갈등을 양측의 요구사항들을 접목시켜 최적의 대안 제시로 해결한 사례가 있습니다

[비용과 질, 그 최적의 접점을 찾고자 노력]
저는 미군 가족, 한국 가족, 대구시 대학생 6명이 한 팀으로 구성되어 한미친선교류 활동을 하는 KAFC(Korean American Friendship Circle) 대외활동에서 팀 리더를 맡았습니다. 학생들은 양국의 문화교류 프로그램을 기획하고 양국의 가족들이 스폰서 역할을 했습니다.
그런데 프로그램의 질과 가족들의 비용부담이 상충하면서 결국 행사 자체가 무산될 위기에 처했습니다. 저는 대화를 통해 현실적으로 부담할 수 있는 비용을 파악하고, 이에 맞춰 프로그램 최적화를 위해 학생들을 설득했습니다.

[목표에 대한 확실한 공감대 형성의 중요성]
결국 학생 측과 양 국가 가족들 모두를 만족시킬 수 있는 결과를 도출했고, 여기에서 저는 단순한 소통을 넘어 교감의 중요성을 깨닫게 되었습니다. 공감대 형성으로 진솔한 대화가 가능했고 문제를 해결할 수 있었기 때문입니다.

3. 귀하가 생각하는 최고의 '고객서비스'와 그 이유에 대해 기술하십시오.

2,000 byte / 1,000자 이내

고객의 요구에 빠르고 정확하게 대응하되, 정해진 룰과 매뉴얼에 기반한 고객 응대가 최고의 고객서비스라고 생각합니다.

[다양한 고객님들의 다양한 요구를 대응해야 하는 행원]

은행은 다양한 연령층의 고객이 각자의 이유로 방문하는 곳입니다. 때문에 은행 업무 특성상 여러 종류의 민원 상황을 마주하는 일이 빈번할 것입니다. 이러한 상황에서 최고의 고객서비스란 민원을 제기하는 고객의 상황과 고객의 요구사항들을 정확히 파악하여 그에 알맞은 정보를 눈높이에 맞춰 알기 쉽게 제공하는 것이라 생각합니다. 그러나 서비스 제공에 있어서도 룰과 원칙에서 벗어난 무리한 서비스 제공은 현명한 서비스가 아닐 것입니다. 따라서 정해진 매뉴얼 내에서 고객들을 이해시키고 고객의 요구사항들을 정확하게 응대해 주는 맞춤형 서비스 제공 능력이 필요하다고 생각합니다. 저는 동물카페 아르바이트 경험을 통해 이러한 능력을 쌓을 수 있었습니다.

[규정을 준수하며 최대한 고객의 요구를 수용해 본 경험]

저는 동물카페에서 근무하며 동물 먹이 체험 프로그램을 진행했습니다. 프로그램 안전상 먹이 체험을 위한 안전용 장갑 없이는 체험 구역에 입장이 불가능하다는 규칙이 명시되어 있었습니다. 그러나 통제 과정 중 화를 내며 입장 허가를 무리하게 요구하시는 고객들이 종종 있었습니다. 이러한 클레임에 대해 동물 먹이 체험을 원하는 손님의 입장에 충분히 공감하는 자세를 보인 뒤 카페 내 명시된 규칙을 설명해 드렸습니다. 그 후 동물 먹이 프로그램 대신 장갑 없이 곧바로 체험 가능한 물고기 먹이 프로그램을 안내해 드리며 손님의 협조를 구했습니다.

그 결과 손님은 화를 가라앉히고, 다른 프로그램에 참여를 하셨습니다. 이처럼 저는 민원 고객에 대해 빠른 상황대처능력으로 공감하는 태도를 취하고 고객이 원하는 서비스를 신속히 파악함으로써 최고의 서비스 제공 능력을 기를 수 있었습니다.

4. 소속된 집단(동아리, 학교, 아르바이트, 인턴 등)의 동료와 함께 추진 또는 실행한 경험 중 가장 기억에 남는 것은 무엇이었는지 기술하십시오.   2,000 byte / 1,000자 이내

저는 ××상선 호주법인 인턴 당시 동료의 실수를 함께 해결하고자 개인적인 시간을 할애하며 노력한 결과, 동료애 외에도 업무처리능력을 키운 경험이 있습니다.

[나의 시간을 할애하여 동료와 회사의 손실을 사전에 방지하다]

가격 및 판매(Pricing & Sales) 부서에서 수입, 수출 품목을 관리하고, 거래 내역을 엑셀 파일로 정리하는 업무를 담당하던 중 함께 근무하는 동료 인턴의 실수로 회사에 손실이 일어나는 일이 발생했습니다. 미미한 손실이긴 했지만 좋지 않은 결과를 초래했다는 사실에 큰 자책감에 빠져 있는 동료에게 위로와 격려의 말을 건네며, 제가 맡은 업무를 신속히 마친 뒤 동료가 자료 확인하는 것을 함께 도왔습니다.

물론 제가 맡은 업무도 책임감을 가지고 완료해야 했기 때문에 퇴근 시간이 한참 지나 일을 마치는 일도 잦았습니다. 그러나 신중하게 두 번 확인함으로써 일을 더욱 정확하고 확실하게 처리할 수 있었고, 회사가 입을 손실도 미연에 방지할 수 있었습니다. 처음에는 일을 마무리하는 데 시간이 걸렸지만, 둘의 힘을 합치니 점차 업무 처리 속도도 늘어났고 퇴사 전까지 실수를 저지르는 일도 없었습니다.

[동료애 이상으로 업무 범위를 넓힐 수 있었던 뿌듯함]

위와 같은 경험을 통해 저는 엑셀 데이터 활용 능력 향상과 함께 동료의 일을 도움으로써 새로운 부서의 업무도 배우는 등 보다 넓은 분야의 업무 능력을 기를 수 있었습니다. 또한 작은 실수라도 회사 측에 큰 손실이 갈 수 있는 상황을 겪었기에 다른 업무를 할 때에도 더욱 신중을 기하며 업무를 처리하는 자세를 갖게 되었습니다.

동시에 협업을 통해 동료애까지 돈독히 다지며 두 마리의 토끼를 동시에 잡을 수 있었습니다. 시작은 동료를 돕기 위한 작은 배려였지만, 저 스스로 업무를 바라보는 시야를 넓히는 결과를 가지고 온 뜻깊은 경험이었습니다. 이러한 경험을 바탕으로 저는 주위 동료가 곤경에 처하거나 어려움이 있을 때 문제 해결을 위해 보다 적극적으로 도움을 주려는 자세를 갖게 되었습니다.

고객 개인의 자산을 맡아 관리해 주는 은행의 특성상, 행원에 대한 '신뢰'가 가장 중요한 역량이라고 생각합니다. 제게는 해외봉사활동 중 꼼꼼한 예산 집행으로 팀원들의 신뢰를 얻은 경험이 있습니다.

[고객에게 신뢰를, 은행에게 미래를]

은행의 모든 업무 그 중심에는 사람이 있습니다. 그리고 한 번 은행과 인연을 맺은 고객은 수년에서 수십 년 동안 그 은행과 거래하게 됩니다. 그분들에게 신뢰를 드리게된다면 은행과 저에게 모두 장기적으로 소중한 자산이 될 것입니다.

[책임감을 가지고 예산 관리에 힘쓰다]

베트남으로 2주간 해외봉사활동을 하며 다양한 전공의 사람들과 생활한 적이 있습니다. 역할 분담을 통해 전공인 경제통상에 맞는 총무를 맡았습니다. 2주간의 긴 생활동안 사용할 비용이었기에, 그리고 처음으로 큰 액수의 돈을 관리하게 되어 책임감과사명감을 가졌습니다. 그 과정에서 효율적인 예산 집행을 위해 꾸준히 고민했으며, 혹시 모를 상황을 대비해 나머지 한 명의 총무와 돈을 나누어 보관하기도 했습니다.

이후 저는 아르바이트 마감 시 시재관리를 하던 경험을 토대로 보기 쉽게 십의 단위로 돈을 묶어 정리하고, 일정 시간마다 예산에 맞는 금액이 남아있는지 확인했습니다. 또한 준비해 간 노트를 이용해 모든 비용 지불 후 영수증을 받아 하나하나 붙여가계부를 만들었습니다. 일과 중 자유시간이 주어질 때도 휴식을 취하는 대신 영수증이 붙여진 가계부를 토대로 엑셀 파일을 정리하였고, 이러한 작업을 통해 예산을 보다 확실하게 관리해 낼 수 있었습니다.

[신뢰와 함께 얻은 뿌듯함]

철저한 자금 관리로 신뢰를 쌓은 결과 봉사활동 후 해외탐방 기간의 일정을 직접 기획할 수 있는 기회를 얻기도 했습니다. 빠듯한 예산 내에서도 기획력을 발휘하여 다른 랜드마크 탐방을 추가하는 등 이는 저 스스로에게 만족감과 뿌듯함을 동시에 느낀경험으로 남았습니다.

구글도 모르는 직무분석집

PART

02

이공계 관련 직무

💬 이공계 취업준비생들에게 꼭 전하고 싶은 말

오늘날 이공계 전공자들에게는 인문사회 전공자들에 비해 취업의 문이 더 넓게 열려있는 것이 사실이다. 전공 자체가 곧바로 실무에 쓰일 수 있는 내용들이 다수인 데다 수업과정에서 실습도 많기 때문이다. 따라서 기존의 노력에 조금만 더 보태면 원하는 회사에 취업을 할 수 있다. 수년간의 경험으로 본인이 원하는 회사에 취업한 이공계 전공자들의 공통점은 아래와 같다.

☑ 성공적인 전공 학점 관리
☑ 풍부한 프로젝트 경험(타 전공자들과 함께 할 경우 가산점이 붙음)
☑ 전공 관련 자격증, 직무상 우대 자격증 및 교육 수료증 취득
☑ 최소 1회 이상의 현장 경험(인턴, 현장실습, 아르바이트 등)
☑ 해당 직무에서 활용되는 원가 개념 정립

학점과 직무의 연관관계

대다수의 기업들은 이공계 직군을 채용할 때 **'전공 학점을 중요시'** 한다. 보통 전공 점수가 4.0점 이상일 경우 연구개발, 설계 직무 지원 시 서류전형 통과가 수월했다. 3.7점 이상의 경우에는 생산기술 직무, 3.5 전후일 경우에는 품질 직무, 그 아래일 경우에는 생산 직무 등으로 편차가 존재했다. 하지만 학점은 낮은 대신 출중한 외국어 실력을 갖췄을 경우 구매 또는 기술영업 직무에서 강점을 보였다.

프로젝트 경험 중시

이공계 취업준비생들은 수업시간에 과제로 부여되는 프로젝트 외에도 학회 활동 및 대외 공모전 등에서의 프로젝트 경험을 많이 쌓아두는 것이 유리하다. 이공계 전공은 특성상 배운 이론적 지식들을 실무에 적용하거나 설계 및 제작했던 경험이 많을수록

실패를 통해 다각적으로 고민해 보고 집요하게 실행할 수 있는 역량을 키웠다고 평가받기 때문이다.

특히 **'타 전공자들과의 협업을 통한 프로젝트 경험'**은 값진 경험으로 평가받는다. 예를 들어 자동차 자작경진대회에 참여하면서 기계 전공자가 전자전기, 재료, 화공 전공자들과 함께 기획부터 설계, 제작까지 해보았다면 상호 간 관점의 차이를 깨닫게 되고 더욱 큰 시너지를 낼 수 있는 인재로 인식될 가능성이 높다. 거기에 프로젝트 등을 수행하면서 특허 출원까지 시도한 지원자라면 연구개발 또는 생산기술 직무에서 상당히 유리한 평가를 받을 수 있다.

직무에 필요한 자격증 및 교육

기계공학 전공자가 기구설계 및 생산기술 직무에 지원하기 위해서는 '일반기계기사' 자격증과 CAD 관련 실무 활용 능력이 필수이며, 화학 전공자들의 경우 품질 직무를 지원했을 때 '화학분석기사' 자격증 소지자가 크게 우대받는다. 품질은 다양한 분석이 필요한 직무이기 때문이다.

건설업을 지원할 경우 소위 말하는 '쌍기사(건축, 토목 등 건설 관련 자격증 2개 이상)'가 거의 필수라고 평가받으며, 그 외 반도체 지원자들은 반도체 공정 교육 관련 교육 수료증, 제약 및 바이오 지원자들은 'GMP' 및 '밸리데이션(Validation)' 관련 교육 수료증을 취득하는 것이 유리하다. S/W 직군을 희망하는 분들이라면 무엇보다도 코딩 역량을 키우는 것이 중요하다. 국내 굴지의 대기업들도 S/W 직군에서는 인적성 테스트 대신 코딩 시험으로 대체하고 있을 정도다.

충분한 현장 경험

이공계 관련 직무는 전공을 통해 배운 지식을 현장에서 어떻게 활용하는지 이해하는 것이 상당히 중요하다. 그렇기 때문에 관련 직무에서 정규직 경험을 갖고 있는 중고 신입이 가장 우대를 받기도 한다.

인턴 경험 또한 좋은 평가를 받지만 최근에는 인턴에 지원하여 합격하는 일부터가 녹록치 않은 것이 사실이다. 따라서 어떻게든 현장 경험을 쌓고자 하는 분들이라면 대학의 **'산학협력단 등에서 진행하고 있는 현장실습'**에 많이 참가해 보는 것을 추천한다. 이때는 내가 지원하려는 직무와 꼭 같지 않아도 좋다. 예를 들어 생산기술 지원자가 현장에서의 제조 조립 경험이 있어도 좋다는 뜻이다.

만약 연구실 보조 아르바이트에 지원하는 것조차 쉽지 않다면 생산직 아르바이트 또는 설비 청소 아르바이트라도 경험해 보기를 권한다. 우선은 현장 경험이다. 이후 현장에서의 경험과 관찰을 통해 사소한 부분이라도 좋으니 개선했으면 하는 점들을 찾아봐라. 그리고 이론으로 배운 지식을 어떻게 실무에서 활용하는지도 스스로 느껴라.

원가에 대한 개념 이해

연구개발, 생산기술, 생산, 설비기술, 품질, 구매 등 대표적인 이공계 직무들은 회사에 돈을 벌게 해주는 직무들이다. 이것이 무엇을 의미하는지를 고민해 본 적이 있는가?

매출과 관련된 사항은 주로 영업 조직에서 책임을 진다. 그렇다면 매출만 많이 올린다면 기업이 돈을 버는 것일까? 아니다. 영업이익, 즉 수익을 내야 한다. **매출 – 비용 = 수익**이다. 여기서 대부분 이공계 직무들은 **'비용'**을 줄이는 역할을 담당한다.

제품의 개발과 생산에 있어 기본적으로 들어가는 비용 외적인 부분을 **'손실(Loss)'**이라고 부른다. 이공계 직무들은 불필요하게 발생되는 시간과 비용과 손실을 줄여 회사의 수익에 기여해야 한다.

따라서 이공계 직무 지원자라면 기본적인 원가에 대한 이해를 바탕으로 본연의 업무와 더불어 '원가절감에도 신경 쓰겠다.'는 어필을 하는 것이 좋다. 물론 이해를 위해 두꺼운 원가 관련 도서를 구매할 필요는 없다. 얇고 쉬운 책이라도 좋으니 학교 도서관, 서점 등에서 제조원가, 개발원가와 관련된 책을 한 권이라도 찾아 읽어보도록 하자.

취업컨설팅 현장에서 많은 이공계 학생들을 접하면서 역시나 아쉬운 점이 있었다.

본인의 역량을 어필하라는 자기소개서 항목이나 면접 때 많은 사람들은 열정이나 도전, 소통을 먼저 강조한다. 하지만 이공 직무에서 그보다 더 중요한 것은 **'직무에 맞추어 어떤 경험을 했으며 관련 지식이나 스킬을 충분히 익히고 있는가'**이다. 그렇기에

저 위에 제시한 다섯 가지를 충분히 실행하여 그와 관련된 본인의 역량을 어필해야 한다.

과연 기업이 나의 무엇을 보고 채용하고 싶어할지, 채용하는 기업의 인사 담당자나 면접위원 입장에서 생각해 보라.

그동안 삶을 얼마나 열정적으로 살아왔는지, 가치관이 뚜렷하고 실행력이 좋은지, 조직 내에서 팀워크를 제대로 보여주는 사람인지도 물론 중요한 요소이다. 하지만 자기소개서와 면접에서 이러한 역량을 나쁘게 말하는 이들은 존재하지 않는다. 따라서 인사 담당자나 면접위원들은 모두가 다 열정적이고 소통을 잘한다는 전제 아래, 본인이 지원한 직무에 대해서 얼마만큼 관심을 갖고 있고, 관련해서 어떤 노력들을 통해 준비해왔고, 그래서 어떻게 일을 할 것이고, 구체적인 직무상 포부가 무엇인지를 잘 파악하는 사람을 채용한다.

취업 준비의 첫 단추 2W1H 키워드를 확실하게 찾자!

이 책을 읽는 취업준비생 여러분들은 프롤로그에서 자세히 설명했듯 취업 준비의 첫 단추 '트리플매칭'을 통해 찾아낸 2W1H 키워드의 매직을 반드시 실천하라.

자기소개서부터 쓰기 위해 골머리를 앓는 대신, 먼저 본인이 선택한 직무와 기업에 맞춰 직무상 강점(What), 지원동기(Why), 입사 후 구체적으로 무엇을 어떻게 할 것인가(How to)를 찾아야 한다.

이번 이공계 편에서도 역시 직무별 취업 준비에 대한 여러분들의 이해를 돕기 위해 몇 명의 가상인물들이 취업스터디를 진행하며 취업에 성공하는 모습들을 보여주려 한다. 직무별로 무엇을 고민했는지, 그리고 서류전형과 면접전형에서 어떻게 준비를 하는 것이 최선인지를 여러분도 이 스터디에 동참하고 있다고 생각하면서 읽어주시기 바란다.

20스터디 소개

이공계 취업스터디반 역시 앞선 인문상경계와 같이 자체적으로 취업스터디를 하면서 단체로 직무 강의 및 자기소개서와 면접 관련 강의를 해주고, 일대일 개인 코칭과 컨설팅을 진행하는 모임으로, 10여 명의 취업준비생들이 모였다. 지원하려는 직무와 업종도 연구개발, 생산·품질, 구매 등 다양했다.

스터디원들의 컨설팅 난이도 역시 제각각이었다. 연구개발을 지원하고자 하는 스터디원은 목표가 뚜렷했기 때문에 취업컨설팅이 상대적으로 수월했는데, 이들은 그동안 수행해 온 프로젝트와 경험, 지식들을 기반으로 자기소개서나 면접에서 각각 적합한 사례와 키워드들을 뽑아주고 매칭시키는 것으로 충분했다.

하지만 생산·품질 직무 분야를 지원한 어느 스터디원의 경우 필자가 직무 교육부터 다시 시작하는 일도 있었다. 게다가 구매 및 기술영업 직무에 이르러서는 해당 직무에 대해 아예 생각조차 못 해본 이들도 있었기에 그들의 스펙과 성향을 파악하여 필자가 매칭부터 교육까지 모든 과정에 참여한 적도 있었다.

그렇다면 다사다난했던 20스터디의 구성원들을 간략하게 소개해 보도록 하겠다.

화학공학을 전공했으나 학업보다는 여러 동아리 활동 중심으로 학창시절을 보낸 웅이. 학점은 3.3점으로 낮은 편이었고 전공 관련 자격증 역시 없었다. 교내 축구 동아리 및 다수의 아르바이트 활동을 중심으로 학창시절을 보냈으나 그 중에서 취업과 연계시킬 수 있는 경험은 조립 현장 아르바이트 두 곳 정도였다.

▶ 최종 합격 - 화학소재 중견기업 제조팀

차분하면서 핸섬한 신사 같은 이미지의 진영이. 산업경영을 전공하면서 SCM과 회계 지식을 쌓아왔다. 하지만 이론적 지식이 풍부한 반면 현장 경험이 없다는 점에서 상대적으로 불리한 상황이었다.

▶ 최종 합격 - 식품업 대기업 생산관리

재료금속전공으로 학점이 3.5점대였던 재규. 연구개발 직군으로 지원하기에는 역부족이었으며 생산이나 생산기술 직무에도 별로 관심이 없는 상황이었다. 대신 학창 시절 자동차부품 협력사 조립 현장에서 경험을 쌓았으며 현장 근무 대신 다른 직무를 찾고 있었다.

▶ 최종 합격 – 철강소재 대기업 생산관리

전자물리학을 전공했으나 반도체 대기업에서 몇 차례 탈락의 고배를 마시고 스터디를 찾아온 훈석이. 학과 동기나 선배들 대부분이 반도체 업종의 공정 또는 설비엔지니어로 입사를 했지만 정작 본인은 계속 서류나 면접에서 탈락하여 침울해 있었다.

▶ 최종 합격 – 반도체 소재 대기업 품질, 자동차부품 대기업 품질

지방 하위권 대학 화학과를 다니다 지방 국립대 화학과로 편입한 성연이. 나이도 또래 취업준비생들보다 3살 정도 많은 편이었다. 편입 후 학교에 잘 적응하지 못한 탓에 학점도 3점대 초반으로 좋은 편은 아니었으며 스터디에 찾아온 시점에서 이미 대학 졸업 후 3년 가까운 시간이 지나 있었다.

▶ 최종 합격 – 국내 Top 5 제약기업 QC

지방 중위권 대학 화공생명공학 전공자 주희. 학점은 3.6점대로 그동안 제약업계 및 일반 화학소재 계열 기업들에 지원했으나 번번이 서류전형에서 탈락하고 있었다. 주로 지원했던 직무들은 화공설계, 공정기술, 화학소재 관련 해외영업 직무들이었는데, 필자가 성적증명서와 직접 비교·검토해 보니 몇몇 직무들은 매칭이 되지 않고 있음을 확인할 수 있었다.

▶ 최종 합격 – 글로벌 수준의 대형 CMO 기업 QA

산업공학을 전공한 지애. 전공 수업 자체는 흥미롭게 수강했지만 관심과 흥미에 비해 학점은 그리 높지 않은 3.5점대 수준이었다. 그 대신 전공 특성상 다양한 성격의 프로젝트를 수행해 봤고 자격증은 6시그마 GB를 갖고 있었으며 영어는 토익 950점대, 토익스피킹 Lv.7로 상급 수준이었다. 하지만 이 같은 좋은 조건에서도 서류 또는 면접전형에서 계속 탈락을 하고 있었는데 직무에 대한 이해도가 떨어지는 데다 스스로의 역량과 직무의 매칭을 제대로 하지 못하고 있었기 때문이었다.

▶ 최종 합격 – 자동차 대기업 구매

지방 국립대에서 기계설계공학을 전공한 태선이. 학점은 3.8점대, 자격증은 기계설계산업기사와 전산응용기계제도기능사 두 개 보유, 영어는 토익 780대, 토익스피킹 Lv.6, CATIA, CAD 등 활용에 능숙했으며 이들을 활용해서 제품 설계 및 제작 경험도 수차례 있었다. 게다가 인턴 경험으로는 철강업체 열연부 기술개발팀 설비과제 수행, 상용차 규격집 검토과제 경험이 각각 1개월씩 있었다. 그럼에도 불구하고 태선이는 이미 지난 학기에 무려 19개 기업의 서류 또는 면접전형에서 탈락의 고배를 마셨다.

▶ 최종 합격 – 화학 대기업 생산기술

수도권 중하위 대학 정보통신공학을 전공하다가 서울 중위권 대학 전자공학으로 편입한 원철이. 통신공학을 기반으로 좀 더 넓고 깊은 지식을 쌓고자 전자공학으로 전과 편입을 했다고 한다. 편입 후 학점도 3.8점으로 괜찮은 편이었고, 통신공학 및 전자공학 시절에 이미 많은 분야의 프로젝트도 수행한 바 있다. 스터디 참여 전에는 네트워크 및 전파 관련 개발 직무 등에 지원해 왔으나 대기업은 주로 서류전형에서 탈락, 기타 기업들의 경우 몇몇은 면접전형까지 올라갔으나 결국 탈락의 쓴맛을 보았다.

▶ 최종 합격 – 외국계 탑 티어 전자부품업 기술영업

09

―――

생산

구글도 모르는 직무분석집

📇 생산 직군 소개

생산이란?

4M의 효율적 운영으로 수요대로 공급을 맞추면서
손실을 줄이는 직무

생산 직무의 종류

직무	주요 업무	필요 역량
생산(제조)	• 각 공정단계별 직접 제조현장 관리 및 운영 • 라인 운영상 개선점 발굴 및 신기술 적용 후 피드백 • 협력 외주업체 제조 직접 인력 관리 • 일·주 차·월별 생산 목표 달성을 위한 현장중심형 업무	• 제품군 이해 가능한 전공 지식 • 상황 대처 능력 • 생산 라인 경험 • 관리감독 역량
생산관리	• 개발, 구매, 생산, 품질, 출하, 물류 등 공급 전반 코디네이트 • 공급 SCM의 총 책임자로서 판매단과 연계 창구 역할 • 4M의 효율적 운영으로 제조, 물류 등 원가 최적화 • 정확한 계획 수립 및 목표 대비 실적 관리	• SCM 프로세스 이해 • 엑셀 데이터 활용 능력 • 조직 내 조율 경험 • 스케줄러 역할 경험

생산 직군은 크게 네 가지 직무로 나뉘며 각각의 직무 특성이 전혀 다르다. 그렇기에 취업준비생 입장에서는 **'직무의 R&R(Role&Responsibility : 역할과 책임)을 명확히 파악하고 거기에 맞춰 본인의 직무 적합성과 포부를 어필'**해야 한다.

생산 분야의 네 직무는 기업마다 특성에 맞춰 부르는 이름이 조금씩 다르다. **'생산'**은 '제조' 또는 '플랜트운영', **'생산관리'**는 '공정관리' 또는 '플랜트관리', **'생산기술'**은 '공정기술' 또는 '플랜트기술'로 불리며, **'설비기술'**은 크게 '공무(또는 설비직),' '설비엔지니어' 업무로 불린다.

이번 생산 직군에서는 생산과 생산관리 직무를 다루고, 나머지 생산기술과 설비기술 직무는 기술에서 보다 자세히 다루어 보도록 하겠다.

01 생산(제조 · 플랜트운영)

> **"생산율 100% 달성을 위한 현장 및 조직 관리자"**

화학공학을 전공했으나 학업보다는 여러 동아리 활동 중심으로 학창 시절을 보낸 웅이. 학점은 3.3점대로 다른 취업준비생들의 평균보다 낮은 편이었고 전공 관련 자격증 역시 없었다. 일생스토리를 살펴보니, 교내 축구 동아리와 여러 아르바이트 활동 중심으로 학창 시절을 보냈으나 그 중에서 취업과 연계시킬 수 있는 아르바이트 경험은 조립 현장 아르바이트 두 곳 정도였다.

1. 직무 선정하기

필자의 입장에서 웅이에게 제시할 만한 직무는 두 가지 정도로, 전공 이력을 살릴 수 있는 생산 직무, 그리고 전공과는 무관하게 지원 가능한 영업관리 또는 영업 직무였다.

이공계 출신이므로 기술 영업도 지원은 가능했지만 학점, 프로젝트 수행 경험, 자격증, 기타 활동사항 등을 종합적으로 검토한 결과와 더불어 중견기업 이상은 반드시 외국어 실력이 뒷받침되어야 한다는 이유로 인해 제외하기로 했다.

필자는 우선 생산 직무에 적합한 웅이의 강점 몇 개를 찾아보았다.

◆ 화학공학을 전공하며 제품의 특성과 생산 라인에서 발생될 수 있는 문제를 전공 지식을 통해 이해할 수 있는 역량

◆ 장기간 축구 동아리 활동 경험을 토대로 많은 회원들을 관리하고 개인별 적합성을 고려하여 포지션을 배치해 본 경험

◆ 생산 조립 아르바이트를 통해 생산 현장에서 작업자 입장에서 업무를 수행해 본 경험

필자는 이외에도 많은 아르바이트를 하면서 사람들을 직접 상대해 본 경험도 살려 보고자 했다. 물론 이러한 강점만으로는 입사 서류나 면접전형에서 어필하기 힘들었다.

그래서 필자는 웅이에게 컴퓨터활용능력 2급 자격증 취득과 업종 및 기업분석을 권했다. 전공 관련 자격증도 아닌 컴퓨터 활용 자격증이라는 말에 웅이는 조금 의아한 눈치였지만, 필자가 보기에 웅이에게는 전공 관련 자격증을 준비할 시간적 여유가 없어 보였다. 게다가 생산 부서라고는 해도 끊임없이 데이터를 관리한다는 점은 다르지 않았다.

따라서 필자는 엑셀 프로그램에서 피벗테이블과 함수를 통해 수치를 데이터화해서 이를 제대로 활용하는 것을 웅이의 직무상 강점으로 살리고, 추가로 기업분석을 통해 지원하고자 하는 업종의 공정에 대한 이해를 기반으로 지원동기와 입사 후 포부 키워드를 뽑고자 했다.

그럼 지금부터 생산 직무(제조·플랜트운영)에 대해서 알아보도록 하자.

2. 생산 업무의 이해

① 주요 업무 세부 내용
◆ 각 공정 단계별 직접 제조 현장 관리 및 운영
◆ 4M을 현장에서 직접 운영 및 책임

4M이란?

생산을 위한 네 가지 기본 요소

Man	Material
생산제조팀	구매/자재팀
Machine	Method
설비팀	생산기술팀

☑ **Man 관리** : 협력 외주업체 제조 직접 인력 관리 및 조직활성화 활동

☑ **Machine 관리** : 공정 트러블 발생 시 신속한 대처, 장비 유지 및 보수

☑ **Material 관리** : 구매 부서와 협업으로 실재고 현황 파악 및 라인 투입

☑ **Method 관리** : 생산성 향상을 위한 작업지시 및 공정 프로그램 개발 활동

어떤 제품이 생산되기 위해서는 반드시 4M 요소가 있어야 한다.

먼저 '**작업자(Man)**'와 '**자재(Material)**'가 있어야 하며 사업장 내 '**장비 및 설비 (Machine)**'가 있어야 한다. 마지막으로 각 '**생산공정 방법(Method)**'이 있어야 한다. 현장의 작업자는 생산 부서에서 책임지고 관리하며, 자재 및 부품은 구매·자재 부서에서 관리한다. 여러 장비 및 설비는 설비 부서에서 관리·감독하며, 생산하려는 제품별 특성을 고려한 최적의 LOB(Line Of Balance)와 4M을 기초로 생산 일정 계획을 수립하고 실적을 책임·관리하는 것은 생산기술 부서의 몫이다.

② 하루 일과 예시

◆ 전일 생산실적 및 주요 생산 이슈 점검

◆ 당일 주간 업무의 진척상황 점검, 우선순위별 업무 흐름 정리

◆ **생산점검회의 준비** : 각 라인별·모델별 주요 이슈 파악 및 공급 관련 부서와의 협업 진행

◆ 신제품 또는 기존 제품 생산 시 예상 문제점 해결을 위해 상황 파악

◆ 원활한 출하 대응 위한 라인 케파(=Capacity) 및 자재 점검 실시

3. 생산 지원자의 필요 역량과 자질 및 핵심 키워드

① 필요 역량과 자질

- ◆ 생산 제품군에 대한 전공 이해
- ◆ 상황 대처 능력 및 리스크 선행 관리 능력
- ◆ 전반적인 흐름을 읽을 수 있는 역량
- ◆ 조직 관리 능력
- ◆ 어학 능력(글로벌 생산기지 보유 시)

위와 같은 역량과 성향을 갖췄을 때 **'100% 생산 달성을 위한 현장 및 조직 관리자'**로서의 역할을 제대로 수행할 수 있다.

② 인사 담당자나 면접위원들이 선호하는 생산 직무 지원자의 키워드

4M	SCM	MES 시스템	현장중심형	계획화된 생산
	책임의식	상황 대처 능력	문제 해결 능력	
	조직 및 인력관리 능력(화합형 리더)		성실성	

웅이의 경우 필자가 4M과 SCM 프로세스에 대하여 개념부터 직접 교육을 시켰고, MES 시스템이 무엇인지 인터넷을 통해 확인할 것을 지시했다. 동시에 웅이의 조립 현장 아르바이트 경험에서 현장중심형 성향과 상황 대처 능력 사례를 뽑아냈고, 축구 동아리 경험에서 조직 및 인력 관리 경험과 성실성을 찾아낼 수 있었다.

4. 생산 직무에 지원하기 위한 사전 준비 항목

◆ 생산 현장실습 경험

◆ 노조에 대한 사회 이슈 숙지 및 건전한 노사문화 활성화를 위한 사례 물색

◆ 명확한 신상필벌을 수행해 본 경험 물색(동아리, 학생회 등)

◆ 제조원가를 다루는 서적 숙독

◆ 4M에 대한 기본적인 이해를 위한 학습

◆ 지원 기업의 공정 프로세스 및 생산가용량, 생산실적, 양산율 등 숙지

생산 현장실습 경험은 생산 직무에서 매우 중요하다. 하지만 혹여 이 글을 읽는 여러분들 중에는 '인턴 취업도 힘들고, 중소기업에 취업하는 것도 어려운데 실습은 또 어디서 경험하지?'라고 생각하실 분들도 있을 것이다. 이런 분들은 재학 중인 모교의 산학협력단 혹은 IPP 사업단 같은 곳에서 방학 중 현장실습 리스트를 찾아보면 된다. 그런데 대부분의 취업준비생들은 현장실습 지원을 꺼린다. 연봉이 적고, 일이 많으며, 차라리 그 시간에 다른 스펙을 쌓는 것이 더 좋다는 이유에서다.

하지만 글쎄, 필자의 생각은 그와는 정반대이다. 과연 기업의 입장에서 **'현장 경험보다 높은 값어치를 하는 스펙이 있을까?'**

앞서 말했듯이 이공계 학문을 전공해서 개발, 생산, 품질 등 이공 관련 직무로 입사를 하기 위해서는 무엇보다 현장 근무 경험이 중요하다. 그러니 인턴이 어려우면 현장실습을, 그 기회도 이미 놓쳤으면 아르바이트라도 알아보길 권한다. 연구 보조, 생산, 조립 아르바이트 자리를 찾아봐도 도저히 구할 수 없다면 차라리 공장 청소 아르바이트라도 하면서 라인과 작업 현장을 두 눈으로 직접 보고 느끼고자 노력했다는 점을 어필하라.

또한 생산 제조 직무를 지원하는 이상 학교 도서관이나 서점에 가면 제조원가에 대해 알기 쉽게 다루는 두껍지 않은 책들이 많으니 꼭 읽어보기 바란다. 비록 지금은 절판된 것으로 알지만 『원가가 새는 곳에 사이렌을 울려라(노규성 저)』, 『효율적인 공장은 쉴 새 없이 일하지 않는다(이경욱 저)』와 같은 제조원가 관련 저서는 도서관에서도

충분히 구할 수 있을 것이다. 책에서 얻은 지식을 토대로 생산 현장에서 불필요한 시간과 비용 같은 손실을 줄이는 데에 기여하겠다는 어필은 매우 좋은 포부가 될 수 있다.

그리고 만일 지원하는 기업이 유가증권 시장에 상장된 기업이라면, DART(금융감독원 전자공시시스템)에 접속하여 그 기업의 생산가용량, 전년도 생산실적, 양산율 등을 공장별로 확인해 보기 바란다(부록 '기업분석 방법' 참조).

위와 같은 노력 끝에 결국 웅이는 화학소재 중견기업에 입사, 생산팀에 소속되어 바쁜 나날을 보내게 되었다.

02 생산관리(공정·플랜트관리)

> **"납기준수율 100%를 위한 정확한 공급 계획 수립 및 코디네이트"**

대부분의 기업에서는 채용 공고를 낼 때 생산과 생산관리를 따로 구하기보다는 하나의 공고로 올려 동시에 채용하는 경우가 많다. 단, 생산관리는 생산이나 생산기술 직무에 비해 산업공학 전공자들에게 꽤 유리한데, 이는 산업공학 전공자들의 경우 전공 내 분석 실습을 통해 SCM 프로세스의 이론을 배우기 때문이다. 또한 산업공학 전공자들의 경우 학교 커리큘럼에 따라 통계학 등을 배우기 때문에 생산관리 직무에 더욱 적합하다고 볼 수 있다.

이번에는 산업공학과 유사한 학과인 산업경영을 전공한 '진영이'와 비록 산업공학과는 거리가 먼 재료금속공학을 전공했지만 생산관리 직무에 당당히 합격한 '재규'의 사례를 통해 생산관리 직무 합격 사례를 알아보도록 하겠다.

1. 직무 선정하기

진영이는 산업경영을 전공하면서 SCM에 대한 이론과 함께 회계 지식을 배웠다. 또한 별도 수강을 통해 ERP 시스템에 대해서도 이미 생산관리 직무에 필요한 이론적 지식들은 많이 갖춘 상태였다. 게다가 진영이는 이미 전공에서 기업의 SCM 프로세스 분석 프로젝트를 담당하며 효율을 분석해 본 경험도 있었다.

이력을 살펴본 필자는 주저없이 진영이의 1순위 직무를 생산관리로 정하고 대기업 중심으로 취업을 준비하기 시작했다. 이미 준비된 인재라고도 볼 수 있는 진영이가 스터디를 통해 중점적으로 보충하기로 한 부분은 지원하고자 하는 기업에 대한 철저한 분석이었다.

반면 재규는 재료금속공학을 전공했지만 전공 학점이 3.5점대로 연구개발 직무에 지원하기에는 역부족인 상황이었다. 그렇다고 재규가 생산이나 생산기술 직무 등에 큰 관심이 있는 것도 아니었다. 학창 시절 자동차부품 협력사 조립 현장에서 경험을 쌓은 적이 있는 재규는 현장 근무와는 다른 직무를 찾고 있었다. 이에 필자는 재규 또한 생산관리 직무에 추천해 진영이와 함께 준비하도록 했다.

그럼 지금부터 생산관리 직무(공정관리 또는 플랜트관리)에 대하여 꼼꼼히 알아보도록 하자.

2. 생산관리 업무의 이해

① 주요 업무 세부 내용

◆ 공급(개발~구매~생산~품질~출하~물류) 전반에 걸친 코디네이터

◆ **공급 SCM의 총 책임자로서 판매단과 연계 창구 역할** : 영업에서 예측한 고객별·제품별 수주를 어느 공장에서, 언제, 얼마만큼 생산하여 공급할지 결정하는 의사결정 프로세스 지원

◆ 4M의 효율적인 운영을 통한 원가(제조원가, 물류원가) 최적화

◆ **단순 생산 현황 포함 공급 전반에 걸친 목표 대비 현황 관리** : 생산실적표 작성 및 관리(생산일보, 생산주보, 월별 실적)

이 중에서도 중요한 것은 바로 코디네이터, 즉 수요단과 공급단을 중간에서 조율해 주는 역할이다. 즉 영업에서 받은 수주 물량에 대해 개발, 구매, 생산, 물류 등 공급 전반의 부서들과 협의하여 수주 물량에 대한 공장별, 라인별, 일자별 생산계획을 수립하는 것이 생산관리의 핵심 업무이다.

물론 계획을 수립한 후에는 실적을 분석하여 차질이 발생할 경우의 대책 수립 또한 생산관리 부서에서 각 공급 부서들과 협의하여 결정한다.

②　하루 일과 예시

◆ 출근 즉시 시스템을 통해 전일 생산·출하 진척상황 확인 후, 특이사항 대응 방안 수립

◆ 목표 대비 차질 발생 시, 원인 파악 및 임시 또는 근본 대책 수립

◆ 각 부문별 생산 대응을 위한 액션 플랜(Action Plan) 수립 및 체크 포인트(Check Points) 점검

◆ **다양한 회의체 운영 및 참석(생산계획 확정 회의 혹은 S&OP 회의)**

　• 영업부서로부터 주 차별 월별 예상 수주 점검

　• 개발, 구매, 품질, 생산, 물류 등 공급 관련 사항 고려, 생산계획 확정

　• 예상 수주 입수 → 생산가용량, 재고, 물류 점검 → 시기별 공급가용량 확정 → 영업 부서와 최종 협의

◆ FP(Factory Planner)를 활용, 최종 생산계획 편성

3. 생산관리 지원자의 필요 역량과 자질 및 핵심 키워드

①　필요 역량과 자질

◆ SCM 프로세스 이해력(영업-개발-구매-생산-품질-물류)

◆ 엑셀의 피벗테이블, 함수 등 데이터 활용 능력

◆ MES or ERP 시스템 활용 능력

◆ 꼼꼼한 계획 수립 및 점검 경험

◆ 조율자 역할(다양한 부서를 한 방향으로 이끌 수 있는 자질 및 역량)

◆ 어학 능력(글로벌 생산기지 보유 시)

　이런 역량과 성향을 갖췄을 때 비로소 생산관리 직무 종사자들은 **'납기준수율 100%를 위한 정확한 공급 계획 수립 및 코디네이트'**가 가능하게 된다.

②　인사 담당자나 면접위원들이 선호하는 생산관리 직무 지원자의 키워드

계획 수립	시스템화하여 일하기(MES, ERP)		데이터 활용 능력
엑셀(피벗테이블, 함수 활용)	생산일보	꼼꼼함	정확성　　신속성

4M	협업 마인드	조율자	코디네이터	영업에 대한 이해
		수요·공급의 최적화		

그렇다면 생산관리 업무를 지원하기 위해서는 과연 어떤 준비를 해야 할까?

4. 생산관리 직무에 지원하기 위한 사전 준비 항목

◆ 생산 현장실습 경험

◆ SCM 관련 프로젝트 수행 경험

◆ 생산관리 실무, 원가 관련 서적 탐독(『원가가 새는 곳에 사이렌을 울려라(노규성 저)』, 『효율적인 공장은 쉴 새 없이 일하지 않는다(이경욱 저)』 등)

- 기타 SCM 프로세스 관련 -

◆ 4M에 대한 기본적인 이해를 위한 학습

◆ 기업의 공정 프로세스 및 생산가용량, 생산실적, 양산율 등 숙지

◆ 교내외 활동 시 조직 내에서 조율자, 스케줄러로서의 경험 준비

◆ 컴퓨터활용능력 2급 이상 습득(엑셀의 피벗테이블, 함수 활용 역량 등)

앞서 말한 것처럼 진영이는 이미 SCM에 대한 이론적 지식과 통계 역량, 그리고 원가에 대한 지식이 상당했다. 하지만 현장 경험이 몹시 부족했기 때문에 기업분석 및 업계 생산성 향상 관련 기사들을 탐독하며 부족한 경험을 최대한 보충하려 했다.

반면 재규는 전공 특성상 SCM이나 원가 관련 이론 지식은 없었지만 관련 서적을 구해 숙독하며 이를 자기소개서와 면접에서 제대로 어필했고, 현장에서의 경험을 기반으로 생산 관리자로서 효율적인 공급관리 방안을 경험을 통해 제시했다.

결국 진영이는 공급관리의 중요성이 높은 식품회사 생산관리로 입사했고, 재규는 철강 소재 관련 대기업 생산관리에 합격했다.

03 생산관리 우수 자기소개서 사례

저는 수요 변동이 타 업종 대비 심하며 동시에 위생과 유통기한 준수가 중요한 식품 업계에서 수요에 맞게 공급을 최적화시킬 수 있는 SCM 기반의 생산관리 업무를 수행하고자 지원하였습니다.

[숨은 도전을 중시하는 기업]

대한민국 대표 식품업 타이틀보다는 그 결과를 만들기 위한 숨은 노력과 도전을 중시하는 ○○○에서 제 꿈을 펼쳐보고자 지원했습니다. ○○○은 익숙함을 새로운 시선으로 바라보는 트랜스포메이션 전략을 통해 안정적인 성과를 내며 동시에 독보적인 경쟁력을 위해 끊임없이 도전하고 있는데, 이는 늘 도전을 추구하는 제 가치관과 일치합니다. 따라서 ○○○의 일원이 되어 차별적인 생산 능력에 기여하고 싶습니다.

제품 생산공정과 설비를 분석 및 개선한 경험이 있고 시스템 인프라를 개발해 본 저는 신성장 동력에 필요한 인재라고 생각합니다. 제 경험을 기반으로 제조팀의 납기준수율 100% 달성과 효율적인 운영을 위해 힘쓰는 공급 코디네이터가 되고자 합니다. 목표를 향해 사원들과 끊임없이 협력하며 시도하고 이를 통한 자긍심을 얻는 사람이 되고 싶기 때문입니다.

2. 본인의 성장과정 중 특기할 만한 경험에 대하여 이야기해 보시오.

[No Sweat, No Sweet]

제 생활신조는 '주어진 일이라면 언제나 책임감을 느끼며 최선을 다하려 노력하는 것' 입니다. 이와 같은 생활신조를 토대로 저는 생각만이 아니라 행동으로 실천하여 사람들에게 자연스럽게 신뢰감을 심어주었습니다.

저는 대학교 1학년 때 총학생회에서 활동하며 외국 교류 학생의 지원을 도맡아 했습니다. 각각 중국과 체코에서 온 두 학우가 수업에 적응할 수 있도록 주요 질의·응답과 필요한 원서를 제공했습니다. 처음에는 셋 모두 사용하는 언어가 달라 소통이 어려울 것이라 생각했지만 함께 지을 수 있는 표정과 몸짓이 있다면 그 어떤 소통도 가능하다는 것을 알게 되었습니다.

[두 마리 토끼를 모두 잡은 멀티 플레이어]

저에게는 전역 후 두 가지 목표가 있었습니다. 첫째는 장학금을 받는 것, 둘째는 과수석이 되는 것이었습니다. 저는 목표를 이루기 위해 평소에도 꾸준히 공부하며 교수님께 이메일과 방문을 통해 질문하고 학우들과 스터디를 운영했습니다.

하지만 학기 중 아르바이트와 입원하신 할머니 병간호를 병행해서 공부를 위한 시간을 관리하는 일은 쉽지 않았습니다. 그래서 저는 가능한 진도와 성적을 예측하여 학습의 시간을 적절히 배분했고, 전 학기의 과정을 분석해 학기가 시작할 때마다 도출된 문제점을 고치면서 개선해 나갔습니다. 물론 힘든 일이었지만 '이런 일도 못 해낸다면 앞으로 큰일을 어떻게 하겠는가'라는 마음가짐으로 꾸준히 하루에 5시간 이상씩 공부에 매진했습니다. 그 결과 복학 2학기 만에 과 수석의 영예를 얻었고 마지막 학기까지 성적 장학금을 단 한 번도 놓치지 않을 수 있었습니다.

[끊임없는 자기계발을 통해 ISO 국제심사원의 자격을 갖추다]

2017년 4월, 항상 배운 것을 응용해 보고자 하는 노력을 기울여 온 저는 실무능력을 쌓기 위해 한국산업기술시험원에서 국제적합성평가 전문 과정을 이수했습니다. 실제 업무에서 제품 및 업무 품질을 확보하고 품질경영을 실현하여 이에 대한 효과를 평가하는 능력을 함양하는 것이 필요하다는 판단에서였습니다.

교육 연수는 국내 유수의 대기업에 종사하셨던 심사원분들과 경영시스템 평가를 실습으로 진행됐습니다. 저는 4개월간 공정품질관리, 내부심사, 6시그마 프로젝트를 직접 수행하였고, ISO 9001, ISO 14001, OHSAS 18001의 자격을 갖추었습니다.

[PDCA의 중요성 인식]

연수 과정 속에서 저는 경영시스템이 PDCA 사이클로 구성되어 있으며, 지속적 개선을 위해 어떤 조치를 취해야 하는지를 배울 수 있었습니다. 또한 품질을 보장하는 데에 필요한 자원 확보 및 기술적인 업무를 총괄적으로 책임지는 기술책임자의 업무를 이해할 수 있었습니다. 무엇보다 저는 이를 통해 사내 절차와 지침을 왜 준수해야 하고, 문서화된 정보를 기록하는지에 대한 이유를 깨우쳤고, 동시에 실무자가 된다면 생산관리에 관한 업무를 조금 더 잘 해낼 수 있겠다는 자신감을 얻었습니다.

[환경과 안전, 보건 분야까지 습득]

특히 이수를 통해 환경과 에너지, 안전보건 등 제가 접하지 못한 분야를 경험할 수 있었으며, RoHS의 규제와 사내 에너지 절약 그리고 사원들의 안전을 위해 관리자 측면에서 노력해야 하는 사항에 대해 알게 되었습니다. 저는 이 경험을 기반으로 ○○○의 경영시스템을 진단하고 업무 프로세스를 개선하여 생산성을 극대화하고, 외부에서 제3자에게 적합성 평가를 받을 때 전문적으로 대응할 수 있을 것입니다.

4. 귀하의 직무역량이 드러난 사례 및 본인의 단점에 대하여 이야기해 보시오.

[시스템 기반 업무 수행을 위한 노력과 준비]

저는 SCM, 회계 수업 외에도 3정 5S 및 ISO 심사원이 되는 등 다양한 역량을 쌓아왔습니다. 생산관리는 현장의 4M이 핵심이고, 경영 시스템을 진단 및 조율하는 역할이라고 생각했기 때문입니다. 또한 시스템으로 신속하고 정확한 업무 처리를 할 수 있도록 SAP ERP PP 모듈 과정을 수료했습니다.

저는 제조 회사의 미흡했던 수율 관리를 개선한 경험이 있습니다. 불량률이 높은 공정의 문제를 해결하기 위해 설비관리시스템을 개발했습니다. 4M 및 공정 능력을 분석해 측정 가능한 생산성 지수를 만들고, 작업자와 관리자가 모니터링되어 전반적인 관리가 되도록 설계했습니다. 또한 입·출고 이동 정보 및 비용 집계를 효율적으로 관리하도록 DB를 구축했습니다.

이를 통해 프로세스를 개선하는 것과 설비 인프라를 이해하는 것이 중요하다는 사실을 깨달을 수 있었습니다. 또한 시스템 설계와 개발을 통해 효율적 4M 관리를 위한 시스템적 안목을 기를 수 있었습니다.

[걱정을 반복하지 말고 고민을 반복하자]

스스로 개선하고자 노력하는 점은 미리 걱정해 제 자신에게 많은 스트레스를 주는 것입니다. 저는 이러한 단점을 보완하기 위해 문제와 해결책을 모아 매뉴얼을 만들고 있습니다. 철저한 계획과 전략을 세우고 피드백을 반복하며, 동호회와 같이 사람들과 함께하는 자리에 참여합니다. 혼자 앓기보다는 지인들의 조언을 귀담아들으며 끊임없이 교류해 걱정에 대한 고민을 함께 나누기 위해서입니다. 동시에 저는 동호회 활동을 통해 자연스럽게 사람들과 함께하는 시간을 즐기고 어울리는 자세를 배우며 부족한 부분을 함께 채우고 있습니다. 이와 같은 노력으로 얻은 소통 능력을 귀사에서 발휘하겠습니다.

5. 귀하가 당사에 입사한 뒤 10년 후 이루고 싶은 목표에 대하여 서술해 보시오.

[미래 식품 양산의 숨은 HERO]

Harmony : 동료들과 '조화'를 이루겠습니다. 동료들과 생산관리 노하우를 공유하겠습니다. 노하우의 공유는 공동목표를 달성하기 위한 최고의 전략이기 때문입니다.

Expertise : 직무의 '전문성'을 키우겠습니다. 업무 능력을 고도화하기 위해 품질관리 기술사가 되겠습니다. 세계화에 따른 기업 간의 경쟁이 치열해지면서 품질관리가 더욱 중요해질 것이기 때문입니다.

Responsibility : 고객을 위해 '책임감'을 갖겠습니다. 제품의 책임감을 갖고, 고객들의 피드백에 귀를 기울여 고객만족을 극대화하는 것이 회사의 핵심가치를 실현하는 것이기 때문입니다.

Opportunity : 조직의 성장 '기회'를 포착하겠습니다. 기회를 찾고 제대로 살린다면 사업 전망에 큰 도움이 되기 때문입니다. 급변하는 환경에도 불구하고 지속적인 성장을 달성할 수 있도록 끊임없이 고민하는 자세를 갖겠습니다.

10

품질

구글도 모르는 직무분석집

📇 품질 직군 소개

품질이란?
기업에서 가장 외롭고 가장 강직해야 하는 직무

품질 직무의 종류

직무 내 구분	주요 업무
품질관리(QC)	• 내부 품질관리 표준화 규정에 따른 '개발—구매—생산—출하'까지의 전 과정 점검 • 부적격 제품에 대한 문제 제기 및 생산 중지 제재 • 부적격 품질 제품 생산 부서 감시 · 지도 및 품질보증 업무 지원
품질보증(QA)	• 공정 모니터링 및 매개변수가 품질에 미치는 영향 파악 및 확인 • 품질관리 계획 수립 및 공정 품질 개선 • 부적격 제품 결정 및 품질 관리 협력

    품질은 크게 **품질관리(Quality Control)**와 **품질보증(Quality Assurance)**으로 나뉜다. 품질관리는 내부 품질관리 표준화 규정에 따라 제품이 개발되어 출하되는 모든 과정을 점검한다. 또한 오차를 발견했을 때 곧바로 제재를 가하여 정상 수준에 도달한 뒤 다시 제재를 푸는 역할을 한다. 제품이 해당하는 기준에 도달하지 못했을 때 그 제재를 풀 수 있는 사람은 기업에서 **'품질팀장'**과 **'대표이사'** 단 두 사람뿐이다.

    따라서 두 사람을 제외한 누군가가 품질 담당자에게 지시를 하더라도 품질 담당자는 절대 따르지 말아야 한다. 그만큼 원리원칙에 철두철미한 성향을 지닌 사람만이 업무를 제대로 수행할 수 있으며, 융통성보다는 확고한 외골수 성향을 갖고 있는 사람이 더 잘 어울리는 직무이다.

    이번 챕터에서는 크게 **일반 제조업체에서의 품질 직무**와 **제약 업종에서의 품질 직무**로 나누어 살펴보도록 하자.

01 일반 품질

"목에 칼이 들어와도 원칙과 프로세스를 준수할 수 있는 마인드"

일반적으로 품질은 화학과 출신들이 취업에 유리한 측면이 많다. 화학과 학생들의 경우 상대적으로 전공 실습에서 다양한 분석을 경험했으며 통계적 역량을 기반으로 툴을 활용하여 데이터를 분석해 보는 수업도 많기 때문이다. 하지만 스터디를 찾아온 훈석이는 전자물리학과를 전공했으며 별도의 복수 또는 부전공도 없었다.

훈석이는 전자물리학과 선배들이 대부분 반도체 업종의 공정 또는 설비엔지니어로 입사를 했기 때문에 처음 20스터디에 왔을 때도 막연히 반도체 공정 또는 설비를 희망하고 있었다. 하지만 필자는 다음 세 가지 이유로 훈석이에게 반도체 업종을 2순위로 미룰 것을 설득했다.

첫째, 학창시절 반도체와 관련된 전공 부족 및 외부 교육 과정 수료 경험 없음
둘째, 학점 3.3점대
셋째, 훈석이 개인의 성향

먼저 반도체 분야에 취업을 하기 위해서는 반도체 관련 심화 전공 또는 외부 반도체 교육 과정을 수료하는 것이 유리하다. 하지만 훈석이는 8대공정에 대한 프로세스는

물론 해당 전공 지식이 각 공정에서 어디에 어떻게 활용되는지도 전혀 모르고 있었다. 또한 공정기술 직무에서는 학점이 중요한데 3.3점대 학점에 반도체 관련 심화 교육 및 경험도 부족한 상황에서 반도체 공정기술 지원은 아무리 생각해도 무리였다.

공정기술 대비 상대적으로 전공 점수 비중이 약한 설비엔지니어 직무의 경우에는 반도체 관련 지식과 더불어 성향이 매우 중요하다. 3교대로 근무를 하며 협력사 직원들과의 원활한 유대관계를 유지할 수 있는 리더십도 어느 정도 필요한 직무이기 때문이다. 하지만 말수도 적고 차분하면서 조용한 훈석이의 성향상 꼼꼼한 강점은 있는 반면, 누군가를 이끌어 다이내믹하게 일을 처리하는 강점은 기대하기 어려웠다.

1. 직무 선정하기

이후 필자는 훈석이에게 더 적합한 직무를 추천해 주기 위하여 상담일지를 꼼꼼히 읽어보았다. 가장 먼저 자격증이 눈에 띄었다. 훈석이는 통계적공정관리 2급 자격증과 6시그마 BB 자격증을 보유하고 있었는데, 이 중 통계 역량은 품질 직무에 매우 적합한 자격증이었다.

다음으로는 교내 프로젝트 수행 경험을 살펴보았는데 XPS라는 광전자분광법을 이용해 박막 표면을 분석하면서 다양한 수치들을 구체적으로 분석한 사례가 있었다. 또한 그 프로젝트 과정에서 불순물이 예측 이상으로 많이 발생하는 문제의 원인이 웨이퍼(Wafer)를 세척한 이후 실험용 와이퍼를 깔 때 기본적인 규정을 준수하지 않아서라는 사실을 깨달은 경험이 있었다.

필자는 이처럼 기본적인 원칙의 중요성과 실험 전 사소한 일에서 매뉴얼대로 진행하는 것의 중요성을 깨달은 사례 등을 품질 직무 지원에 활용해 보기로 했다.

먼저 상대적으로 비전공자나 다름없는 훈석이가 처음으로 도전해 본 품질 직무에 대해서 구체적으로 알아보도록 하자.

2. 품질 업무의 이해

① 주요 업무 세부 내용

◆ 품질관리(QC)

- 입고부터 출하까지의 모든 과정에서 품질 이상 유무를 검사하여 편차 없는 안정된 품질 및 표준화된 규격 유지
- '원부자재 구매 – 제품개발 – 생산 – 출하' 전 과정에 걸쳐 '품질 검사 – 문제 발생 시 해당 부서에 통보 – 원인 분석 – 대책 수립' 시행

◆ 품질보증(QA)

- 품질 확보를 위해, 품질에 영향을 미치는 모든 요소에 대한 체계적 분석 및 검증
- 회사 외부에서의 품질 이슈가 발생되지 않도록 하기 위해 국내외 품질 규격에 적합하도록 생산되는지 시험 및 측정
- ISO, KS, HACCP, GMP 등 각 업종의 특성에 따른 품질경영시스템을 구축하고 이에 적합하도록 인증

② 하루 일과 예시

- 품질기획 -

- ◆ 품질 이슈 및 당일 생산 일정 확인
- ◆ 전주 품질 실적, 당일 품질 회의 안건 공유
- ◆ 표준시스템 접속, 당일 표준 리비전(Revision : 개정) 현황 파악
- ◆ 관련 회의 참석하여 원인 및 대책 논의
- ◆ 부서장 보고 후 출하 중지 여부 결정

- 시험검사 -

- ◆ 제품 성능, S/W, 측정, 안정성 체크
- ◆ 신규 문제 및 기존 문제의 재발, 부작용(Side Effect) 확인
- ◆ 관련 부서 피드백, 개선 확인된 문제점 판정
- ◆ 신제품 시험방법 및 장비 사용법 학습

3. 품질 직무 지원자의 필요 역량과 자질 및 핵심 키워드

① 필요 역량과 자질

◆ 통계 분석 능력(엑셀 활용 능력)

◆ 빠른 시스템 적응력

◆ 신속한 상황 판단력 및 대처 능력

◆ 생산 제품에 대한 전공 지식

◆ DMAIC 프로세스 이해

◆ 원리원칙 및 규정 준수

② 인사 담당자나 면접위원들이 선호하는 품질 직무 지원자의 키워드

통계	규정 준수	솔직함	호기심	탐구심	끈기	표준화

프로세스　　업종별 규격/절차 키워드(ISO, KS, HACCP, GMP, 밸리데이션 등)

Quality Collaboration　　Quality Answer

이 중에서 Quality Collaboration, Quality Answer의 의미에 대해 알아보도록 하자.

Quality Collaboration, Quality Answer

이것은 각각 '품질관리', '품질보증'의 업무를 약간 비틀어 해석한 것이다. 정식적인 표현은 아니지만, 자기소개서 및 면접에서 이러한 마인드를 갖고 일을 하겠다는 포부를 담은 메시지로 볼 수 있다.

품질관리는 'Quality Control'이다. 하지만 개발, 구매, 생산, 출하 각 단계에서 품질이슈가 발생되게 되면 QC 담당자는 신속하게 관련 부서들과의 협업으로 문제를 정확하게 해결해야 한다. 따라서 각 부서와의 **'협업'**이 매우 중요한 직무이다. 그런 의미에서 QC의 C를 'Control'보다는 'Collaboration'에 의미를 두고 일을 하겠다는 마음가짐을 나타낸다.

또한 QA 담당자는 고객사와 시장으로부터 늘 OK라는 답을 들어야 한다. 즉, 단순히 Quality를 '**Assurance**'하는 것만이 아니라 늘 Yes라는 '**Answer**'를 듣도록 업무를 하겠다라는 의지 표명을 뜻한다.

그렇다면 품질 직무를 지원하기 위해서는 어떤 준비를 미리 해야 할까?

4. 품질 직무에 지원하기 위한 사전 준비 항목

- ◆ 다양한 분석 툴 활용(화학과 전공자의 경우 특히 중요)
- ◆ 통계적 공정관리, SPC(Statistical Process Control) 관련 교육 과정 수료
- ◆ **6시그마 BB 과정 목표 학습** : 미니탭(통계)과 DMAIC 과정 이해
- ◆ 업종별 특화된 인증 및 절차 확인
- ◆ 교내·외 프로젝트 경험 수행 시 프로세스를 준수하려고 노력한 사례
- ◆ 융통성이 떨어지더라도 원리원칙을 지키려 했던 사례 준비

품질 직무를 지원하는 취업준비생들은 6시그마 자격증을 교내 또는 외부 과정을 통해 많이 취득하고 있다. 하지만 필자는 어차피 취득해야 할 자격증이라면 **BB(Black Belt)**를 취득할 것을 권한다. BB 과정에서 미니탭 통계 툴을 제대로 활용하게 되는데, 바로 이 미니탭과 같은 통계 툴 활용능력이 실무에서 매우 중요하게 사용되기 때문이다.

그리고 무엇보다도 원리원칙을 준수하며 규칙과 프로세스대로 프로젝트를 완수하려 노력한 사례를 반드시 찾아놓도록 하자.

훈석이의 반도체 소재 기업 품질관리 지원 시 2W1H 키워드는 다음과 같다.

5. 훈석이의 반도체 소재 기업 품질관리 2W1H

What **(직무상 강점)**	1) 통계 및 데이터 분석 역량(통계적공정관리 및 6시그마 BB 자격증) 2) 프로젝트 수행 시 원리원칙을 지키고자 한 노력 3) 생산 라인에서 규정의 중요함을 직접 경험
Why **(지원동기)**	1) 지원 기업의 주력 품목인 '반도체 웨이퍼'에 대한 이해 2) 미세한 품질 차이가 반도체 막 생성에 큰 영향을 끼치는 점 주목
How to **(입사 후 구체적 포부)**	1) 유관부서와의 협업을 통한 품질 이슈 해결(설계, 공정기술, 설비엔지니어 등) 2) DMAIC 프로세스에 근거한 사전 품질 이슈 예방 활동 3) 공정에서 불필요한 손실이 발생되지 않도록 Quality Control 역할 담당

　이처럼 훈석이는 지원하는 기업마다 2W1H 키워드들을 뽑아 자기소개서 및 면접에서 활용하기 시작했고 그 결과 반도체 소재 대기업의 품질관리와 자동차부품 대기업의 품질관리 두 곳에 최종 합격하는 쾌거를 거두게 되었다.

　이후 훈석이는 고민 끝에 더 규모가 큰 자동차부품 대기업을 포기하고 본인이 그토록 가고 싶어하던 반도체 소재 기업 품질관리 신입사원으로 입사하게 되었다.

02 제약·바이오 품질

"GMP와 밸리데이션을 올바르게 이해하고 어필하자!"

제약·바이오 품질은 의약품의 품질을 담당하는 직무로서 각 공정이 진행될 때마다 정해진 방법에 따라 시험을 진행하고 정해진 기준에 따라 판단하여 제품의 품질을 시험 및 향상시키는 데 기여하는 업무이다.

특히 제약·바이오는 사람의 생명과 직결되는 업종이기 때문에 그 어느 업종의 품질보다 지켜야 하는 규정이 많고 기준이 높아 다른 누구보다도 꼼꼼함과 분석력, 그리고 무엇보다 데이터의 정직성을 준수하는 역량과 자질이 요구되는 직무이다.

제약품질은 크게 '이화학 QC(원료 파트, 제품 파트)', '미생물 QC', 'EM(Environment Monitoring)', '밸리데이션(Validation : 검증)'으로 나뉜다.

제약·바이오 품질 직무에 합격한 이들 중 국내 Top 5 제약사 QC에 합격한 '성연'과 대형 CMO(Contract Manufacturing Organization)기업 QA에 합격한 '주희'의 합격 사례를 통해 제약·바이오 품질 직무를 이해하고 무엇을 어떻게 준비하는 것이 좋을지 알아보도록 하자.

1. 직무 선정하기

지방 하위권 대학 화학과를 다니다가 지방 국립대 화학과로 편입한 성연이는 나이가 또래 취업준비생들보다 두세 살이 많았으며 편입 후 학교 적응이 힘들어 학점 또한 3점대 초반의 좋지 않은 점수를 기록했고, 무엇보다 이미 대학 졸업 후 3년에 가까운 시간이 지나 있는 상황이었다.

그동안의 공백기간 중 직무와 관련된 활동은 총 4개월로 정유 관련 대기업 개발실 인턴 경험 2개월, 공공기관 연구원 시약분석 아르바이트 2개월이 전부였다. 나머지 시간은 고시원 총무 아르바이트, 영어 공부, 공기업 취업 준비를 위한 자격증 취득 등으로 소비한 상황이었으며, 당시 갖추고 있던 자격증은 6시그마 GB, 영어 오픽 IM1 정도였다.

최근 경력 사항과 전공 과목에서의 강점을 살릴 수 있는 직무 선정

일단은 성연이의 최근 이력과 전공 수업 과목을 살펴보고 어떤 업종의 어떤 직무가 적합할지 선택과 집중을 하기로 했다. 뚜렷한 전략 없이 막무가내로 이곳저곳 지원하기에는 현실적으로 조건이 좋지 않았기 때문이다.

성연이와 관련된 이력서 및 서류들을 읽던 필자는 가장 최근 갱신된 성연이의 이력이 공공 연구기관의 시약분석 아르바이트였으며 학교 전공 과목에서도 이론보다는 분석 실습 관련 학점이 상대적으로 높은 편임을 발견할 수 있었다. 이러한 점에 착안해 제약 업종의 품질 직무를 1순위로 잡고 제약업 품질 업무에 대한 구체적인 이해도를 높여주기로 결심했다.

필요한 자격증 및 교육에만 집중

품질 직무에서 중요한 것은 통계적 역량이다. 따라서 갖고 있던 6시그마를 GB(Green Belt)에서 BB(Black Belt)로 한 단계 더 업그레이드하도록 주문했다. GB와 BB는 기업 입장에서 받아들이기에 큰 차이가 있다. 실제로도 미니탭을 활용해 DMAIC 단계에서 통계 분석을 적용하고 최적의 6시그마 수준을 도출하는 실습을 통과하는 것이 BB

단계이기 때문인데, 사설 학원에서 상대적으로 그리 어렵지 않게 취득할 수 있다.

동시에 필자는 성연이에게 통계적공정관리전문가 2급 자격증 준비와 함께, 필자가 갖고 있는 제약업 품질에서 가장 핵심인 GMP(Good Manufacturing Practice)와 밸리데이션 관련 학습 자료들을 제공하여 함께 공부하게 했다.

이번에는 성연이와 함께 품질 직무를 준비한 주희의 직무 선정 및 준비 사례이다.

지방 중위권 대학 화공생명공학을 전공한 주희는 학점 3.6점대로 그동안 제약업계 및 일반 화학소재 계열 많은 기업들을 지원했으나 번번이 서류전형에서 탈락했다. 주로 지원했던 직무들은 화공설계, 공정기술, 화학소재 관련 해외영업 직무들이었는데, 주희가 지원한 직무들과 성적증명서를 비교 검토해 보니 몇몇 직무들이 매칭되지 않고 있음을 확인할 수 있었다.

우선 학점 3.6점대 수준으로는 최소 석사 학력, 그리고 특출한 경력이나 경험이 없는 이상 연구개발 직무에 채용되는 것은 무리였다. 게다가 상대적으로 어려운 공정제어 관련 과목의 수강 이력이 없었기 때문에 공정기술 역시 화공과 출신으로는 그다지 강점이 없었다.

대신 필자는 주희가 대학 2학년 당시 1년간 약학대로의 전과를 준비했던 점, 그리고 미생물 실험이나 분석 실험 등의 과목 수강 이력이 많았던 점을 고려해서 제약·바이오 업종의 품질 관련 직무를 우선순위로 선정했다.

CMO 기업 지원을 위한 공정 프로세스 숙지

필자는 당시 급성장하고 있던 CMO(Contract Manufacturing Organization) 업종, 즉 바이오의약품 위탁생산 기업에도 관심을 갖도록 권하였는데 그 이유 중 하나는 바로 주희의 높은 영어 점수 때문이었다. CMO 업체는 제약·바이오 업계에 대한 기본적인 이해 외에도 많은 글로벌 제약사의 의약품을 위탁생산하고, 나아가 개발까지 맡아줄 인재를 필요로 한다. 따라서 영어 실력은 매우 중요했고 당시 토익 940점, 토익스피킹 LV.7을 갖고 있던 주희에게는 더할 나위 없이 적합한 직무이기도 했다.

필자는 주희에게 배양-정제-충전 등 각 업무 내용과 c_GMP, 밸리데이션에 대한 이론이 실제 기업에서 어떻게 활용하는지를 중점적으로 교육시켰다. 또한 이미 2년 전에 입사시킨 바 있는 제자를 불러 직접 멘토링을 시켜주기도 했다.

분석 및 통계적 역량을 강조할 수 있는 강점 만들기

당시 주희는 통계 역량을 어필할 수 있는 사례나 자격증이 없었다. 그래서 필자는 우선 주희가 전공 수업에서 여러 분석 도구를 활용해 본 사례를 최대한 구체화할 수 있도록 했다. 그리고 제약업에서 자주 활용하는 분석시스템들의 명칭과 특징 등을 하다못해 인터넷 검색을 통해서라도 검색하여 숙지하도록 했다.

동시에 필자는 주희에게 컴퓨터활용능력 2급을 속성으로 취득할 수 있도록 했는데, 이는 품질 직무에서 숫자를 데이터화해서 빠르고 정확하게 분석하기 위한 엑셀의 피벗테이블 및 함수 활용 능력을 요구하기 때문이다.

이제부터는 제약·바이오의 품질 직무들에 대해서 알아보도록 하자.

참고로 일반 제약 기업들 중에서는 '대웅제약'의 채용 페이지에 직무 소개가 매우 잘 정리되어 있으며, 필자 역시 제약업의 QC, QA 직무는 대웅제약의 직무 소개를 참고하여 작성했음을 밝히는 바이다.

2-1. 제약 품질 업무의 이해 *대웅제약 직무 소개 참조

- QC -

◆ 원료, 제품(생물학적 제제 포함) 시험

◆ 이화학시험 및 기기분석을 기본으로 원료 및 제품 품질 검사

◆ 시험법, 분석기기에 대한 밸리데이션 진행

◆ 모든 분석기기에 대한 등급 구분 및 그에 따른 적격성 평가 수행

◆ 분석법 밸리데이션 및 기술이전을 통한 시험법 검토

◆ 공정 및 세척 밸리데이션에 필요한 시험 수행

◆ 원자재, 고형제, 주사제, 생물학제제의 미생물 존재 여부 검사

◆ 환경 모니터링 진행

- QA -

◆ 품질에 영향을 주는 모든 요소에 대한 체계적 관리 및 평가 수행

◆ GMP 기준을 고려하여 생산과 관리 업무 규정, GMP 절차 수립 및 문서화

◆ 원료 물질과 포장재료의 제조, 공급 및 사용을 위한 절차 마련

◆ 제조 단위가 허가기준, 제조 및 품질관리 기준에 따라 생산되고 시험되었는가를 검토하여 출하 승인

◆ 제조공정, 세척 방법, 시험 방법 및 유틸리티, 기기·설비의 적격성 평가

◆ 의약품이 사용기간 동안 품질이 유지되도록 보관 및 유통 절차 수립

◆ QA 시스템의 유효성·적절성을 주기적으로 평가하는 품질 감사(또는 자체 실사) 실시

◆ 의약품 전 주기에 걸쳐 품질위험관리(QRM)를 기반으로 의약품 품질 관리 및 보증

2-2. 바이오 CMO 기업에 대한 이해 및 의약품 제조공정 프로세스

바이오 CMO 사업은 반도체로 따지면 파운드리(Foundry) 사업과 유사하다. 즉 글로벌 제약사들의 개발완료된 신약 양산을 전담하는 것으로, 바이오시밀러는 화학합성 의약품과 달리 유전자 재조합기술과 세포배양 기술 등 새로운 생물공학 방식을 이용하기 때문에 난이도가 높다.

- 배양 : Cell Culture(Upstream) -

◆ 고객사로부터 전달받은 Master Cell Bank를 Flask → Seed Bioreactor(BRX) → Production bioreactor로 Cell을 키우는 역할

◆ Seed BRX까지는 주로 Cell의 개체 수를 증가시키는 데 집중

◆ Production부터는 Cell로부터 원하는 Protein을 생산

◆ **동물세포배양 관련 주요 사용 Equipment** : Bioreactor, Media Prep Vessel, Media Hold Vessel, Harvest Pool Vessel, Harvest Prep Vessel, Centrifuge, Depth Filter

- 정제 : Protein Purification(Downstream) -

◆ Cell Culture에서 생산된 Protein의 정제

◆ Chromatography를 주로 사용하고 Ultra filtration/Dia-Filtration(UF/DF), Buffer Prep Vessel, Buffer Hold Vessel, Product Pool Vessel, Cryo-Skid 등의 Equipment를 사용

(Google에서 Purification을 검색하면 프로세스에 대한 자세한 설명 참고가 가능하다)

- 충전 : Fill&Finish(Drug Product) -

◆ CC → PP를 거쳐 생산된 DS(Drug Substance)를 Vial에 충전하는 공정

◆ 대부분은 정밀도가 높은 장비를 사용하고, 생산의 가장 마지막 공정이기에 Clean에 대한 기준치가 높은 편

◆ 주요 사용 Equipment : Vial Filling Machine, Depyrogenation Tunnel 등

3. 제약 품질 지원자의 필요 역량과 자질 및 핵심 키워드

- QC -

◆ 이화학시험과 기기분석에 관련된 일반화학 및 분석화학 지식

◆ 화학분석기사 자격증 취득

◆ 미생물시험의 경우 미생물 관련 전공 또는 전문성 보유

◆ 신중하고 정확하면서 빠른 업무 처리 능력

◆ GMP 내에서 수행되는 밸리데이션에 대한 이해와 지식

◆ 분석기기의 적격성 평가와 컴퓨터화 시스템 밸리데이션(CSV)에 대한 전문성(관련 자격증 : 밸리데이션 기술인, GMP 기술인)

◆ 법적 규제사항 및 GMP에 대한 이해와 지속적 학습 의지

- QA -

◆ GMP 규정과 가이드라인 학습으로 최신 GMP 규정 접목

◆ 타 부서와의 협업 능력

◆ 제조공정 및 제조기기, 제조지원설비 등에 대한 지식

◆ 확실한 업무 추진력

◆ 의사결정의 일관성 및 객관성 유지

다음은 제약·바이오 품질 직무에서 매우 중요한 GMP와 밸리데이션에 대해 알아보도록 하자.

4. GMP의 이해

GMP란 'Good Manufacturing Practice'를 의미하는 것으로 **의약품 등의 제조나 품질관리에 관한 규칙**을 말한다.

- ◆ c_GMP 기본 개념 이해 필수
- ◆ **다음 내용들을 검색하여 사전에 공부할 것**
  - ASTM E2500 (의약품 제조시스템 및 장비의 사양, 설계, 검증에 대한 표준 가이드)
  - ISO 14644
  - PDA Technical Report
- ◆ US FDA 21CFR 210&211을 검색 및 숙지 후 이 법규들이 어떻게 현장에서 구체화되는지 알아둘 것

이들을 제대로 이해해야 밸리데이션, 즉 시장 인증에서 법과 테크니컬 측면에서의 이해에 도움이 될 수 있다.

5. 밸리데이션의 이해

- ◆ Equipment/System Validation을 진행하는 역할
- ◆ 실제 Protocol 및 Report의 수행 및 개발에서 각 장비 담당자들이 Test가 논리적으로 적법한지, GMP Regulation을 잘 지키는지 확인
- ◆ 1차로 밸리데이션을 마친 Equipment/System이라 할지라도 변경이 발생할 때마다 재차, 혹은 주기적으로 밸리데이션 수행
- ◆ CMO의 경우 Product Change가 발생할 시에도 밸리데이션을 재차 수행

밸리데이션이 매우 중요한 이유는 GMP 법상에서는 규정 및 규제사항이 매우 포괄적으로 적혀 있기 때문으로, 밸리데이션 담당 부서에서 Validation Approach를 어떻게 가져가는지에 따라서 사업장 전체의 성패가 좌우되기도 한다.

이상으로 제약 품질의 주요 업무들과 가장 중요한 GMP와 밸리데이션에 대한 기본적인 개념을 정립했다. 여러분들도 반드시 위 내용들을 참고하여 체계적으로 준비하기 바란다.

필자와 같이 약 4~5개월 동안 제약 품질 직무를 준비한 성연이와 주희는 현재 각각 국내 Top 제약사 QC 담당자와 글로벌 최대 케파를 갖고 있는 CMO 기업의 QA 담당자로 열심히 활동하고 있다.

03 품질 우수 자기소개서 사례

---

1. 자신의 경험 중 가장 도전적이었던 일은 무엇이며, 극복하기 위해 했던 행동, 노력, 생각을 구체적으로 기술하시오. 500자 내외

[끈기로 얻은 사소한 것에 대한 교훈]

저는 Young Leaders Academy 활동을 통해 회사의 판매가를 줄이는 프로젝트를 진행하였습니다. 2주 동안 밤을 새는 열정으로 프로젝트를 진행하면서 1위라는 목표를 세웠지만, 마감일이 임박하자 상경계열 전공자가 없었던 팀은 혼란에 빠졌습니다. 하지만 저는 목표를 위해 끈기 있게 노력해야 한다고 생각했고, 직접 회사에 방문해 보자는 의견을 제시했습니다. 그렇게 방문한 과일주스 회사에서, 과일을 작게 잘라 기계 가동 시간을 줄여 생산단가를 낮추는 힌트를 얻을 수 있었습니다.

이를 통해 판매가를 줄이는 것의 중요성을 깨닫게 되었고, 프로젝트 1등이라는 결실을 얻을 수 있었습니다. 무엇보다 저는 이 경험으로 배운 문제점을 객관적으로 이해하고, 해보고자 하는 마음가짐만 있다면 사소한 것이라도 큰 결과를 창출한다는 교훈을 얻었습니다. 저는 품질보증 직무에서 문제점을 파악하여 접근하는 자세를 갖추도록 늘 노력할 것입니다.

2. 타인과 함께 협동하여 문제를 해결한 경험과 그 과정에서 본인의 역할, 갈등, 극복을 위한 노력 등을 기술하시오. 500자 내외

[솔선수범하여 갈등을 해결하다]

저에게는 동아리 부원들과 협동하여 학교 축제를 성공적으로 개최한 경험이 있습니다. 학교 축제를 준비하는 도중, 선배들을 초청하자는 의견과 그 반대 의견의 대립이 있었습니다. 반대 의견의 핵심 주장은 선배들의 연락처를 구하기가 힘들다는 것이었습니다. 하지만 축제에 학교 선배들을 초청했을 경우 매출이 커질 것이 분명하였기에 부회장이었던 저는 두 의견의 합의를 이끌어 내야 했습니다.

먼저 253명 선배들의 연락처를 기수별로 정리하였고, 반대 의견을 설득하여 선배들을 초청하자는 합의를 이끌어 냈습니다. 협업을 통해 역할분담을 하여 선배분들의 많은 참여를 유도할 수 있었고, 작년 대비 2배의 매출을 기록할 수 있었습니다.

이 경험은 저에게 솔선수범은 갈등을 무너뜨리고 타인과 협동할 수 있게 해준다는 교훈을 주었습니다. 품질 직무는 생산, 영업, 연구개발에 이르기까지 많은 부서들과 협업을 해야 하는 직무입니다. 이 교훈은 품질 직무에서 함께 협동하여 조직의 목표를 달성하는 데 도움이 될 것입니다.

3. 타인과 차별화할 수 있는 경쟁력을 자신의 경험을 바탕으로 기술하시오. 500자 내외

[어떤 상황에도 규정을 준수하는 자세]

무엇보다 차별화되는 저의 경쟁력은 규정을 준수하는 자세입니다. 저에게는 어려움 속에서도 원칙을 지키려고 노력한 경험이 있습니다.

과거 저는 DGIST에서 인턴을 하며 마이크로 센서 제작에 관한 논문을 작성 중이었습니다. 센서 제작을 하며 회로 선이 증착되지 않은 불량 품질의 센서가 계속하여 생산되었는데, 논문을 작성하기 위해서는 다량의 샘플이 필요했기에 불량 품질을 가진 센서 또한 자료에 포함시키자는 의견이 나왔습니다. 그렇지만 회로 선이 증착되지 않은 센서는 센서로서 가치가 없으며, 무엇보다 불량 품질의 샘플을 논문에 사용하는 것은 원칙과 규정에 어긋나는 행위였습니다.

결국 대부분의 샘플을 논문 자료로 사용하지 않기로 결정했고, 애초에 목표로 했던 논문 제작은 물거품이 되었습니다. 결과적으로 논문은 작성하지 못했지만, 이는 품질 직무에 알맞은 자세라고 생각합니다. 저는 이 자세를 바탕으로 생산품이 ISO, KS의 기준에 맞지 않는 문제가 발생하더라도 규정을 준수하여 품질 이슈를 발생시키지 않도록 할 것입니다.

4. 입사지원을 하게 된 동기와 자신이 지원한 직무에 적합하다고 생각하는 구체적인 이유를 기술하시오.

500자 내외

[핵심 부품의 시장 품질을 확보하기 위해]

○○○○의 제품들은 자동차를 비롯해 기계, 플랜트에 있어 가장 중요한 심장과 제어 신경을 담당하는 안전과 직결되는 중요한 부품들입니다. 특히 주력 분야인 엔진이나 수동변속기의 경우와 같이, ○○○○는 소비자의 안전에 직결되는 평가를 받는 부품을 공급합니다. 따라서 저는 시장에서 Yes라는 Quality Answer를 들을 수 있도록 돕는 QA(Quality Assurance) 역할을 담당하고자 지원하였습니다.

[통계적 역량과 원칙 준수의 자질]

저는 일찍이 통계의 중요성을 개발 부서 인턴 당시 직접 경험해 보았고, 관련 자격증 취득 및 문제점 도출, 측정을 통해 통계 분석 후 개선점을 찾고 지속적으로 적용하는 것이 품질보증의 생명이라고 생각했습니다. 또한 룰과 프로세스 준수라는 성향이 저에게 매우 적합한 성향이라 생각했습니다. 아직 관련 규정이나 품질경영에 대한 지식이 부족한 것은 사실이지만, 꾸준히 학습해 가면서 시장으로부터 인정을 받는 ○○○○를 만들고자 합니다.

11

구매

구글도 모르는 직무분석집

📇 구매 직무 소개

구매란?

품질(Quality), 비용(Cost), 납기(Delivery)를

토대로 하는 적절한 구매 활동!

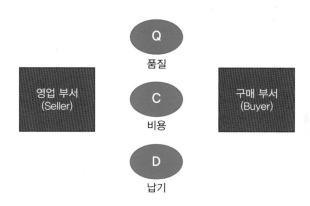

구매는 늘 영업과 줄다리기하는 직무이다.

구매 부서별 종류(기업별 상이)

부서	주요 업무
전략구매 · 구매기획	• 구매지표 관리 • 협력사 관리 • 경영계획 수립 및 관리 • 각 분류 단위별 실적 집계 및 분석 • 구매팀 전략 수립
개발구매	• 업체, 부품 소싱(Sourcing) 및 계약 체결 • 가격 협상 • 신규모델 적용 계획 • 부품 요소 판매 예측(Forecast)
조달구매	• 부품 납기 및 외자의 경우 통관 절차 • 재고와 생산계획을 바탕으로 실질적인 업체 P/O 발주 • 재고 관리

01 구매

"TCO 관점에서 QCD를 만족시키는 협력사를 발굴하고 키워보자!"

 필자는 구매 직무를 교육할 때 늘 영업 직무와 비교해서 설명한다. 영업 직무와 달리 구매 직무는 약간은 생소하게 받아들이는 경우가 많기 때문이다.

 파는 사람과 사는 사람의 입장 중 파는 사람, 즉 영업 담당자들은 모두 자기 회사가 취급하는 부품과 원재료들이 가장 좋은 제품이라 어필하며 판매를 시도한다. 하지만 구매자의 입장에서는 객관적으로 검토해서 가장 최적의 제품을 선택해야 한다.

 구매 직무의 키포인트는 바로 '품질(Quality)', '가성비(Cost)', '배송(Delivery)'이다. 여러 기업의 제품 중 품질과 가성비, 납기준수일 등을 고려하여 업체를 선정하고 계약하는 것이 현명한 구매 업무의 첫걸음이라고 할 수 있다.

1. 구매 직무의 개념

① 구매 직무의 존재가치

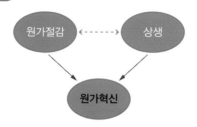

원가혁신은 구매 직무의 존재의의다.

구매는 SCM 전체적인 프로세스 중에서도 가장 큰 축을 차지하는 중요한 직무이다.

대개 기업은 영업에서 매출을 올리고 공급의 주요 부서들인 개발, 구매, 생산, 물류 등에서 불필요한 비용들을 최소화시켜 **'매출-비용=수익'**의 공식을 기반으로 회사의 수익을 창출한다. 이 중 구매 부서는 원가절감을 통해 비용 절감에서 상당히 중요한 역할을 한다. 하지만 구매의 경우 원가절감을 위해 무작정 협력사에게 단가를 깎아달라고만 요청할 수는 없다는 문제가 있다. 협력사와의 **'상생'** 역시 구매 업무에서 또 하나의 중요한 역할이기 때문이다.

협력사에게 무리한 단가 조정을 요청하여 협력사가 도산하거나 경영이 악화되면 장기적으로는 공급을 받는 기업 역시 생산에 큰 차질을 빚을 수 있다. 따라서 현명한 구매 담당자라면 원가절감과 상생 두 마리의 토끼를 모두 잡아 **'원가혁신' 구조**를 만들어야 한다.

따라서 이번에는 구매 업무 분석을 통해 어떠한 방법으로 원가혁신을 달성할 수 있을지 알아보도록 하겠다.

② 구매 직무의 대내외 역할

◆ **회사의 수익과 직결된 전략적 구매자(Strategic Buyer)** : 글로벌 구매 정보수집 → 트렌드 파악 → 효율적 구매 의사결정

◆ **협력회사 및 유관부서의 다리가 되는 커뮤니케이터**

- **사내 커뮤니케이션 창구** : 마케팅, 개발, 제조, 해외 생산법인 등
- **대외 커뮤니케이션 창구** : 생산업체, 에이전트, 스톡(Stock) 업체 등

③ 효과적인 구매 업무 다섯 가지 핵심 포인트

1) 얼마나 싸게

2) 얼마나 빨리

3) 얼마나 좋은 품질력을 갖고 있는 업체로부터

4) 어떻게 공급받고

5) 어떻게 관리하는가

④ 구매 조직의 구분

기업마다 구매·자재팀 부서에 대해 세부 업무별로 부르는 부서 명칭은 조금씩 차이가 있으나 필자의 경우 다음과 같이 구분하였음을 미리 밝힌다.

- 전략구매(기획) -

◆ 각 파트별 실적 집계 및 팀 실적 산출을 통한 계획 및 전략 수립, 조정

◆ 현 거래업체 및 잠재 업체 체크 포인트를 설정, 그에 따른 우수 협력사 선정 및 육성

◆ 연간계획 및 매월 분기별 수정 계획 수립을 통해 팀 목표 달성을 위한 단기, 중장기 구매 전략 작성

- 개발구매 -

◆ 분기, 반기 혹은 연간 계약 체결(가격 협상 및 납기 조율)

◆ 신모델 라인업에 맞춰 각 협력사 배정 및 개발과 업체 간 프로젝트 조기 참여를 통한 절감 추진

◆ 각 부품별 절감 목표에 따른 원가절감 활동

◆ 납기 문제, 품질 문제, 대금 지급 등 전반적인 협력사 관련 이슈 처리

- 조달구매 -

◆ 영업 부서를 통해 양산 중인 모델 판매계획을 바탕으로 생산 일정에 맞도록 자재 납기 관리

◆ 현 재고를 바탕으로 재고의 과부족 관리

◆ 재고금액 감축과 납기준수를 최우선 업무로 진행

이상으로 구매란 무엇인지에 대해 대략적인 개념을 정립해 보았다.

지금부터는 지애의 자동차 대기업 구매 합격 사례를 통해 구매 업무의 구체적 내용, 필요 역량과 자질 및 핵심 키워드, 그리고 구매 직무를 지원하기 위해서 무엇을 어떻게 준비해야 할 것인지에 대하여 알아보도록 하겠다.

미리 말해두지만 구매 직무는 타 이공 직무 대비 여성의 채용 비율이 높지 않다. 지애가 최종 합격한 자동차 업종의 경우도 마찬가지로 여성 재직자 비율이 상당히 낮은데, 입사 후 부서에 가보니 부서 내 60명 중 여자는 4명 이내라고 답하기도 했다.

이처럼 좁은 문을 열고 당당히 합격한 지애의 구매 직무 성공스토리를 살펴보도록 하자.

산업공학을 전공한 지애. 전공 수업 자체는 나름 흥미롭게 수강해 왔지만, 관심과 흥미에 비하여 학점은 그리 높지 않은 3.5점대였다. 그 대신 지애는 전공 특성상 다양한 성격의 프로젝트를 수행한 경험이 있었고, 6시그마 GB 자격증을 취득했으며, 영어는 상급 수준(토익 950점대, 토익스피킹 Lv.7)이었다. 하지만 지애는 이처럼 나쁘지 않은 조건임에도 불구하고 대기업 서류전형 또는 면접전형에서 계속 탈락하고 있었다.

따라서 필자는 전공 프로젝트 내용과 일생스토리를 중심으로 지애가 지금까지 탈락해 온 원인과 함께 본인의 역량 및 성향에 걸맞는 직무를 찾아보고자 했다.

2. 직무 선정하기

먼저 지애가 주로 어느 직무에 지원을 해왔는지 이력을 살펴보았는데 공정기술, 품질, 생산관리, 개발기획, 해외영업 등 그 종류와 특성 또한 다양했다. 산업공학이라는 전공 특성상 대부분의 이공 직무나 해외영업 직무에 지원할 수 있었기 때문이었다.

우선 필자는 공정기술 직무는 적합하지 않겠다고 판단했다. 지애는 비록 공정 개선에 대한 프로젝트 경험은 있었으나 실제 공정의 전체적인 LOB(Line Of Balance)를 위한 기계 또는 전기전자, 물리, 화공학 지식과 스킬이 없었다. 품질 직무의 경우도 분석 툴을 다룰 수 있는 것이 없었고, 화학 관련 분석 실습 등의 경험이 없어 배제하기로 했다. 생산관리의 경우 꽤나 적합한 프로젝트 경험들이 많았지만 안타깝게도 지애는 대부분 기업들의 제조 및 생산관리 직무에서 여성인력 채용 니즈가 높지 않다는 점을 모르고 있었다.

지애의 역량은 생산관리 본연의 업무인 시스템상 생산계획 수립 및 점검 업무에 매우 적합했다. 하지만 대부분 기업의 경우 생산과 생산관리 업무를 병행하는 곳이 많아 조금은 거칠다고도 볼 수 있는 제조 현장을 관리하는 측면에서 여성은 좋은 점수를 받기 어려운 것이 사실이었다.

한편 개발기획은 워낙 채용 규모가 적었고, 해외영업은 충분히 가능성이 엿보였지만 다른 이들에 비해 직무에 대한 이해가 많이 부족했다.

따라서 필자는 아쉬운 대로 지애에게 해외영업 직무에 대한 교육을 시키고 동시에 관련 채용 공고가 나올 때마다 지원을 하도록 했다. 거기에 해외영업 직무와 병행하여 구매 직무를 추천해 보고자 했다.

구매 직무는 데이터 분석 및 활용 능력이 필요하고, 원가에 대한 개념이 중요하며, 제조업의 전반적인 SCM 프로세스 이해가 중요하다는 점에서 지애의 산업공학적 지식과 프로젝트 경험이 상당한 가치를 지니는 직무였다. 동시에 글로벌 외자 구매를 위한 어학 실력 또한 요구되는 직무였고, 여성 인력 채용 또한 늘어나는 추세였기에 더욱 지애에게 어울리는 직무라는 생각이 들었다.

3. 구매 업무의 이해

① 주요 업무 세부 내용

- **시장조사** : 환율, 원부자재 가격 변동 등 트렌드 조사 및 분석
- **업체 발굴** : TCO 관점에서 QCD 만족시키는 협력사 검토
- **협상 및 계약** : 분기, 반기 혹은 연간 계약 체결(가격 협상 및 납기 조율)

- ◆ **자재관리** : 시스템상 재고 및 실제 창고 재고의 일치화, 재고 수량 조사
- ◆ **협력사 관리 및 협력사 기술 · 품질 지원** : SRM 시스템 구축 및 운영
- ◆ **원가혁신 활동** : 통합구매, 구매방식 다양화(멀티, 소울, 싱글), 탄력적 구매 시기(예량구매 등)

위와 같은 구매 직무의 주요 업무 중 중요한 포인트만 설명해보도록 하겠다.

TCO 관점에서 QCD를 만족

QCD에 대한 개념은 앞에서 설명했으니 이번에는 TCO에 대한 개념을 알아보자. 과거 구매 업무에서는 부품이나 원재료 단가만 집중했지만 최근에는 제반 모든 비용을 고려하는 추세이다. 즉, **TCO(Total Cost of Ownership)**라는 것은 총 소유비용으로 부품 원가 외에 추가적으로 발생되는 운송비, 재고유지비, 구매관리비, R&D 및 생산 리드 타임, 긴급발주 비용, 제품 손실 비용, 서비스 비용 등 발생이 예상되는 모든 비용을 고려한다는 의미이다.

시스템상 재고와 실 창고 재고 일치화

입사 후 포부 같은 항목에 활용할 수 있는 주요 포인트이다.

시스템과 관리 프로세스가 잘 갖추어져 있다고 볼 수 있는 대기업에서도 실제 창고에 있는 품목별 자재 수량과 시스템상의 수량이 일치하지 않는 경우가 종종 발생하는데, 이러한 괴리는 생산에 차질을 빚는 등 큰 문제가 된다.

생산에서는 시스템을 보고 생산계획을 수립하는데 실제 조립 현장에서 해당 자재가 부족하게 되면 생산은 All Stop하기 때문이다. 따라서 모든 기업들은 재고조사를 통해 시스템상 재고와 실 창고의 재고에 차이는 없는지 정기적으로 점검한다.

협력사 기술 · 품질 지원 - SRM 시스템 연계

앞서 말한 원가절감+상생이라는 두 마리 토끼를 잡을 수 있는 매우 좋은 방법의 원가혁신 활동이다.

이는 TCO 관점에서 QCD를 잘 맞추며 장기적인 상생 관계에 있는 우수 협력사들의 생산성 향상을 위한 지원을 의미한다. 우리 회사가 갖고 있는 좀 더 발전된 개발기술과 생산기술, 품질시스템 등을 교육하여 전파하고 때로는 전문가들을 협력사에 파견을 보내 그들의 생산성 향상을 도모한다. 또한 사내 SCM 시스템을 더 확대하여 협력사와 시스템을 통해 정보를 주고 받을 수 있도록 SRM(Supplier Relationship Management) 시스템을 구축 및 연동시키는 경우도 있다. 이처럼 우수 협력사와 전체적인 공급사슬(Supply Chain)을 공유하고 함께 관리한다는 것이다.

다양한 원가혁신 활동

앞서 언급한 협력사 지원을 통한 원가혁신 활동 외에도 구매의 자체적인 활동을 통해 충분히 원가절감 외의 원가혁신 구조를 만들어 낼 수 있다.

통합구매라는 것은 회사 내에 여러 사업부가 있을 경우, 동일 자재 품목에 대해 각 사업부별로 각각 개별 구매 활동보다는 한 업체를 통해 일괄 통합구매를 하는 것으로 비용이나 시간 측면에서 손실을 줄일 수 있다.

구매방식의 다양화는 수량, 긴급발주 여부 등 여러 상황을 고려하여 업체 간 경쟁을 붙이거나 수량을 나눠서 리스크(Risk)를 줄이는 **멀티소싱** 방법, 또는 한 기업에 일괄적으로 제품을 몰아줘서 생산성을 높이는 **싱글소싱** 방법 등이 있다.

소울소싱은 부득이하게 그 업체로부터만 제품을 구매하는 경우를 말하는데, 제품의 품질이 우수하거나 시장에서 독과점을 하는 경우 발생할 수 있다. 이것이 장기화되면 우리 기업 입장에서 비용이나 물량 대응에 어려움이 있을 수 있으므로 해당 부품의 내재화를 통해 자체 부품 개발 및 생산을 도모하기도 한다.

예량구매란 주로 시기별 가격변동이 심한 원재료 등을 구매할 경우, 그 원재료의 가격이 높은 시기에는 구매를 최대한 줄이고 가격이 낮춰져 있을 때 우리 제품의 판매 예측과 그에 따른 생산계획 수량을 보고 사전에 구매하는 것을 의미한다. 구리와 같은 원자재는 특정 시기에 물량이 몰리다 보니 원자재 가격이 올라가는데, 미리 그 원자재가 적용될 생산계획을 꼼꼼히 점검하여 최적의 재고 수량을 확보, 원가를 줄이는 것이다.

1 구매 요청
자체 또는 개발, 생산 등 요청

2 적합한 공급사 물색
기존업체/신규업체 발굴

3 비교 · 분석을 통한 최적의 공급사 선정
단가, 품질, 납기, 신뢰도 등

4 가격 및 제반 조건 네고(협상)
당사 및 협력사 손익 고려

5 계약 체결

6 주문 · 발주
시스템化 추진 및 활용

7 납품

8 검수 · 검사
품질부서와 협업

9 인수 · 대금결제

4. 구매 지원자의 필요 역량과 자질 및 핵심 키워드

① 필요 역량과 자질

◆ 원가에 대한 이해력

◆ 협상 및 설득 능력

◆ 피벗테이블, 함수 등 능숙한 엑셀 데이터 분석 및 가공 능력

◆ 협업 능력

◆ 글로벌소싱(Global Sourcing) 기능 강화를 위한 외국어 능력

◆ 윤리성

이런 역량과 성향을 갖췄을 때 'TCO 관점에서 QCD를 만족시키는 협력사를 발굴하고, 회사에 돈을 벌어 줄 수 있는 구매인'으로 성장할 수 있다. 조금 더 구체적으로 필요 역량과 자질에 대해 알아보자.

글로벌소싱(Global Sourcing) 기능 강화를 위한 외국어 능력

영어를 기본으로 효율적인 소싱을 위해서는 중국어, 동남아어, 스페인어 등 외국어 능력 이 필요하다.

원활한 구매 업무를 위한 경영학적 마인드 필요

원가를 낮추고, 마진을 확보하는 것이 구매이기 때문에 회계 지식 역시 중요하다(원가개념의 이해).

정직한 구매활동을 위한 윤리의식 · 근면성

윤리의식을 바탕으로 공정하고 정직하게 구매 조건 협상을 진행해야 한다.

협업 능력

- 협력사에게 기업을 대표하는 자부심과 책임감을 갖고 Win-Win할 수 있는 협상 능력
- 사내 관련 부서를 명확하고 구체적인 근거를 제시하여 설득할 수 있는 협상 능력

논리적 사고

- 구매의 대부분의 자료는 수치화된 데이터
- 이러한 데이터를 제대로 분석하여 객관화하고 이를 바탕으로 논리적인 접근법 필요

협상 능력

단순 설득을 넘어선 기브&테이크의 중요성

② 인사 담당자나 면접위원들이 선호하는 구매 지원자의 키워드

TCO	QCD 이해를 위한 노력	SCM	원가절감	원가혁신
상생	파트너십	BOM	엑셀 활용	데이터 분석 및 가공 능력
	협상 · 설득	윤리성 · 도덕성		

그렇다면 구매 직무에 지원하기 위해서는 과연 어떤 준비가 필요할까?

5. 구매 직무에 지원하기 위한 사전 준비 항목

◆ 지원 기업의 해당 원·부자재에 대한 글로벌 현황, 가격 추이 등 사전 파악

◆ 엑셀 피벗테이블, 함수 등 데이터 분석 및 활용 능력(컴퓨터활용능력 자격증 등)

◆ 원가에 대한 기초 개념 학습

◆ 구매자재관리사(KPM) 공부

◆ 입사 3년 차 이후 CPSM(국제공인구매관리사자격증) 도전

필자가 제시한 위 사항들에 대해 꼼꼼히 숙지한 지애는 차근차근 본인의 2W1H 키워드를 준비했다.

6. 지애의 완성차 구매 직무 2W1H

What (직무상 강점)	1) 이공계 지식으로 전반적인 공정의 흐름 이해 및 원가와 같은 상경계 마인드 동시 보유 2) 재고 최적화 프로젝트 수행 당시 데이터 기반 재고 관리 및 수요예측 수행 3) 인턴 당시 실적표 작성을 통해 PSI(구매-판매-재고) 데이터 관리한 경험
Why (지원동기)	1) 타 업종 대비 수많은 부품의 완성체로 이루어지는 자동차 산업에서 구매 업무의 중요성 2) 원가절감과 협력사와의 상생에 기여하고자
How to (입사 후 구체적 포부)	1) 담당 품목에 대한 가격변동, 자동차 및 부품 산업 동향 등 다양한 데이터와 트렌드 분석 2) TCO 관점에서 QCD를 제대로 만족시키는 구매 활동에 기여 3) 원가절감과 상생 모두 해결할 수 있는 BOM 단위 원가혁신에 대해 다각적 고민 및 실행

결국 지애는 꾸준히 준비한 대로 자동차 대기업 구매 직무에 합격하여 본인이 원하는 삶을 살기 위해 최선을 다하고 있다.

02 구매 우수 자기소개서 사례

1. 본인의 삶 중에 기억에 남는 최고의 순간과 그 이유를 설명하고, 향후 본인이 원하는 삶은 무엇인지 기술해 주십시오.

[상생을 통해 원가혁신을 이뤄내는 구매 관리자를 꿈꾸다]

저는 산업공학적 지식을 바탕으로 회사의 이익 창출과 지출 감소에 직접적으로 기여했던 졸업 프로젝트를 통해 최고의 순간을 경험하였습니다. 팀원들과 함께 좋은 결과를 이루어 냈기 때문입니다. 저희는 작년 한 해 동안 'Habasit America'라는 산업용 벨트 생산업체에서 의뢰를 받아 공정의 문제점을 파악하여 개선하는 프로젝트를 진행하였습니다.

처음 프로젝트를 진행할 당시엔 처음 만난 팀원들끼리 서로 원하는 프로젝트의 방향이 달라 의견 조율도 힘들고 아무런 자료도 없이 공정의 문제점을 찾는다는 점에서 막연함을 느껴졌습니다. 하지만 팀 내 오퍼레이션 코디네이터였던 저는 팀원들이 한데 모여 얘기할 수 있도록 미팅시간을 자주 잡고, 미팅 중간 분위기가 너무 고조되지 않도록 중재역할을 하여 팀원들의 의견을 하나로 모을 수 있었습니다.

이후 적절한 업무의 분배를 통해 데이터를 수집하고 분석하여 'Slitter'라는 벨트를 요청한 사이즈에 맞게 자르는 공정에서 과부하가 발생한다는 사실을 발견하였습니다. 비록 프로젝트가 장기화되면서 팀원들 모두 지치고 예민해 졌지만 의뢰를 해주신 업체에 대한 책임감으로 프로젝트를 진행하였고, 결과적으로 기계들의 공정 프로세스를 스케줄링함으로써 시간과 비용을 절약하자는 방안을 제안, 생산업체의 호평을 받을 수 있었습니다.

이러한 경험을 계기로 저는 앞으로 꿈꿔야 할 삶의 모습을 그릴 수 있었습니다. 제게 있어서 삶의 가치는 주변 사람들과 상생하며 같은 목표를 가지고 이뤄내는 것입니다. 구매 업무는 원가절감이라는 본래의 목적을 위해 협력업체와의 마찰이 불가피하다고 생각합니다. 하지만 기술 전수 및 공유를 통해 협력업체와 상생해 나가는 방법을 찾겠습니다. 하여 구매 직무에서 가장 중요한 원가절감과 상생이라는 두 마리 토끼를 잡는 모습을 실제 수치화시켜서 보여드리고 싶습니다. 이를 바탕으로 20년 안에 BOM 단위의 원가혁신을 이뤄내는 구매 관리자가 되는 것이 저의 꿈입니다.

2. 본인이 회사를 선택할 때의 기준은 무엇이며, 왜 ○○자동차가 그 기준에 적합한지를 기술해 주십시오.

[함께 성장할 수 있는 기업, ○○자동차]

제가 기업을 선택하는 기준은 과연 '나 자신이 역량을 발휘하여 함께 성장할 수 있는 기업인가?'입니다. ○○자동차는 한국의 자동차 산업을 둘러싼 대내외적인 시장여건 변화에도 불구하고 지속적인 연구개발과 해외사업 투자로 악재를 극복하고 글로벌 판매 증가세를 이어왔습니다. 위기에 좌절하지 않고 도전하는 모습은 학창시절 판소리 소녀로 불릴 만큼 10년 동안 연습을 통해 판소리 뱃심을 길러냈던 저와 닮았습니다. 저는 그 근성으로 전공인 산업공학에서도 더 많은 지식을 쌓으려고 노력하였습니다.

SQL을 통해 데이터베이스를 구축하여 활용법을 익혔고, 6시그마와 Lean 공부를 통해 DMAIC 방식과 낭비를 줄이는 법에 대해 숙지하였습니다. 또한 자료 수집 및 분석을 통해 최대 수익을 목표로 설정하는 공장관리 프로젝트를 진행하였습니다. 이를 바탕으로 일당백 역할을 해내는 인턴으로서 실무까지 경험할 수 있었습니다. 이러한 공급 라인에 대한 지식과 데이터 분석 능력을 바탕으로 생산부서와 원활히 소통하여 생산에 필요한 자재와 부품을 적시에 공급할 수 있는 구매 관리자가 되고자 지원하게 되었으며, ○○자동차와 같은 큰 조직이 하나의 살아 숨 쉬는 생명체처럼 변화할 수 있도록 할 것입니다.

[지속적인 동기부여로 목표를 설정하다]

일하면서 지속적으로 동기부여를 받을 수 있다는 점에서도 ○○자동차는 제게 적합한 회사입니다. 기존 자동차 시장뿐만 아니라 중국과 인도, 브라질과 같은 신흥시장에서도 그 기술력과 품질력을 인정받으며 글로벌 회사의 입지를 다지고 있는 ○○자동차는 업무량이 많은 만큼 제게 끊임없이 동기부여를 해줄 것이라 생각합니다.

나아가 고객들이 더욱 원하는 ○○자동차가 되기 위해 제가 뛰어야 할 일들이 많을 것입니다. 저는 구매 업무를 성실히 수행하여 원가절감을 해내는 것으로써 친환경 제품 라인업 강화, 미래자동차 개발 가속화에 이바지할 수 있도록 노력하겠습니다.

3. ○○자동차 해당 직무 분야에 지원하게 된 이유와 선택 직무에 본인이 적합하다고 판단할 수 있는 이유 및 근거를 제시해 주십시오.

[산업공학도, 회사의 수익을 이끌다]

저는 산업공학을 전공하며 이공계적 마인드와 함께 원가 개념과 같은 상경계적 마인드를 동시에 키워왔습니다. 구매 직무는 부품과 자재에 대한 구매 시기와 수량들을 사전에 예측하여 불필요한 재고나 비용이 발생하지 않도록 수많은 협력사의 부품을 정확하게 관리하는 것이 중요합니다. 단순하게 부품의 비용만 보는 것이 아니라 물류비와 같은 모든 제반 비용까지 원가를 꼼꼼히 따져서 부품의 Quality, Cost, Delivery를 제대로 지키는 협력사를 찾아내고자 합니다. 이런 부분에서 제가 산업공학에서 배워왔던 SCM 프로세스와 원가에 대한 지식, 프로젝트 경험을 통해 쌓아온 역량으로 제품과 협력사를 꼼꼼하게 챙길 자신이 있습니다.

[데이터 분석 능력을 실무에 적용하다]

저는 누구보다도 데이터를 빠르고 정확하게 분석하고 가공할 자신이 있습니다. 수만 가지의 자재들을 관리하고 ○○자동차뿐만 아니라 그룹 내 완성차의 모든 부품에 대한 니즈와 재고를 파악해야 하므로 데이터의 정확성과 신속성은 매우 중요하다고 생각합니다. 엑셀의 피벗테이블과 함수를 제대로 활용하여 한치의 오차도 없이 데이터를 관리할 자신이 있습니다.

또한 저는 외국계 기업에서 오퍼레이션 인턴으로 일할 때 미주 전역에 있는 40개의 공장을 대상으로 정확한 실적주보를 작성함으로써 영업-생산관리-생산을 아우르는 공급 네트워크의 소통창구 역할을 해낸 경험이 있습니다.

[끊임없이 고민하여 만전을 기하다]

저는 모든 일에 열정과 호기심을 가지고 내 일처럼 업무에 임하겠습니다. ○○자동차 ○○○ 대리님의 블로그 글을 통해 구매 업무는 항상 '왜?'라고 자문하여 현 시점에 대한 문제 파악을 하는 것에서 시작해야 새 시장을 개척하는 것으로 이어질 수 있다는 사실을 다시 한 번 확인할 수 있었습니다.

저는 항상 작은 일에서도 문제 개선을 위해 고민하고 혹시 있을지 모르는 변수에 철저히 준비하는 사람이 되고자 합니다. 또한, 그 고민을 바탕으로 관련 부서와의 협업을 통해 실행으로 옮길 수 있는 사람이 되겠습니다.

12

기술

구글도 모르는 직무분석집

📇 기술 직군 소개

기술이란?

4M 중 Machine(설비)과 Method(생산방법)를
책임지는 중요 직무

기술 직무의 종류

직무	주요 업무	필요 역량
생산기술	• 장비기술 　– 생산성 향상 및 설비 개선 　– 최적의 투자 효율 확보 및 신규 공장 설비 · 레이아웃 제안 • 시작기술 업무 　– 신모델 개발 양산 전 ST 분석 　– 개발단계 작업성, 설비간섭 등 개선 및 최적 S/T, LOB	• 기계, 전기 · 전자, 화공 지식 • 투자 경제성 분석력 • CAD 운영 능력 • 글로벌 지원 시 어학 능력
설비기술	• 장치류 · 회전기기류 · 계전설비 등 설비 및 시설물 보전, 예방 점검, 정비 및 시행 · 관리 • 협력업체 평가 · 관리 및 기술지도 • 도면 및 설비이력 관리	• 공정 전반 이해 • 모니터링 • 상황대처 · 문제해결 • 협력업체 관리 감독
기술영업	• 제품 기술 및 솔루션 상담 • 기술 동향 파악, 거래처 및 기타 정보 관리 • 업계 시장 분석	• 제품에 대한 기술적 이해 • 고객 요구사항 이해 및 대처 능력 • 실제 업무 적용이 가능한 어학 능력

　앞선 생산 직군에서 4M에 대해서 알아본 것을 기억하는가? **'생산기술'**과 **'설비기술'**은 4M 중에서 **'Machine(설비)'**과 **'Method(생산방법)'**에 속하는 직무이다.

　이번 챕터에서는 기술 직무에 대해서 설명해 보고자 한다. 이 중 설비기술은 일반 공무직과 반도체 등에서의 설비엔지니어 직무로 나누었으며, 이외에 기술에 대한 이해를 바탕으로 회사의 매출에 직접적으로 기여하는 **'기술영업'** 직무에 대해서도 알아보도록 하겠다.

01 생산기술(공정기술·플랜트기술)

> **"개발된 제품을 효율적으로 양산하여 손실을 줄이자!"**

화학 업종이나 화장품 업종, 식품 업종 등 생산기술에서는 어떤 전공자들을 가장 필요로 할까? 혹은 자동차 업종, 전기전자 업종에는 어떤 전공자들이 가장 많을까? 여러분들은 생각해 본 적이 있는가?

정답은 **'기계공학'**이다. 물론 해당 업종의 특성과 관련이 깊은 이공계 전공자들도 입사한다. 하지만 모든 업종을 불문하고 가장 많이 필요로 하는 전공은 단연 기계공학이라고 할 수 있다.

그 이유는 생산기술이라는 직무의 특성 때문이다. 생산기술은 전체적인 라인의 밸런스를 확보하도록 라인을 설계하고 시뮬레이션하여 최적의 작업 표준시간(S/T)을 산출, 양산 과정에서 끊임없이 라인을 최적화시켜가는 직무라고 할 수 있다.

물론 이것이 타 전공자들에게 입사의 기회가 없다는 뜻은 아니다. 다만 업종을 불문하고 기계공학 전공자들에게 많은 기회가 있다는 것은 사실이다.

이번에는 기계설계공학을 전공한 태선이가 화학 업종 대기업 생산기술에 합격한 사례를 통해 생산기술 직무에 대해 상세히 살펴보고자 한다.

태선이가 스터디에 참여할 당시의 스펙은 아래와 같다.

◆ 지방국립대 기계설계공학 전공

◆ 학점 3.8점대

◆ 기계설계산업기사 및 전산응용기계제도기능사 자격증 보유

◆ 토익 780점대, 토익스피킹 Lv.6

◆ CATIA, CAD 등 활용에 능숙하며 이를 통한 제품 설계 및 제작 경험 수차례 보유

◆ 철강업체 열연부 기술개발팀 설비 과제 수행 및 상용차 규격집 검토 과제 경험 등 인턴 경력 각 1개월 보유

얼핏 보기에도 그렇게 나쁘지 않은 스펙이건만 태선이는 이미 지난 학기에 무려 19 개 기업의 서류전형 또는 면접전형에서 탈락의 고배를 마신 경험이 있었다. 과연 무엇이 문제였을까?

1. 직무 선정하기

태선이가 과거에 제출했던 자기소개서를 읽은 필자는 **직무에 대한 이해 부족**이 가장 큰 원인이라는 결론을 내렸다. 태선이는 직무에 대한 세부 내용을 이해하지 못한 탓에 본인 전공 프로젝트를 나열식으로 작성하였고, 직무상 강점, 지원동기, 입사 후 포부 등 주요 항목에 두루뭉실한 내용만 가득 채워놓은 상태였다.

직무에 맞추어 본인을 어필할 수 있는 강점들이 충분히 많았음에도 불구하고, 태선이의 자기소개서에는 **'효율성'**이나 **'손실절감'** 같은 단어 대신 **'열정'**, **'노력'**, **'도전'**, **'전문성'**, **'최고의 기술력'** 등의 실속 없는 미사여구만 가득했다.

또한 설비기술 직무로 지원한 자소서와 설계 직무로 지원한 자소서, 생산기술 직무로 지원한 자소서를 나란히 비교해 보아도 구분하기 어려울 정도로 자기소개서 내 직무 차별화가 전혀 느껴지지 않았다. 기업분석이 전혀 되어 있지 않은 상황이었기 때문에 어떤 기업에 어떤 직무로 지원을 해도 지원동기나 포부가 거의 비슷한 것도 문제였다.

따라서 필자는 태선이에게 아래 네 가지를 집중적으로 주문했다.

1) 직무 심층 분석

2) 기업분석

3) 컴퓨터활용능력 2급 취득

4) 원가 관련 추천 서적 탐독

그리고 1순위 직무로 생산기술, 2순위로 기구설계를 지원하도록 권하였는데, 이는 태선이의 학점이나 프로젝트 경험을 평가했을 때 이 두 직무가 가장 적합했기 때문이다.

태선이는 여러 전공 과목 중에서도 제어공학에 흥미를 갖고 있었으므로 공정설비 자동화를 구축하고 담당하는 생산기술에 적합했다. 거기다 CATIA나 CAD를 통한 설계 경험이 다수 있어서 기구설계 직무와 라인 생산기술에서 최적화 LOB에 적합한 역량을 어필할 수도 있었다. 또한 태선이는 군복무를 전문 하사로 전역하였기 때문에 리더십 부분에서 설계 직무보다는 협력사와 내부 유관부서와의 협업이 많은 생산기술 직무에 더 적합했다.

이외에도 상용차 기업 인턴에서 H/W 규격집 분석 경험에서 기구설계와의 적합성, 철강업체 인턴 당시 압연기에서 발생하는 낙수 방지 과제를 수행하여 공정 현장과 기술개발팀과의 협업한 경험 등이 기구설계를 제치고 생산기술을 1순위로 잡게 만든 이유였다.

자, 그럼 여기서는 생산기술 직무에 대해서 구체적으로 알아보도록 하자.

2. 생산기술 업무의 이해

① 주요 업무 세부 내용

생산기술은 크게 시작기술인 **'선행생산기술'**과 장비기술인 **'양산생산기술'**로 나뉜다.

- 선행생산기술(시작기술) -

◆ 양산 확정 전 예상되는 문제를 선행적으로 검토 및 시험해 손실 최소화

◆ **개발단계 샘플 제작 주관 및 실시** : 개발단계 작업성, 설비간섭 등에 대한 사전개선과 S/T 분석 및 LOB(Line of Balance)를 통해 합리적인 모듈(Module) 공정 설계 업무 수행

◆ 개발 프로세스 개선 및 협력 임가공 업체의 표준 시간 단축 활동 지원

- 양산생산기술(장비기술) -

◆ 생산 라인의 생산성 향상을 위한 설비 개선 활동 및 설비 트러블 발생 시 조기대응으로 양산 안정화

◆ 최적의 투자 효율성 확보 및 신규 공장에 대한 설비 및 공간 활용의 극대화를 위한 레이아웃 (Layout) 제안

② 하루 일과 예시

◆ 주간 업무 진척상황 점검, 우선순위에 따라 오늘 해야 할 업무 정리

◆ 생산성 검토 결과 보고를 위해 개발 샘플 제작, 문제점 및 S/T 분석, 임가공비 추정 결과 등을 유관부서에 확인하고 개선안 확인

◆ 모듈 라인(Module Line)에서 표준시간 분석을 위한 사전 준비 활동 차원으로 작업 동작 확인 및 작업자별 VTR 촬영 실시 및 점검

◆ PCB, 모듈 프레임(Module Frame), 모듈(Module) 조립 시 발생된 주요 이슈 사항 협의

◆ 품질 부서와 협업하여 작업성 관련 부분 대응

3. 생산기술 지원자의 필요 역량과 자질 및 핵심 키워드

① 필요 역량과 자질

◆ 설비 설계, 라인 합리화를 위한 기계, 전기/전자, 화공 관련 전공 지식

◆ 투자 효율성 및 원가 분석, S/T 분석 등을 위한 산업공학적 지식

◆ 정확한 정보 전달을 통한 설득력

◆ 빠른 판단력 및 문제 해결 능력

◆ CAD 운영 능력

◆ 피벗테이블, 함수 등 엑셀 데이터 분석 및 가공 능력

◆ P–D–C–A 프로세스로 업무를 처리하려는 노력

◆ 어학 능력(글로벌 생산기지 보유 시)

PDCA(Plan – Do – Check – Action), 즉, 업무를 수행할 때 계획을 꼼꼼히 세우고 거기에 맞춰 업무를 수행하며 수시로 문제점들을 확인하고 개선하는 활동을 해야 한

다. 이러한 역량과 성향을 제대로 갖췄을 때 비로소 올바른 생산기술 직무의 역할을 수행할 수 있다.

② 인사 담당자나 면접위원들이 선호하는 생산기술 직무 지원자의 키워드

전공별 세부 지식   신공법   공정 개선   생산성   최적화

프로세스   PDCA(Plan - Do - Check - Action)   제조원가   효율 분석

비용과 시간 등 손실절감 라인 설계   라인 현장 경험에서의 문제점 발굴

S/T   C/T   T/T   LOB(Line Of Balance)

4. 생산기술 직무에 지원하기 위한 사전 준비 항목

◆ 본인 전공에 대한 심화 복습(CAD 공부 등)

◆ 원가 개념에 대한 이해

◆ PDCA 프로세스를 통한 제조혁신 사례 검색

◆ 전문용어 숙지

S/T와 LOB

S/T(Standard Time – 표준 시간)

일반 작업자가 표준 작업 방법으로 작업을 하는 데 소요되는 시간으로 조립 라인의 작업 배분과 설비 배치를 위한 기초 자료

☑ 필요 인원 결정

☑ 필요 설비 결정

☑ 생산계획 수립

☑ 원가견적 결정

☑ 각 작업 능력 및 효율성 분석 등 활용

LOB(Line Of Balance)

흐름작업에서 수행되는 단위작업들을 작업장에 적절히 분배하여 각 작업 내용의 선행 필요성, 제약조건 등을 만족시키면서, 전체적 생산 흐름을 원활히 하여 유휴 시간을 최소화하고 노동 및 설비의 흐름을 극대화하고자 하는 기법

LOB 효율 산출식

$$LOB\ 효율 = \frac{\Sigma\ 전체공정\ Cycle\ Time}{Neck\ 공정\ Cycle\ Time \times 공정\ 수} \times 100$$

생산기술은 이공계 타 직무 대비 효율성 분석 역량과 제조원가에 대한 이해가 정말 많이 요구되는 직무이다. 다시 한번 언급하지만 학교 도서관이나 서점에 가면 제조원가에 대해 알기 쉽게 다루는 책들을 충분히 구할 수 있으니 읽어두기를 바란다. LOB를 활용하여 양산에서 불필요한 시간과 비용 같은 손실을 줄이는 데에 기여하겠다는 어필은 매우 좋은 포부가 될 수 있다.

이후 태선이는 직무에 대해 구체적으로 이해를 한 뒤 여기에 맞춰서 본인의 프로젝트 경험, 전공 지식, 인턴 경험 등을 직무상 강점에 제대로 적용시켰고, 이를 바탕으로 입사 후 구체적인 활동 사항에 대해 자기소개서와 면접에서 충분히 어필하였다. 물론 DART를 통한 기업분석에서 지원 기업의 생산가용량, 생산실적, 생산가동률 등에 대해 철저히 분석하여 지원동기에 추가하는 것도 잊지 않았다.

결국 태선이는 국내 굴지의 화학 대기업에 생산기술로 당당하게 입사하는 데 성공했다.

02 설비기술(공무설비직·설비엔지니어)

"사업장에서 가장 민첩하고 꼼꼼한 119 구급대원"

설비기술과 관련된 직무는 크게 **'공무설비직'**과 **'설비엔지니어'**로 구분된다.

공무설비직은 일반 사업장에서 전반적인 설비를 유지·보수하고 관리하며, 설비엔지니어는 반도체나 디스플레이 등 24시간 가동되어야 하는 업종에서 각 공정에 투입되는 전문 장비를 관리한다.

설비기술의 경우 다른 이공계 직무 대비 전공 학점의 비중이 상대적으로 낮은 편이다. 하지만 그 대신 평소에도 사소하고 디테일한 부분까지 모니터링할 수 있으며 언제라도 매뉴얼대로 점검할 수 있어야 한다. 게다가 문제가 발생했을 경우에는 그 누구보다 가장 민첩하게 조치할 수 있는 역량이 필요하며, 설비 관련 협력사들과의 협업과 리더십 또한 요구되는 중요한 직무이다.

1. 설비기술 업무의 이해

1-1 공무설비직 주요 업무 세부 내용

- ◆ 사업장 내 유틸리티(Utility) 설비 및 건축물 관리를 통한 전반적인 생산 업무 지원
- ◆ 장치·회전기기·계전 설비 등 H/W 차원의 설비 및 시설물 보전, 예방 점검
- ◆ 각종 공사 업무 수행·관리, 도면 및 설비 이력 관리

◆ 협력업체 평가 · 관리 및 기술지도

- 전기파트 -

◆ 유틸리티 트러블(Utility Trouble)에 따른 생산 라인 손실 예방으로 안전한 전력설비 유지 및 관리

◆ 전기 관련 개선공사 업무 지원 및 에너지 관리 등 업무 지원, 양산 확정 전 예상되는 문제를 선행적으로 검토 · 시험해 손실 최소화

◆ **개발단계 샘플 제작 주관 · 실시** : 개발단계 작업성, 설비 간섭 등에 대한 사전 개선과 S/T 분석 및 LOB를 통한 합리적인 모듈 공정 설계 업무 수행

◆ 개발 프로세스 개선 및 협력 임가공 업체의 표준 시간 단축 활동 지원

- 설비파트 -

◆ 라인 가동 시 필요한 스팀 및 압축공기, 용수공급 등에 대한 사전 리스크 관리(보일러, 에어 컴프레서 등 안정화 관리)

◆ 설비 관련 개선공사 업무 지원 및 에너지 관리 및 절감 활동

- 건축파트 -

◆ 생산 라인 레이아웃 시 효율적인 건축공사 업무 지원

1-2 설비엔지니어 주요 업무 세부 내용

◆ **설비 유지 보전 및 예방 조치**
  • PM(Preventive Maintenance)을 통한 설비 가동률 및 성능 향상
  • BM(Break Maintenance)을 통한 설비 고장 분석 및 개선

◆ **설비 문제 분석 및 자동화 시스템 구현**
  • 분석 툴을 활용한 설비 문제 원인 분석 및 해결
  • 빅데이터 분석을 활용한 설비 자동화 시스템 구축 및 최적화

◆ **신설비 · 응용기술 개발** : 최신 공정 도입, 생산 · 수율 확대를 위한 제조설비 및 부품 관련 기술 개발

◆ **스마트 팩토리(Smart Factory) 구현 및 관리** : 설비 · 인프라 자동화 시스템을 위한 진단 · 제어 · 분석 S/W 설계 및 개발

- 사업장 현장 점검 활동 실시(매뉴얼대로 진행)
- 문제점 발견 시 바로 개선이 가능한 경우 즉시 개선할 수 있도록 현장 지도, 시스템적인 개선이 필요한 경우 별도의 개선 대책을 마련하여 업체 현장 근무자와 최근 이슈 및 개선 대책 논의
- 현장에서 발견한 문제점에 대한 개선 방안 수립
- 관련 협력사와 업무 미팅 실시
- 현장에서 협의된 노후 시설물 개·보수 등과 관련하여 발주·품의하기 위한 시방서 및 도면 작성

2-2 하루 일과 예시(반도체 설비엔지니어)

- 3교대 근무(DAY : 06:00~14:00 / SW : 14:00~22:00 / GY : 22:00~06:00)
- 근무타임은 1주 또는 2주 단위로 변경(공정 및 부서마다 상이)
- 소모품마다 정해져 있는 라이프 타임(Life Time)이 오버(Over)되지 않도록 협력업체에서 시기별로 소모품 교체 작업(PM) 확인
- 업체에서 PM을 제대로 했는지 확인한 후 B/U(소모품 교체 이후로 설비가 정상 작동하는지 확인) 지원
- 소모품 교체에 사용되는 소모품 청구
- 설비 고장 시 간단한 고장은 직접 조치 및 사전 예방 활동
- 시스템적 개선이 필요한 경우 별도의 개선대책을 마련하여 업체 현장 근무자와 최근 이슈 및 개선 대책 논의
- 현장에서 발견한 문제점에 대하여 근본적인 개선 방안 수립
- 관련 협력사와 업무 미팅

2. 설비기술 지원자의 필요 역량과 자질 및 핵심 키워드

1-1 필요 역량과 자질

◆ 공정 프로세스 전반 이해와 지원 전공에 대한 활용 능력

◆ 꾸준히 현장을 돌아다니며 문제점을 사전 발굴, 조치하는 현장 중심형 마인드

◆ 꼼꼼하게 현장을 체크하고 빠른 상황 대처 역량

◆ 리더십 및 책임감(협력업체 및 현장 외주인력 관리 능력)

1-2 반도체 설비엔지니어가 되기 위해 필요한 역량

◆ 기계/물리/부품/센서/공압 등 설비 주요 구성 및 동작원리 지식

◆ 열전달/전기전자/변형/유체/진공 등 설비 요소기술 지식

◆ 반도체 설비 구성 및 동작 원리를 이해하기 위한 전자기기, 메카트로닉스, 플라즈마 등 경력

◆ 데이터분석 관련 Tool(MATLAB, C, C++, Python 등) 역량

1-3 반도체 설비엔지니어 지원 시 관련 전공 세부 과목

◆ **전기전자** : 반도체공학, 기초전자회로, 전자기학, 제어공학개론, 광전자공학 등

◆ **재료/금속** : 재료물리화학, 재료공학개론, 재료물성, 반도체 재료 및 소자 등

◆ **화학/화공** : 유기/무기화학, 물리화학, 반응공학, 고분자화학, 고분자공학 등

◆ **기계** : 고체역학, 열역학, 정역학, 동역학, 유체역학, 기계진동학, 열전달 등

◆ **물리** : 전자기학, 반도체물리, 전자기학, 광학, 고체물리 등

이런 역량과 마인드를 갖춰야 '사업장 내 가장 민첩하고 꼼꼼한 119 구급대원'의 역할을 제대로 수행할 수 있다.

2 인사 담당자나 면접위원들이 선호하는 설비기술 지원자의 키워드

현장중심　　**상황대처**　　**문제해결**　　**상시대기(5분 대기)**　　**팀플레이**

철저한 인수인계　　**모니터링**　　**협력사 관리**

공정프로세스 전반에 대한 이해(8대 공정 등)

그렇다면 설비기술 직무에 지원하기 위해서는 어떤 준비를 미리 해야 할까?

3. 설비기술 직무에 지원하기 위한 사전 준비 항목

◆ 꼼꼼하게 체크한 뒤 이를 토대로 예상 리스크를 발견하고 대응해 본 사례 준비

◆ 조직 내에서 많은 사람들을 관리하고 리더 역할을 해 본 경험

◆ 빠른 상황 대처 경험(순발력으로 선조치 후보고)

◆ 반도체, 디스플레이 업종 지원자의 경우 8대 공정 숙지

◆ 전공 과목을 적용하여 설비 운영 시, 예상 문제점과 문제 발생 시 대응 방안에 대한 예상 이슈 준비

4. 공무/보전 직무에서 중요한 자격증

유틸리티 부서의 3대장 자격증은 가스, 산업안전, 위험물 관련 자격증이다. 보통 설비나 전기 등에 대한 자격증의 유무를 중요시하는 편이다.

◆ 기계의 경우 많은 자격증이 있지만 가장 스펙트럼이 넓고 수요도 많고 수당도 받을 수 있는 공조냉동, 에너지 자격증 추천

◆ 추가로 기계정비, 용접 자격증은 있어도 좋지만, 가스, 위험물, 산업안전이 우선이 되기 때문에 넓은 방향으로 취업을 원한다면 기계정비나 용접은 굳이 추천하지는 않음

◆ 전기의 경우 전기, 전기공사 자격증이 필요하며 추가로는 가스, 산업안전, 위험물 정도 추천

03 기술영업

> "제대로 팔고, 제대로 사용할 수 있게 도와주는 멀티플레이어"

제품의 기술적 이해를 바탕으로 영업 활동을 통해 회사의 매출에 직접적인 기여를 하는 기술영업은 '필드 서비스 엔지니어나 CS 엔지니어와는 또 다른 방법으로 고객사와 직접 접촉(Contact)'하는 직무이다.

이번에는 기술영업에 적합한 성향이란 어떤 것인지 원철이의 사례를 통해 알아보도록 하겠다.

수도권 중하위권 대학 정보통신공학을 전공하다가 서울 중위권 대학 전자공학으로 편입한 원철이. 통신공학을 바탕으로 좀 더 넓은 지식을 쌓고자 전자공학으로 전과 편입을 했다고 한다. 편입 후 학점도 3.8점대로 괜찮은 편이었고, 각 대학에서 통신공학 및 전자공학도 시절 많은 분야의 프로젝트를 수행한 경험도 있었다.

하지만 원철이는 20스터디에 참여하기 전 지원했던 네트워크 및 전파 관련 개발 직무 등에서 대기업은 주로 서류전형, 기타 기업의 경우 면접전형에서 탈락의 쓴맛을 보았다고 했다.

1. 직무 선정하기

원철이의 경우 전공이나 프로젝트 경험 등을 봤을 때 스펙에서 큰 문제는 없었다. 통신 및 네트워크 관련 경험도 많았고 희망 직무와 전공을 매칭시키지 못하는 것도 아니었다. 방산업체를 지원했을 때도 유도탄 등 통신 관련 개발 직무를 선택하는 등 직무 이해도 또한 높았다.

물론 상대적으로 학벌을 중요시하는 몇몇 대기업이나 방산업체의 경우, 편입 전 학교까지 체크하는 경우가 더러 있으므로 서류전형 탈락이 발생했을 수도 있다. 하지만 그런 기업들을 제외하더라도 원철이가 지원한 모든 기업에서 탈락한 것은 의아한 일이었다.

이에 필자는 원철이와 진지하게 상담을 진행했고, 나름의 해답을 찾아낼 수 있었다.

늘 활동적이고 사람들과 함께 어울려서 무언가를 성취할 때 큰 즐거움을 느끼는 원철이는 연구실(LAB)에서 혼자 묵묵히 연구하고 설계해야 하는 개발 직무에서 원하는 인재가 아니었다. 원철이의 프로젝트 경험이 많았던 이유 또한 본인이 하나의 프로젝트에 진중하게 몰입해서 성과를 내는 것보다는, **'많은 프로젝트에 참여하며 경험을 쌓고 인간관계를 넓혀가는 것에 중점'**을 두었기 때문이었다. 이러한 점이 도리어 마이너스 요소로 작용한 셈이었다.

따라서 필자는 우선 생산기술 직무를 추천했다. 생산기술의 경우 아무래도 현장에서 여러 부서와 함께 협업으로 업무를 처리하는 업무가 많고 통신, 전자 관련 지식도 필요하기 때문이었다. 하지만 원철이 본인이 사업장 현장에서 일하는 것을 그리 좋아하지 않았기 때문에 생산기술은 후순위로 미루기로 했다.

그 다음으로 추천한 직무가 바로 **'기술영업'**이었다. 상담으로 드러난 원철이의 성향에 빗대어봤을 때 생산기술보다는 기술영업이 더 적합해 보였고, 영어 실력도 당시 토익스피킹 Lv.6으로 조금만 더 노력하면 Lv.7까지 가능할 것이라며 원철이 스스로도 자신감을 갖고 있었다.

이처럼 많은 이들과 만나 경험을 쌓고 인간관계를 넓히는 것을 좋아하는 원철이와 적합한 기술영업 직무는 구체적으로 무엇을 하는지 알아보도록 하자.

2. 기술영업 업무의 이해

① 주요 업무 세부 내용

기술영업이란 반도체를 비롯한 전자부품부터 SI 컨설팅까지 다양한 업종을 포함하는 **포괄적인 직무**라고 볼 수 있다.

- ◆ 제품 기술 또는 솔루션 상담
- ◆ 기술 또는 솔루션 등 견적 및 제안
- ◆ 각종 정보, 수주 내역 등 기술 동향 파악 및 적용
- ◆ 기술영업 차원에서의 기술 상담
- ◆ 기타 제품 개발과 연계된 정보 관리

② 하루 일과 예시

- ◆ 출근 즉시 수신된 메일과 메시지 확인 후 미결 업무 파악
- ◆ 기존 거래처의 현 상황 파악(장비 또는 제품, 솔루션 등 이슈)
- ◆ 거래처에서 가지고 있는 문제점에 대해 상담 후 해결법이나 대안 제시
- ◆ 현장에서 해결이 어려운 경우 본사 유관부서와 빠른 업무 협의를 통해 해결방안 제시
- ◆ 필요 시 추가 제안 장비, 기술, 솔루션 등에 대한 포트폴리오 구성
- ◆ 신규 거래처 발굴을 위한 시장 분석
- ◆ 신규 거래처 방문 약속 확보 후 PPT 자료 작성 및 프레젠테이션 시행

3. 기술영업 지원자의 필요 역량과 자질 및 핵심 키워드

① 필요 역량과 자질

- ◆ 담당 제품에 대한 기술적 이해력
- ◆ 고객의 요구사항에 대한 정확한 이해력
- ◆ PPT 작성 및 프레젠테이션 발표력
- ◆ 신속 · 정확한 상황 대처 능력 및 문제 해결 능력
- ◆ 이메일 작성 기술, 서류 기록 등 실제 업무 수행 가능한 어학 능력

기술영업 포지션의 경우 국내 기업뿐만 아니라 외국계 기업 채용이 상당히 많다. 특히 전자전기부품 또는 기계, 광학부품 관련 기업은 일본계가 많은 편이지만 이 경우 일본어 실력이 필수는 아니며 영어로 의사소통이 가능하면 큰 문제는 없다.

② 인사 담당자나 면접위원들이 선호하는 기술영업 지원자의 키워드

제품(솔루션)에 대한 기술적 용어 　　분석 툴　　상황 대처 능력

문제 해결 능력　　협상 및 설득 사례　　어학　　근성　　신뢰　　성실

책임감　　윤리성　　긍정적　　적극적　　PPT 작성 사례

프레젠테이션 자신감

4. 기술영업 직무에 지원하기 위한 사전 준비 항목

◆ 전공 과목의 기술적 용어, 이론 등 꼼꼼히 재학습
◆ 가급적 많은 프로젝트 경험 수행 시도(타 전공자와 함께)
◆ 프로젝트, 과제 수행 시 문제를 해결하고자 다양한 방법으로 고민한 사례 준비
◆ 상대방을 설득하고 정확하게 의사를 전달해 본 사례 발굴
◆ 본인 성향상 R&D나 기술보다 왜 영업직에 적합한지 사례를 통해 어필
◆ 상위 수준의 어학 점수 취득(토익 850점 이상, 회화 Lv.7 or IH 이상)

원철이의 경우 두 개 학과 전공에 프로젝트 경험 또한 풍부했으며, 통신, 전기전자 공학 외에도 다양한 프로젝트 수행을 통해 기계공학 및 물리학 전공에 대한 상당한 이해를 갖추고 있었다. 무엇보다 영업인이 반드시 갖춰야 할 설득력이나 발표력이 우수한 편이었다. 영어 토익스피킹도 결국 Lv.7으로 끌어올리는 것에 성공했다.

마지막으로 모든 준비를 끝낸 원철이가 찾아낸 2W1H 키워드를 살펴보자.

5. 원철이의 전기전자 부품회사 기술영업 2W1H

What **(직무상 강점)**	1) 지원 기업의 주력 상품인 콘덴서 분야에 대한 기본지식 2) 전자회로 실무 설계, 전공 프로젝트 경험에서의 다각적 분석력 3) 시장을 바라보는 자세
Why **(지원동기)**	1) 내가 노력한 만큼 기업의 매출을 올릴 수 있다는 영업에 대한 자긍심 2) 제품에 대한 전문성과 문제해결 역량을 발휘할 수 있는 직무 3) 기술영업을 통해 수요와 공급의 동기화를 이뤄 제품 경쟁력에 기여하고자 지원
How to **(입사 후 구체적 포부)**	1) 다각화하는 시장변화에 발맞춰 고객사의 고민과 수요를 먼저 읽고 선제적 대응 2) 당사 제품의 Q(품질), C(가성비), D(납기준수)에 대한 강점을 고객사 구매 담당자에게 확실하게 어필 3) 지원한 기업이 강조하는 연결 경영, 곧 SCM 프로세스의 영업기술 책임자로서 유관부서와의 협업을 통해 제품이 적재적소에 공급되도록 기여

2W1H 키워드 작성까지 무사히 마친 원철이는 결국 일본계 탑 티어(Top tier) 전기 전자 부품회사의 기술영업 직무에 합격하여 현재까지도 업무에 만족하면서 활동하고 있다.

04 생산기술 및 설비엔지니어 우수 자기소개서 사례

1. 생산기술 우수 자소서

1. 자신의 성장과정 및 개인특성 및 장점에 대해 기술해 주시기 바랍니다.　　　1,000자 내외

[호기심을 통한 자기발전]

저는 전공과목을 수강하며 생긴 호기심을 풀기 위해 관련 업체를 직접 찾아가거나, 인턴을 경험하면서 전공을 폭넓게 이해한 경험을 통해 '호기심을 갖고 접근하자'라는 마인드를 갖게 되었습니다.

당시 화공유체역학 프로젝트의 주제는 '석유수송에 필요한 파이프라인 설계'였습니다. 하지만 파이프의 종류, 밸브 등의 장비를 책으로만 보고 계산을 하다 보니 구조도 모른 채로 과제를 수행하고 있다는 생각이 들었습니다. 이에 실제를 경험하면서 이론을 배운다면 더 재미있을 것 같다는 마음이 생겼고 관련 업체를 찾아가 요청하여 파이프라인을 직접 만져보고 경험했습니다. 더 나아가 두 달간의 인턴을 경험하면서 전공에 대해서 전보다 깊이 이해할 수 있었습니다. 단순히 이론만 배우고 끝을 냈다면 실력 향상에 한계가 있었겠지만, 스스로 호기심을 갖고 부딪혔기 때문에 실력 향상이라는 결과로 이어졌다고 생각합니다. 이를 계기로 무슨 일이든지 호기심을 갖고 살피는 것이 자기발전의 첫걸음이라는 것을 깨닫고 저의 가치관으로 삼게 되었습니다.

[스스럼없이 다가가는 교감]

또한, 처음 뵙는 분에게도 스스럼없이 인사를 건넬 수 있는 친화력을 가진 것이 저의 강점입니다.

저는 이를 발휘하여 2013년부터 우리 봉사단이라는 봉사동아리를 통해 20대부터 40대까지의 다양한 분들과 현재까지도 관계를 맺고 또 유지해 오고 있습니다. 처음에는 소통이 어려웠지만, 때로는 친동생처럼 커피 한잔 챙겨드리며 이야기를 나누고, 때로는 봉사활동이 끝난 뒤 뒤풀이 제안을 하고 사적인 이야기를 나누며 모두와 좀 더 가까워질 수 있었습니다. 봉사라는 공감대 아래 다음은 어떤 봉사활동을 해야 할지에 대한 대화를 나누는 동료의 역할도 하며 다양한 연령대의 선배님들과 교감할 수 있었습니다.

○○화학에 입사한다면 저의 가치관을 기반으로 강점을 발휘하여 생산 라인에 근무하시는 유관부서 엔지니어, 연구소 연구원, 현장 작업자 외에도 영업 담당 부서의 키맨(Key Man)과 교감하여 생산성 향상이라는 하나의 목표를 이루는 데 기여하겠습니다.

2. 본인의 강점을 관심분야 및 희망 직무 중심으로 기술해 주시기 바랍니다.　　500자 내외

저는 생산기술 엔지니어로서 ○○화학의 수익에 기여할 수 있도록 두 가지 강점을 준비해 왔습니다.

[생산 현장을 통해 얻은 데이터 활용 능력 및 원가개념의 중요성]

저는 제조 현장 곳곳에서 문제점을 개선하기 위해 부딪혀 본 ○○케미칼에서의 인턴 경험을 통해 생산성 개선을 위한 작은 생각 하나하나가 회사의 수익에 큰 도움이 된다는 것을 깨달았습니다. 또한 ERP 생산자격증을 취득하고 엑셀의 피벗테이블과 함수를 활용하며 축적된 데이터를 분석하여 활용하는 능력을 키워왔습니다.

한편 저는 생산 현장에서 원가개념의 중요성을 깨닫고 『원가가 새는 곳에 사이렌을 울려라』라는 책을 읽으며 원가절감 사례에 관해서 공부하기도 했습니다. 책을 통해 늘 원가 의식을 갖고 행동하는 것이 원가절감의 시작임을 깨달을 수 있었습니다. 회사에서 행하는 모든 행위를 원가로 환산하여 현업에서 '원가절감은 곧 회사의 이익'이라는 원가 의식을 가지고 생산원가절감을 실천할 수 있도록 하겠습니다.

2. 설비엔지니어 우수 자소서

1. ○○을 선택한 이유와 입사 후 회사에서 이루고 싶은 꿈을 기술하시오. 700자 내외

[수율 향상을 통한 원가절감으로 판가 하락에 대응]

설비엔지니어로서 이유를 불문하고 생산이 멈추지 않도록 하는 역할을 할 수 있는 최고 전문가가 되어 제가 속한 조직에 의미 있는 사람이 되는 것이 제 인생의 최종 목표입니다.

현재 ○○디스플레이는 패러다임의 변화로 OLED 중심의 사업구조로 개편하고 있습니다. 공정 수율이 비교적 낮은 OLED 라인의 비중을 높이고 있는 시기이기 때문에 원칙에 따른 예방정비 실시와 생산성을 저하시키는 요인을 제거하는 설비엔지니어의 역할이 더 중요해졌다고 생각합니다. 과거보다 더욱 도전적인 국면에 접어들었지만 어려움을 이겨내며 더 큰 성장의 기회를 얻을 수 있다는 측면에서 ○○디스플레이는 저에게 최적의 회사라고 생각해 지원하게 되었습니다.

[다각적인 고민과 집요한 실행력을 발휘하는 설비엔지니어]

설비엔지니어는 설비 분석과 개선을 통해 생산성을 제고할 수 있는 역할을 수행해야 하기 때문에 그 누구보다 현장중심으로 이해하고 적용할 수 있는 이를 필요로 할 것입니다. 따라서 저는 주어진 업무를 충실히 수행하기 위해 여러 강점을 준비해 왔습니다. 생산관리 인턴 당시 현장 상황 분석을 통해 생산성 개선을 위한 아이디어를 제시했고, 작은 생각 하나하나가 회사 수익에 도움이 될 수 있다는 것을 깨달았습니다. 따라서 저는 설비엔지니어로서 늘 개선점을 미리 고민하고 실행으로 옮기는 담당자가 되고자 합니다.

2. 본인의 성장과정을 간략히 기술하되, 현재의 자신에게 가장 큰 영향을 끼친 사건, 인물 등을 포함하여 기술하시기 바랍니다. 1,500자 내외

저는 대학가요제 참여 기회를 놓친 경험을 통해 말보다는 행동의 중요성을 깨달을 수 있었습니다.

[실행의 중요성]

저는 대학교 1학년 때 대학가요제 예선 참가 신청을 기다리고 있었습니다. 노래 부르는 것을 좋아했던 저와 대학 동기는 '학교 축제 때 가요제에 꼭 나가서 수상하자'라고 말하곤 했습니다. 하지만 대학가요제 예선 참가 기간이 되었을 때 동기는 참가신청서를 작성하며 제출하러 가자고 했었지만 막상 저는 수백 명이 앞에 있는 무대에 서서 실수 없이 노래를 불러야 한다는 두려움 때문에 참가를 주저했습니다. 동기의 설득에도 불구하고 끝내 저는 참가신청서를 작성하지 못했고 동기는 홀로 대학가요제에 참여해 자연스럽게 사이가 멀어지게 되었습니다. 당시 저는 무대 위에 선 동기의 모습을 보며 행동하지 않고 말뿐이었던 저의 모습이 부끄러웠습니다. 이를 계기로 저는 말뿐인 행동은 기회를 잡지 못할뿐더러 신뢰를 잃는 것임을 깨달았고 '입으로 내뱉은 말은 행동으로 실천하자!'는 행동원칙을 세우게 되었습니다.

[행동의 결과로 공모사업에 선정되다]

이후 저는 환경 동아리 활동에서 말보다는 행동을 실천하자는 행동원칙을 통해 공모전에서 동상을 받았습니다.

저는 도서관 바닥에 널브러져 있는 좌석표를 치우면서 친구와 나누었던 이야기를 계기로 말로만 환경에 대해 이야기하는 대신 직접 동아리를 창립해서 행동하기로 했습니다. 직접 발로 뛰어 27명의 동아리원들을 모집하였고 나아가 지속적인 동기부여를 위해 한국 그린캠퍼스 협의회에서 주관하는 공모사업에 선정되어 수상하는 것을 목표로 세웠습니다.

이후 활동을 시작하기에 앞서 활동 방향에 관해 토론했습니다. 주로 직접 학생들 앞에 나가서 활동의 취지에 대해서 설명한 후 이면지를 활용한 노트 제작, 수요일은 다 먹는 날 운동, 대기전력 줄이기 운동 등 성과가 눈에 보이는 활동을 했습니다.

또한, 앉아서 고민하는 대신 직접 경험하며 활동 방향을 수립하기 위해 여러 환경 강연을 듣고 동아리원들과 의견을 공유하며 더욱 다양한 방법을 시도하였습니다. 이를 통해 인식의 개선만으로는 해결할 수 없는 절수기 설치 요청, 도서관 좌석표 선택 출력 제안 등과 같은 시스템 개선을 학교 측에 요청하여 공동으로 해결해 나갈 수 있었고, 이처럼 공동의 목표를 향해 1년간 노력한 결과 공모사업에 선정되어 300만 원의 지원금과 함께 동상을 수상할 수 있었습니다.

저는 입사 후에도 설비엔지니어로서 설비 개선 활동을 위해서 앉아서만 고민하는 대신 직접 실행하는 모습을 보이겠습니다. 또한 설비에 발생한 문제에 빠르게 대처하며 제가 해결하지 않으면 안 된다는 책임감을 가지고 지속적인 생산이 가능한 설비 라인을 만들겠습니다.

---

3. 최근 사회 이슈 중 중요하다고 생각되는 사례 하나를 선택하고 이에 관한 자신의 견해를 기술해 주시기 바랍니다. 　　　　　　　　　　　　　　　　　　1,000자 내외

[디스플레이 왕국의 지각변동]

그동안 디스플레이계의 왕으로 군림해 온 TV의 매출 점유율이 고가의 OLED 패널을 사용하는 스마트폰의 증가로 인해 역전되며 스마트폰에게 왕의 자리를 물려주게 되었습니다. 이는 스마트폰을 통해 방송을 볼 수 있는 것은 물론 게임, 교육 등 다양한 콘텐츠를 체험할 수 있게 되어 TV의 수요 감소를 일으켰기 때문이라고 생각합니다. 게다가 LCD 패널 가격이 꾸준히 하락한 것에 반해 OLED 패널은 자유롭게 휘거나 심지어 돌돌 말 수 있는 등 새로운 형태의 스마트폰을 요구하는 소비자들의 기호를 충족시킨 점이 매출 상승에 기여했다고도 볼 수 있습니다.

이러한 지각변동은 중국의 공격적인 투자로 인해 ○○디스플레이가 LCD패널 시장에서 수익성을 지속적으로 찾기 어려워진 현 상황 속에서 가뭄에 단비 같은 소식이라고 생각합니다.

[지속적인 연구개발을 통한 보완]

얇은 두께와 낮은 전력소비량 등 기술적으로 뛰어난 OLED가 스마트폰에 사용되면서 수익성은 개선되었지만, OLED 패널의 고질적인 문제인 번인 현상과 비교적 비싼 가격 등으로 인해 당장은 많은 소비자의 마음을 돌리는 데 한계가 있는 것이 사실입니다. 따라서 디스플레이 산업에서의 경쟁적인 설비투자보다는 질적인 설비투자를 위한 지속적인 개발을 통해 문제점을 개선해 나가는 것이 중요하다고 생각합니다. 이에 저는 설비엔지니어로서 우선 기존 설비를 크게 변화시키지 않고 생산성을 향상시킬 수 있는 방법을 고민하겠습니다.

[빠른 변화에 대처하는 우리의 자세]

한편 OLED 디스플레이의 단점을 완전히 개선하지 못한 현 시점에서 경쟁 기업인 ××가 마이크로 LED를 출시한다고 합니다. 이처럼 기술 변화의 속도가 빠른 상황에서 우리는 기술 개발의 방향을 다각화하면서 성공적으로 적용할 수 있는 방안을 모색해야 할 것입니다. 더불어, 새로운 기술에 대한 고객들의 움직임을 확인하며 나아가야 하는 방향에 대해 지속적으로 고찰하는 것이 기업의 경쟁력을 강화해 나가는 지름길이라는 태도를 유지해야 할 것입니다.

13

연구개발

구글도 모르는 직무분석집

📺 연구개발 직군 소개

연구개발이란?

끊임없이 탐구하는 개발 업무 외에
납기와 원가목표 달성의 중요성도 인식하는 현실주의자

연구개발 직무의 종류(업종별 상이)

직무	주요 업무
회로개발	• 각종 부품 등을 연결시키는 회로 세트 · 보드 설계 • 디스플레이, 칩, 오디오 등 핵심 부품의 설계 • 각 시스템 성능 및 호환성 평가 · 검증 등
S/W개발	• 시스템 소프트웨어 개발 및 최적화 • 다양한 애플리케이션 개발 및 성능 개선 • 서버 및 클라이언트 개발 등
기구개발	• 제품의 실장 · 강도 · 요소 등 구조 부품 설계 • 제품 품질 향상을 설계 및 해석 • 표면처리 · 소재 성형 기술 개발 등

연구개발 직무는 본인 전공에 따라 길이 확실하게 정해져 있다.

따라서 이번 챕터에서는 별도의 분석 없이 '**회로개발(H/W개발)**'과 'S/W개발', 그리고 '**기구개발**'까지 대표적인 세 가지 직무에 대한 기본적인 업무 내용과 필요한 역량 및 자질, 그리고 키워드 중심으로 간단하게 살펴보고 마무리 짓고자 한다.

01 회로개발

> "회로는 제품의 혈관! 올바르게 연구하여 손실을 줄이자!"

1. 회로개발 업무의 이해

- ◆ PCB를 이용한 전자회로를 물리적으로 구성
- ◆ **RF회로설계(휴대폰)** : 5G, RF, 밀리터리파(mmWave), 안테나, Wi-Fi, BT, NFC, GPS 등
- ◆ **EMC/SI/PI 강건 설계** : 전자파 간섭 및 내성, 고속 신호 및 전원 품질의 강건 설계
- ◆ **제품개발** : 모델 콘셉트에 맞도록 회로 구성, 필요한 컴포넌트(Component) 개발, QA 평가 진행
- ◆ **생산지원** : 작업지시서 작성, 작업 능률 향상 방안 도출
- ◆ **원가절감** : PCB 및 부품의 최적화, 공용화 설계를 통한 CI 활동
- ◆ **신제품 발굴** : 개량된 기술, 새로운 방식의 상품화 가능한 아이디어 발굴, 특허출원으로 지적재산권 확보

2. 회로개발 지원자의 필요 역량과 자질 및 핵심 키워드

① 필요 역량과 자질

- ◆ RLC회로 등 기초 부품 및 전자회로에 대한 이해
- ◆ 전기 · 전자회로, 디지털회로 설계에 필요한 역량
- ◆ 회로개발 장비 및 관련 툴 역량(Oscilloscope, Spectrum Analyzer, Mentor/Cadence/FPGA 등)
- ◆ 직무 관련 SCI급 논문 작성 혹은 특허 출원 이력 보유 시 우대
- ◆ 창의적 사고 및 부서 간 협업 능력
- ◆ PPT 작성 능력, 분석력
- ◆ 새로운 기술에 대한 이해 및 적응력

② 인사 담당자나 면접위원들이 선호하는 회로개발 직무 지원자의 키워드

손실	손실 제로화를 통한 원가절감	모듈 간 최적화	PCB 아트워크
부품 배치	설계 검증	양산을 위한 올바른 작업지시서 작성	협업
적응력	신기술 탐구	지원 직무 관련 주요 전공 지식 키워드 및 로직	
		원가절감(VE-가치공학)	

02 S/W개발

> "다양한 알고리즘과 코딩의 스페셜리스트"

1. S/W개발 업무의 이해

① **분야별 주요 업무 내용** *삼성전자 직무 소개 참조

- ◆ **시스템 S/W**
  - 안드로이드, 커널, 임베디드, OS, 디바이스 드라이버, 펌웨어, 빅데이터 등
  - 디바이스의 시스템 S/W를 개발하고 최적화하여 사용자 경험을 증대
  - 빅데이터를 활용한 성능 최적화 및 솔루션 개발
- ◆ **애플리케이션**
  - 안드로이드, 애플리케이션, OS, API, SDK, 인터랙션 등
  - 애플리케이션 개발 및 성능개선 및 제품군별 차별화된 유저 인터랙션 개발
  - 다양한 플랫폼에서 응용프로그램을 구현하여 사용자에게 새로운 경험을 제공
  - 안드로이드, 타이젠, 윈도우, 리눅스 등 다양한 환경에서 애플리케이션 개발
- ◆ **시큐리티 S/W**
- ◆ **인공지능 S/W**
- ◆ **미들웨어 S/W**

◆ 서비스 S/W

- 서버 · 클라이언트 개발

- 서비스 개발 · 구축을 위한 클라우드 인프라, 서버 아키텍처 설계, DB 구축 및 프론트엔드 (Front-end) · 백엔드(Back-end) 서버 개발

- 콘텐츠 인식, 광고 모듈 등 데이터 수집 및 앱 동작 지원을 위한 서비스 프레임워크 (Service Framework) 개발

② 업무 프로세스

◆ 고객의 니즈를 따라가는 것이 아닌, 니즈 창출 가능 S/W 요구사항 반영

◆ **S/W 구조설계** : 각 구성요소 간 인터페이스를 정의하고 구체적 기능을 파악하여 기능설계 및 상세 구현 근거 마련

◆ **S/W 기능설계 및 상세 구현** : 신제품 PJT.의 Q.C.D를 고려한 S/W 설계

◆ **S/W 품질관리** : 설계 · 구현된 기능들의 단위 및 통합 시험을 통한 품질관리

◆ 신기술 습득 및 외주업체 관리

2. S/W개발 직무 지원자의 필요 역량과 자질 및 핵심 키워드

① 필요 역량과 자질

◆ 프로그래밍 언어(C, C++, C#, HTML, JavaScript, Java 등)

◆ 리눅스, 데이터베이스, 인공지능, 이미지 프로세싱(Image Processing) 등의 지식

◆ 호기심 및 탐구심

◆ 협업 능력(UI, UX, GUI 담당자와의 협업 매우 중요)

◆ 넓은 시야를 볼 수 있는 수용력과 다각적 접근

◆ 코딩 능력(삼성 소프트웨어 익스퍼트 아카데미, 백준, NYPC, 카카오 등)

◆ 직무 관련 SCI급 논문 작성 혹은 특허 출원 이력 보유 시 우대

◆ 대기업의 경우 어학 능력 선호

② 인사 담당자나 면접위원들이 선호하는 S/W개발 직무 지원자의 키워드

Linux   데이터베이스   인공지능   빅데이터 관련 지식

알고리즘   코딩   유저들에게 새로운 가치와 경험 제공

사용자 편의 중심(UX, UI, GUI)   다각적 사고

03 기구개발

> "사용자의 편의성과 원가절감 두 마리 토끼를 잡아라!"

1. 기구개발 업무의 이해

① 분야별 주요 업무 내용 *삼성전자 직무 소개 참조

◆ **기구 설계**

- 제품 실장, 구조 및 강도 설계, 요소 설계 및 활용을 통해 제품의 구조 부품을 설계
- 조립 및 설치성을 고려하여, 디자인 형상으로부터 실제 양산 가능한 제품을 구현
- **관련 분야** : Actuator, Gear, Cam, Link, Hinge, Rail, Latch, Cabinet, Drawer, 내상 등

◆ **진동 · 소음 설계**

- 저진동 · 저소음 설계 및 해석, 음질(Sound Quality) 분석 및 설계를 통해 소비자에게 높은 감성 품질의 제품 제공
- **관련 분야** : Vibration Absorber, Ball-balancer, Damper, Stopper, Spring

◆ **열 · 유체 설계**

- 열전달, 냉각 사이클(Cycle), 공조기술 등에 기초한 열유체 시스템 설계를 통해 시스템 알고리즘을 구현하고, 에너지 효율을 극대화할 수 있는 요소 부품을 설계
- **관련 분야** : Fan, Heat Exchanger, Heat-sink, Duct, Distributor, Condenser, Blade 등

◆ CMF(Color, Material, Finishing)

　• 제품 성능 향상과 우수 외관 품질 구현을 위한 외관처리 방법 개발 및 신규 소재, 표면처리 기술, 소재 성형 기술 개발 등

　• **관련 분야** : 표면처리, 도장 · 증착 기술, 핫스탬핑, 금속 소재, 필름강판, 레진(Resin : 수지) 등

② 업무 프로세스

- 제품 설계적 측면 -

◆ 글로벌 트렌드 선도하는 디자인 혁신과 사용자 편의성 고려한 제품 설계

◆ 전세계 시장의 니즈를 충족시키고, 시장의 흐름을 파악하여 설계

◆ 수시로 변동하는 원재료 가격, 개발계획, 협력업체 등 상황에 대응

◆ 3D CAD 활용하여 설계(확정된 제품 디자인을 구현하기 위한 내 · 외장부품)

◆ 구매 부서에 금형 제작 의뢰

◆ CAE를 통한 제품구조 최적화 결과를 설계에 반영

◆ 금형으로 제작된 부품의 스펙 만족 여부 확인, 제품 조립 후 신뢰성 평가

◆ 개발 일정에 맞춘 제품개발 완료 및 양산 지원

- 선행 연구적 측면 -

◆ 현 제품의 기구적 한계점 돌파를 위한 신기술, 신공법 개발

◆ 별도 태스크(Task) 팀 운영하여 기구개발 트렌드 선도

◆ 새로운 콘셉트의 제품 생산을 위한 아이디어 발굴 및 제품화

◆ 기존보다 개량 또는 전혀 새로운 방식으로 특허 출원, 지적재산권 확보

- 원가절감적 측면 -

◆ 내 · 외장부품의 원가절감 아이디어 발굴 및 구체화로 생산 제품 반영

◆ 설계과정에서 디자인(Design), 품질(Quality), 비용(Cost)을 만족하는 프로세스 연구 개발

◆ 부품 멀티소싱(Multi Sourcing)을 통한 CI 활동(구매 부서와 협업)

2. 기구개발 직무 지원자의 필요 역량과 자질 및 핵심 키워드

① 필요 역량과 자질

- ◆ 구조역학, 금형에 대한 지식
- ◆ 전기, 전자에 대한 기초지식
- ◆ 재료에 관련된 기본지식과 제품구조의 이해
- ◆ 제품설계 능력
- ◆ 3D CAD · CAE 활용 능력
- ◆ 창의력, 공간지각 능력
- ◆ 구조, 유동, 동역학 설계 능력
- ◆ 냉동 사이클, 진동소음 등 제품 관련 전문지식
- ◆ 워드, PPT, 엑셀 등 문서작성 능력
- ◆ 원만한 대인관계, 창의력, 책임감, 고객 입장에서 바라보는 시각

② 인사 담당자나 면접위원들이 선호하는 기구개발 직무 지원자의 키워드

제품 디자인   UX   기구개발의 중요성   글로벌 트렌드

트렌드 리딩 설계   생산공정의 이해   각종 재료 및 성형 방법

3D 툴 설계   다양한 분야의 전문지식

04 연구개발 우수 자기소개서 사례

[문제 파악부터 피드백을 통한 공모전 수상까지]

저는 '다기능 파이프라인 로봇' 프로젝트에서 문제점을 개선하여 교내 외 5개 공모전에서 수상한 경험이 있습니다.

저는 이 프로젝트를 진행할 당시 복학 후 첫 프로젝트라는 것과 군 생활로 인한 공백기, 그리고 사용 경험이 없는 새로운 MCU를 사용한다는 것에 대한 걱정과 부담을 가지고 있었습니다. 이에 본격적인 개발 전, 팀원의 역량 파악 및 향상을 위해 동아리방에 상주하며 팀원들과 피드백하여 개발 역량을 키워나갔습니다. 이후 피드백을 바탕으로 세부 업무를 나누었는데 저는 납땜을 통한 로봇 H/W 제작과 Cortex-M3를 이용해 각 모터와 센서를 구동하기 위한 펌웨어 S/W개발을 맡았습니다.

저희는 9월 첫 공모전에 참가했지만 작품 전시 중 로봇의 카메라 영상이 흐려지고, 어깨 관절 모터 전원 공급이 원활하지 않는 등 문제점을 발견하였고, 결국 첫 공모전은 장려상에 그쳤습니다.

하지만 이에 좌절하지 않고 팀 미팅을 통해 전시 중 발생한 문제 원인을 파악함과 동시에 심사위원들의 조언을 정리하여 개선방법을 도출해 냈습니다. 당시 다음 공모전까지는 기간이 얼마 남지 않은 상황이었지만, 그간 함께해 오며 쌓인 신뢰를 바탕으로 서로를 믿고, 업무를 세세히 나누고 철저히 진행했습니다. 그 결과 다음 공모전에서는 정보통신산업진흥원장상과 특허청장상 등 총 4개의 상과 총 1,000만 원 상당의 상금을 받는 쾌거를 이룩했습니다.

이를 통해, 일을 진행할 때 중간 결과가 기대에 미치지 못하더라도 신뢰를 바탕으로 포기하지 않고 협업하여 개선을 위해 노력을 한다면 더 큰 결과를 낼 수 있음을 경험했습니다.

[예산확보로 시작된 창업 동아리, 세 차례의 수상을 이끌어 내다]

또한 저는 'The Knock Mirror of Android'라는 프로젝트의 리더로서 책임감을 갖고 팀을 이끌어 교내 외 3개의 공모전에서 수상한 경험이 있습니다. 이 프로젝트에서 S/W 및 H/W개발을 맡은 저는 작품의 임베디드 보드(Embedded board)에 안드로이드 OS를 포팅하고 센서 디바이스 드라이버를 만들었으며, 추가로 솔리드웍스 (SolidWorks)를 이용해 작품을 3D 모델링하여 제작했습니다.

하지만, 프로젝트 초기에는 부족한 개발비로 인해 고민이 많았습니다. 그래서 저는 주어진 예산으로 프로젝트를 진행하면서도 동시에 추가 지원받을 방법을 찾아보기로 했습니다. 이 과정에서 교내 창업 동아리 모집 공고를 보았고, 개발비 조달을 명목으로 공고에 지원하기로 했습니다.

결과적으로 저희는 사업계획서 제출과 선발을 위한 PT 발표 결과 창업 동아리로 선정되며 1차로 200만 원을, 추가로 창업 동아리 중간발표에서 우수 동아리로 선정되어 200만 원을 더 지원받아 순조롭게 프로젝트를 진행할 수 있었습니다. 또한 프로젝트를 통해 공모전에서 총 세 차례 수상이라는 성과를 이룩해 냈습니다.

저는 프로젝트를 진행하며, 아무리 부족한 여건이라도 리더로서 책임감을 가지고 팀을 이끈다면 헤쳐나갈 방법이 반드시 있다는 것을 몸소 체험했습니다. 또한 팀원 각자가 맡은 업무에 책임감을 가지고 공동의 목표를 향할 때 커다란 시너지 효과를 낼 수 있다는 것을 배웠습니다.

2. ○○에 입사하고자 하는 이유는 무엇이며 입사를 위해 어떠한 준비를 하였는지 구체적으로 기재해 주십시오.

[임베디드(Embedded) 분야 개발 역량 발휘]

'가장 좋아하는 일을 잘 발휘할 수 있는 기업인가?'는 제가 회사를 선택할 때 가장 중요시 생각하는 것입니다.

저는 6년간 임베디드 관련 분야 및 인간-로봇 상호작용(HRI)에 관한 공부를 하며 사람의 삶에서 필수적인 것에 대해 고민했습니다. 이에 자동차는 운송수단으로써 사람의 삶에 깊숙이 파고들어 사라질 수 없는 분야이며, 첨단기술의 집약체로서 향후 발전 가능성이 매우 크다고 생각했습니다. 특히, HRI를 적용하여 '어떻게 하면 사람의 삶이 더욱 윤택해질까?'를 고민하는 등 미래차 개발에 관심을 두게 되었습니다.

○○는 매년 R&D에 지속적으로 투자하며 자율주행 및 친환경 등 미래기술 대비를 통해 자동차 지능화에 힘쓰고 있습니다. 따라서 ○○과 제가 함께한다면 그동안 쌓아온 역량을 마음껏 펼치며 귀사에 기여할 수 있을 것이라 생각합니다.

[결과로 증명해 낸 실전 경험]

학창 시절 13여 종의 프로젝트에 참여한 저는 총 8회의 수상 경험 및 기술이전 경험이 있습니다.

동아리에서는 ATmga128, Cortex-M3 등 각종 MCU와 모터 및 센서를 이용하여 'Multi-Function Pipeline Robot', 'The Knock Mirror of Android' 등 다양한 작품을 만들었고, 이 작품으로 정보통신진흥원장상, 특허청장상 등 총 8회의 수상을 경험했습니다. 이 과정에서 팀원으로서 공동의 목표를 향해 기여하는 방법을 배웠고, 팀장으로서 팀을 아우르며 팀원들이 협업할 수 있도록 하는 능력을 길렀습니다.

대학원에서는 산업통상자원부 과제에 참여하여 RGB-D카메라를 이용한 자율주행 시스템 개발에 동참하였고, 이를 기반으로 인간-로봇 상호작용에 관한 연구를 진행하여 일부 기술에 대한 기술이전이라는 결과를 냈습니다. 당시 프로젝트를 참여를 통해 저는 팀에서 개개인의 역할이 얼마나 중요한지를 느끼고, 효율적인 업무분배를 통해 결과를 냈을 때의 시너지 효과를 몸소 체험할 수 있었습니다.

3. 지금까지의 삶 중에서 본인의 성장에 가장 중요한 계기가 된 경험을 구체적인 근거를 통해 기술하고, 이를 바탕으로 지속적인 성장 및 유지를 위해 노력하였던 경험을 구체적으로 기재해 주십시오.

[팀 프로젝트로 목표가 생기다]

저는 학부시절 '마이크로 로봇 연구회' 활동으로 공부하고 싶은 것을 구체화하여, 목표를 명확히 정한 경험이 있습니다. 대학교 입학 당시 학과 특성상 공부 방향이 다양하여 고민하고 있던 저는 학과에서 유일한 학술 동아리에 가입하였습니다. 당시 동아리에서 기초 소자, C언어 등을 접하고, 이에 흥미가 생겨 선배에게 이를 깊이 배우고 싶다고 했습니다. 다행히 선배는 흔쾌히 승낙하며 지도를 해주었고 저는 처음으로 개발의 즐거움을 맛볼 수 있었습니다.

이후 저는 매년 팀 프로젝트에 참여하며 공모전이라는 목표를 달성, 개발자라는 목표를 향해 한걸음씩 걸어왔습니다. 이러한 목표를 세울 수 있었던 것에는 서로의 생각을 나눌 수 있는 동아리와 선후배 간 커뮤니케이션이 있었기 때문이라고 생각합니다.

[협업의 시작, 인간 관계]

사람과의 관계에서는 무엇보다 그 인연을 어떻게 만들어 나가느냐가 중요하다고 생각합니다. 제가 활동한 '마이크로 로봇 연구회'는 30년 가까이 운영되었습니다. 당시 저는 연구회에서 임원을 맡았고 남다른 애착을 가지고 활동에 임했습니다. 하지만 졸업이 가까워지자 내심 졸업생과 재학생 간 소통이 단절되는 것이 아쉽다는 생각이 들었고, 이를 해결하기 위해선 졸업생 및 재학생 대표의 노력이 필요하다고 결론지었습니다.

따라서 저는 졸업 후 졸업생 대표를 스스로 자처하며 선후배 간의 소통의 활로를 뚫었습니다. 먼저 연락망을 개선했습니다. 다년간 축적된 연락망을 최신화하고 필요 사항만 기록하여 기수별로 관리했습니다. 이후에는 커뮤니케이션 활성화를 위해 모바일커뮤니티 앱을 활용했습니다. 이후 모바일커뮤니티 앱을 10년 넘게 연락이 끊겼던 선배님과 연락할 수 있는 매개체로 이용하였고, 이를 계기로 오프라인 모임까지 이어갈 수 있었습니다. 마지막으로 저는 선후배 간 교감할 수 있는 이벤트를 만들었습니다. 현업에 종사하는 선배가 후배들을 위해 자신의 업무에 대하여 설명하거나 앞으로 공부했으면 하는 것들을 조언해 줄 수 있는 세미나를 기획하였습니다. 물론 세미나 이후에는 좌담회를 통해 못다 한 이야기를 할 수 있는 자리를 마련했습니다.

이러한 경험을 토대로 저는 ○○에서 유관부서와의 원활한 관계 형성과 협업으로 발휘하는 S/W 엔지니어가 되겠습니다.

💬 에필로그

이상으로 인문상경계 및 이공계 학생들이 가장 많이 지원하는 직무들에 대해서 살펴보았다. 더 많은 직무들을 다뤄보고 싶었지만 분량의 한계가 있었다는 점을 양해해 주시길 바란다.

필자는 이 책을 읽는 모든 취업준비생들이 가상의 스터디원들의 미숙함과 괴로움에 공감하고 그들의 성공을 통해 또한 가능하다는 희망을 느낄 수 있도록 몇 년간 취업 현장에서 컨설팅해 주었던 학생들의 실제 사례를 기반으로 글을 썼다.

보다 쉽게 직무의 특성을 풀어가고자 많은 고민을 했고, 실제로 여러분들이 자기소개서나 면접에서 올바르게 활용할 수 있는 팁을 드리고자 노력했다. 또한 가급적 상위권 대학을 졸업하여 원하는 곳에 수월하게 취업한 제자들보다는 상대적으로 불안정한 스펙과 여건 속에서 취업에 당당히 성공한 제자들의 사례를 활용코자 했다.

이들 중 몇몇 제자들과는 현재까지도 연락을 주고 받으며 당시에 어렵고 힘들었던 취업 준비 시기를 함께 곱씹고는 한다. 필자가 수차례 강조했던 엑셀의 중요성을 뼈저리게 느끼고 있다고 하거나 업무 프로세스를 미리 숙지하고 업무에 임한 덕분에 남들보다 빠르게 업무에 적응할 수 있었다는 등 실무와 관련된 이야기가 오고 갈 때마다 필자는 이들이 잘 적응하고 있다는 생각과 함께 취업컨설팅 업무에 자부심을 가지게 된다.

산업 트렌드와 기업의 현황은 세월에 따라 변할 수 있지만 직무는 쉽게 변하지 않는다. 그러니 여러분들은 이 책을 토대로 각 직무의 기본적인 업무 내용과 직무별 필요한 역량 및 자질을 올바르게 이해하고 거기에 맞춰 본인의 강점과 지원동기, 입사 후 구체적인 포부를 작성해 보길 바란다.

본문에서 직무 중심으로 이야기를 풀어낸 탓에 기업분석 방법에 대해서는 구체적으로 다루지 못했다. 따라서 일생스토리를 통해 '나'를 분석하는 방법과 기업분석 방법, 그리고 '나'와 '직무', '기업'의 세 가지 트리플매칭으로 자기소개서와 면접에서 본인만의 2W1H 키워드를 구성해볼 수 있는 직무기업분석 양식을 별도로 첨부하오니 부디 차별화되고 뚜렷한 여러분만의 키워드를 찾아내길 바란다.

마지막으로 여러분들께 말씀드린다.

취업 준비의 첫 시작은 자존감이다. 그동안 수차례의 광탈과 멘붕을 겪어본 분들,
혹은 이제 막 백지에 취업이라는 그림을 그려가려는 분들께 꼭 전하고 싶다.

믿어라! 트리플매칭 기법으로 뽑아낸 나만의 2W1H 키워드를

구하라! 진정 희망하는 직무와 기업을

받아라! 최종 합격 통지서를

구글도 모르는 직무분석집

부록

1. 본인의 일생스토리로 적합한 사례 및 키워드 찾기

아래 방법을 토대로 본인의 이야기를 가감 없이 작성하여 자기소개서 또는 면접에서 필요한 본인의 사례와 키워드를 찾아보자.

☑ 고교 이후부터의 나를 꼼꼼히 기록해 보자.

☑ 스스로 가치관을 형성하게 된 계기에 대해서 구체적으로 떠올려 보자.

☑ 조직, 타인과의 대인관계 및 의사소통 관련 에피소드를 찾아보자.

☑ 성공과 실패의 경험에 대해 「계기-과정-결과」를 꼼꼼히 기록해 보자.

☑ 그동안의 경력과 경험에서 본인이 수행한 일을 구체화시키자.

☑ 모든 사례를 추려낸 뒤 육하원칙으로 된 키워드를 작성해 보자.

일생스토리 작성 및 분석 사례 ①

대학 1학년 여름방학 ○○리조트 아르바이트	잘못 작성한 사례 **방학을 맞아 ○○리조트 파트타이머로 지원** 처음에는 식음팀에서 홀서빙을 했지만 야외영업장 신규 오픈 시 지원인력으로 차출됨
	추가한 사례 **본인의 역할 구체화** • 고객 200여 명을 대상으로 설문조사를 진행하였으며, 이러한 설문조사 결과를 바탕으로 비용을 줄일 수 있는 단일 메뉴, 회전율을 고려한 테이블 구성, 가요제와 연계한 쿠폰 제작 등을 기획 • POS기기가 고장 났을 때 기본 장부를 만들어 판매수량, 재고, 부대 비용들을 꼼꼼하게 기록해 오류를 줄임

	자소서 작성 시 활용 방법
	창의와 혁신 관련 사례에 활용할 것
	기존 프로세스에 대한 관찰을 통해 사소한 부분에서도 개선점을 찾아 효율성을 높이고자 노력한 사례에 활용

일생스토리 작성 및 분석 사례 ②

	실제 사례
대학 4학년 중소기업 총무직 근무	• 현장 · 사무실 등 업무환경 관리 및 지원 • 직원 송년회 등 단체행사 계획 및 진행 • 소모품, 상품권 등 유형자산 관리 • 현장과 협력사 간 메일 관리 및 지속적인 네트워킹을 통해 자료를 취합하고 보고하는 업무 • 급여명세서나 영수증 전표관리, 연말 정산 등 오류 수정 업무
	자소서 작성 시 활용 방법
	• 중소기업이기에 별도 관리 시스템이 별도로 없었음 • 시스템을 대체할 엑셀 프로그램을 활용하여 데이터를 신속하고 정확하게 관리하고 분석하는 역량을 키우게 된 계기 • 스스로 관리 툴(양식)을 만들어서 꼼꼼하게 관리하고 본인뿐만 아니라 후임자나 타인들도 쉽게 활용할 수 있도록 데이터를 정리함

일생스토리 작성 및 분석 사례 ③

가치관 및 생활 신조

반드시 그것을 가치관으로 갖게 된 성장과정에서의 계기가 명확히 있어야 함

사례

[멀리 있는 목표를 보고 행동하자]

• 성인이 되고 난 후 자전거를 배웠는데 중심을 잡기가 쉽지 않았음

• 발을 한 번 굴리면 얼마 가지 않아 넘어질 것 같은 느낌에 자전거를 멈추거나 방향이 곧게 가지 못하였고, 예상치 못한 장애물을 만나서 계속 넘어지기도 함

• 그러나 멀리 목표지점을 눈에 두고 자전거를 움직였을 때는 거짓말처럼 넘어지지 않고 목표지점까지 흔들림 없이 도달하게 되었음

성격상 장점

- 뻔한 단어는 가급적 피할 것
- 적극성 → **'다각적 고민과 집요한 실행'**으로 키워드를 바꿀 것

> ### 사례
>
> - 안 되는 일은 여러 가지 방면으로 해결하려고 하는 편
> - MD로 일하며 판매가 잘 되지 않는 상품의 경우 가격을 바꿔보거나 노출 구좌를 바꿔보기도 하고 상세페이지, 혹은 썸네일 이미지를 바꿔 관심을 끌기도 하며 판매를 이끌어 냄
> - 경험에서 얻어지는 것은 나의 것이라는 마음으로 안 되는 일은 적극적으로 부딪쳐 보고자 함

잘하는 것

지원 직무에 적용되는 기술적인 부분 또는 대인관계

> ### 사례
>
> - 기존 방식에서 늘 새로운 개선점을 찾고자 하는 관찰력
> - 실행력
> - 흩어져 있는 정보들을 모아서 쓸모가 있는 데이터로 활용하는 스킬
> - 남녀노소 누구와도 쉽게 친해질 수 있는 능구렁이 성향
> - 사소함을 놓치지 않고 지적을 하되 상대의 기분을 상하기 않게 지적하는 능력

성격상 단점 또는 미흡한 점

개선하고자 어떤 노력을 현재 진행하고 있는지 반드시 어필할 것

사례

좋아하는 것은 밤을 새워서라도 잘하려는 욕심이 있으나 관심이 없는 분야는 깊게 몰입을 하지 못하는 성향

[개선을 위한 노력]

- 어떠한 일이든 사소한 부분에서 흥미를 느끼고자 노력
- 관심이 없는 분야는 초단기적으로 목표를 설정하여 하나의 목표를 달성해 가면서 성취감을 느끼고 흥미를 갖고자 함

2. 기업분석 노하우

기업분석 시 반드시 체크할 사항

DART 홈페이지 투자정보 (IR 자료, 실적 프레젠테이션)	기업 블로그 · 사보 CEO 인터뷰, 신년사
기업의 상품군 기업의 연구개발 및 제품 공정 국내외 사업장 현황	업계 및 경쟁사 현황 · 이슈 (언론기사, CEO스코어데일리 등) 업계동향 보고서 (관련 전문 사이트)

❶ DART 활용법(dart.fss.or.kr) - 금융감독원 전자공시 시스템

상장된 기업이라면 기업의 규모와 상관없이 의무적으로 공시자료를 올리게 되어 있으므로 DART에 올라가 있는 기업이라면 지원 기업은 물론 업종 내 경쟁사 기업까지 비교·분석하기 바란다. 또한 재경 직무를 지원했을 경우에는 재무제표까지 확인해보는 것이 좋다.

또한 정기공시자료(분기보고서, 반기보고서, 사업보고서) 중에서는 가장 최근 업데이트된 항목만 확인하면 된다.

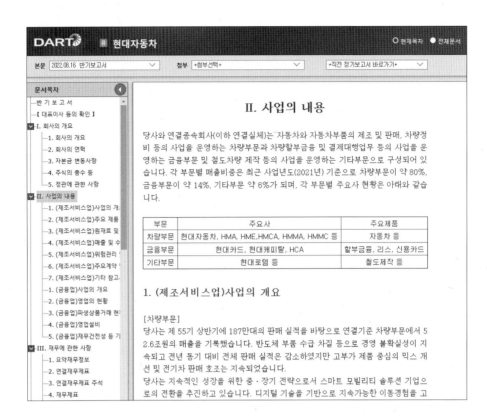

DART '사업의 내용'에서 참고할 항목

☑ 산업의 특성, 산업의 성장성, 경기변동의 특성, 경쟁우위요소

☑ 지역별 시장 여건 및 영업의 개황

☑ 재무정보 및 제품별 매출 비중

☑ 주요 원재료 현황

☑ 생산 및 설비에 관한 사항

☑ 판매 경로 및 판매 전략

☑ 연구개발 활동

❷ 지원 기업 홈페이지 투자자 정보(IR 정보) 활용

　　IR 정보는 모든 기업에서 의무적으로 올리지는 않지만 주주들에게 기업의 경영성과 및 계획을 가장 알기 쉽게 설명하는 자료로 활용된다. 따라서 홈페이지의 IR 정보 또는 투자자정보에 들어가면 분기별로 자료를 올려 놓은 기업들이 많다.

❸ 기업 블로그에서 직무 및 부서 이해

기업의 공식 블로그 페이지에 들어가면 의외로 여러분들이 참고할 만한 자료가 많다. 특히 부서별 업무소개 같은 자료는 귀찮아하지 말고 꼭 참고하도록 하자.

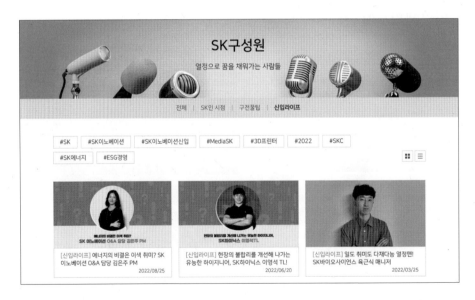

❹ 기업 사회공헌 활동 참고(유통업, 서비스업 필수)

소비자를 직접적으로 상대하는 유통, 서비스 업종에서는 면접을 볼 때 기업의 사회
공헌 활동에 대해 지원자가 얼마나 관심을 갖고 있는지 자주 체크한다. 따라서 기업의
CSR 또는 CSV 활동에 대해 관심을 갖고 눈여겨보도록 하자.

또한 프랜차이즈를 운영하는 기업의 경우, 점주와의 상생과 관련된 어떠한 프로그
램들이 있는지에 대해서도 확인이 필요하다.

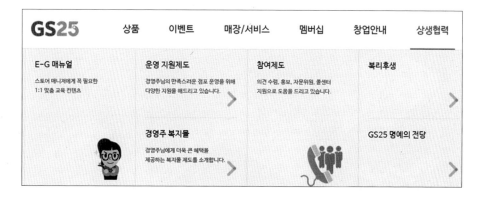

❺ CEO 신년사 및 경영진 인터뷰 참조

지원 기업의 대표이사나 경영진들이 신년사 또는 주주총회 시, 그리고 언론과의 인터뷰 등에서 강조하는 키워드들을 본인이 지원한 직무와 연결해 보도록 노력해 보자. 의외로 지원동기 또는 입사 후 포부에서 키워드를 지원 직무에 맞춰 구체화시킬 수도 있다.

Ⓑ 비즈니스워치 **PiCK** | 2022.01.03. | 네이버뉴스
포스코 최정우 "지주사 첫발...친환경 소재 그룹으로"
다음은 최정우 **포스코** 회장의 **신년사** 전문 사랑하는 포스코 가족 여러분! 2022년 임인년(壬寅年) 새해가 밝았습니다. 코로나로 인한 어려움이 계속되는 와중에도 ...

머니S | 2022.01.03. | 네이버뉴스
[**신년사**] 최정우 **포스코** 회장 "지주회사 체제 전환으로 기업가치 ...
최정우 포스코 회장이 3일 **신년사**를 통해 지주회사 체제 전환, 2030 중장기 성장전략을 달성하기 위한 역점 과제 실현 계획을 밝혔다. 최 회장은 "저탄소 친환경 시 ...

Ⓖ 글로벌경제 | 2022.01.03.
[**신년사**] 최정우 **포스코**그룹 회장
최정우 포스코그룹 회장.(사진=포스코 제공) 사랑하는 **포스코** 가족 여러분! 2022년

❻ 공정 프로세스(생산기술, 공정엔지니어, 생산관리, 제조 직군 필수)

생산기술, 공정엔지니어, 생산관리, 제조 직군 등에서는 반드시 확인해야 할 중요한 사항이다. 특히 반도체, 철강, 정유 기업 등에서는 그 이해도가 매우 중요하다.

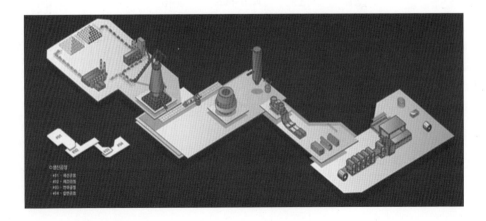

❼ 기업의 국내외 사업장 현황

생산 및 생산기술 직군, 구매, 연구개발, 품질 등 **'이공계 직무 지원자'**들은 **'사업장'**을 중심으로, **'해외영업 지원자'**는 **'판매법인 및 지사'** 중심으로 반드시 확인해야 한다.

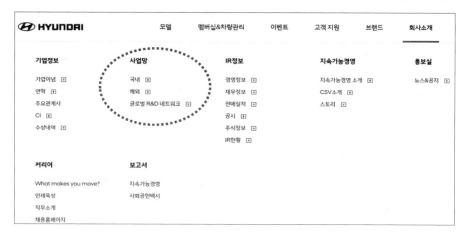

❽ CEO스코어데일리(www.ceoscoredaily.com) 수시 체크

취업과 관련하여 정말 중요한 사이트이다. 일반 사기업의 경우 업종별로, 그리고 공기업, 금융기관은 별도로 지정되어 관련 주요 언론기사들이 업종별로 모아서 수시로 업데이트되고 있다. 지원자라면 반드시 휴대폰과 PC에 즐겨찾기로 저장하고 매일 보는 습관을 키우자.

❾ 관심업종 협회·학회·전문 사이트

본인이 지원하는 기업이 속한 업종과 관련된 전문 사이트들이 많다. 당장 포털사이트에 'OO신문' 정도로만 검색해 봐도 연관된 사이트들이 연관 검색어로 나타난다.

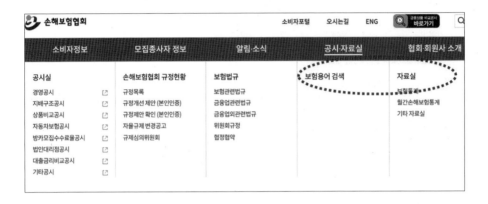

INSIGHT

[Be a Demand Planner ①] 수요관리 프로세스의 기본 개념

by 유박사
2020년 03월 31일

🏷️디맨드플래너 🏷️프로세스 🏷️수요관리 🏷️수요예측 🏷️수요
📘 공유하기

CBT 풀필먼트도 이제는 밸류링크유! | Fulfillment Service | CTP Service
| Data Analysis | Consulting
🏷️ValuelinkU

글.유박사 SCM 칼럼니스트

이상으로 9개 정도의 구체적인 기업분석 TIP을 알려드렸다. 이를 잘 활용하면 지원동기 작성이나 입사 후 포부, 그리고 면접에서 매우 수월한 대응이 가능할 것이다.

3. 직무기업분석 양식

분석 보고서 작성 요령

① 직무분석(MS워드 양식 참조)

◆ **선택 사유** : 구체적이고 명확하게 작성

◆ **직무 기본 사항** : 기본적인 직무 내용 파악

◆ **직무 목적** : 기업에서 이 직무가 왜 필요한지 존재가치를 생각해 볼 것

◆ **세부 업무 내용** : 해당 직무에서 수행하는 세부 업무 내용을 항목별로 작성

◆ **주요 협업 부서** : 해당 직무를 수행하면서 사내 · 사외 접촉을 자주하는 부서

◆ **역량 및 자질**

• **역량** : OA 운영 능력, 어학, 자격증 등 객관적으로 증빙 가능한 역량

• **자질** : 리더십, 창의성, 도전의식, 열정, 소통능력, 사교력 등 성향적 자질

② 기업분석(MS워드 양식 참조)

◆ **주요 사업군** : 해당 기업에서 운영하고 있는 전 사업 영역

◆ **주요 상품** : 각 사업군별 대표적 아이템 및 해당 브랜드명, 경쟁사 대비 차별점 등

◆ **주요 연혁** : 최근 5개 이내 해당 기업의 주요 인수합병 내역, 신기술 도입, 주요 수상내역 등

◆ **비전 및 핵심가치** : 항목별로 작성하는 대신 스토리를 만들어 본인이 어떻게 핵심가치를 풀어내어 비전을 달성하는 데에 기여할 수 있는지를 작성

◆ **국내외 네트워크 현황** : 국내외 판매 지점 및 생산기지 현황

◆ **매출실적** : 각 사업군별 매출액 및 각각 차지하는 비중

◆ **경쟁사 정보** : 최소 3개 이상 경쟁사 순위별 현황, 대표 1개 기업에 대해 매출, 시장점유율, 차별점, 특이사항 등 집중 비교

◆ **업계 주요 정보** : 업계 내 최근 이슈 사항 위주 정리

1. 자가진단

① 현재 수준

학력사항

전공 및 평점	어학	자격증

인턴 및 기타 경력 사항

기업명	재직 기간	부서/담당 업무	정규/계약/인턴/PT

공모전 및 기타 기업 관련 프로젝트 수행 현황

구분	대상 기업	세부 내용	시기

② 취업목표

희망 업종	희망 직무	희망 기업

③ 취업 도전 히스토리(인턴 포함 - 인턴 시 기업명 옆에 인턴 표기)

서류전형 탈락 현황 : 총 00개 기업 서류 지원

기업명	직무	기업명	직무
탈락 사유 자가진단			

인적성 평가 탈락 현황 : 총 00개 기업 인적성 평가

기업명	직무	기업명	직무
탈락 사유 자가진단			

면접전형 탈락 현황 : 총 00개 기업 면접 참가

기업명	직무	탈락 사유 자가진단

2. 직무분석

① 희망 직무

직무명	
선택 사유	
본인이 적합한 이유 및 포부	

② 직무 내용

직무 목적	
세부 업무 내용	
주요 협업 부서	

③ 역량 및 자질

구분	역량(자격증, 어학, OA 등 기술적)	자질(성향/마인드)
필요 조건		
현재 본인이 갖춘 역량 및 자질		
본인의 부족한 부분 및 준비사항		

☞ 본인 필요 시 희망 직무 1, 2, 3 등 추가로 작성 가능

3. 기업분석

① 기본 정보

기업명			
대표자		임직원 수	
설립일		설립자	
본사 주소			
홈페이지			

② 기업 프로필

주요 사업군	
주요 상품	
주요 연혁	* 최근 순으로 중요한 것 5개 이내
CEO, 경영진 신년사 /인터뷰 내용	* 중요 키워드 위주로 작성할 것
비전 /핵심가치	* 핵심가치에 적합한 본인 사례 키워드 도출

인재상	* 인재상 중에서 적합한 본인 키워드 도출
국내외 네트워크 현황	
전년/반기 매출실적 (사업군별)	* 단순한 숫자가 아닌, 증감 사유를 최대한 찾아볼 것
경쟁사 정보	
업계 주요 정보	

③ 채용 정보

채용 시기		채용 규모	
관심 사업군	1) 2)		
관심 직무	1) 2)		
응시자격			
전형방법			
제출 서류			
필요 자격증			

④ 자가진단

취업 희망도	20% – 40% – 60% – 80% – 100% ( ) – ( ) – ( ) – ( ) – ( )
취업 가능성	20% – 40% – 60% – 80% – 100% ( ) – ( ) – ( ) – ( ) – ( )
어학 능력	
OA 활용 능력	
기업 지원사유 및 지원분야 관련 경험	
준비 사항	

⑤ 2W1H(키워드 중심)

What **(지식, 경험,** **성격 등 본인의** **강점)**	1) 2) 3)
Why **(지원동기)**	1) 2) 3)
How to **(현실적인** **신입의 자세** **및 포부)**	1) 2) 3)

좋은 책을 만드는 길, 독자님과 함께 하겠습니다.

구글도 모르는 직무분석집

개정2판1쇄	2024년 06월 20일 (인쇄 2024년 05월 07일)
초 판 발 행	2021년 02월 10일 (인쇄 2020년 11월 30일)
발 행 인	박영일
책 임 편 집	이해욱
저 자	류정석
편 집 진 행	김재희 · 강승혜
표지디자인	조혜령
편집디자인	임아람 · 장성복
발 행 처	(주)시대고시기획
출 판 등 록	제10-1521호
주 소	서울시 마포구 큰우물로 75 [도화동 538 성지 B/D] 9F
전 화	1600-3600
팩 스	02-701-8823
홈 페 이 지	www.sdedu.co.kr

I S B N	979-11-383-7249-7 (13320)
정 가	18,000원